辽宁区域生态旅游产业资源聚集与可持续发展研究

于锦华◎著

RESEARCH ON SUSTAINABLE DEVELOPMENT OF
REGIONAL ECO
TOURISM INDUSTRY RESOURCE AGGLOMERATION IN
LIAONING

经济管理出版社
ECONOMY & MANAGEMENT PUBLISHING HOUSE

图书在版编目（CIP）数据

辽宁区域生态旅游产业资源聚集与可持续发展研究/于锦华著. —北京：经济管理出版社，
2015.4

ISBN 978-7-5096-3745-6

Ⅰ.①辽…　Ⅱ.①于…　Ⅲ.①区域旅游—生态旅游—可持续性发展—研究—辽宁省
Ⅳ.①F592.731

中国版本图书馆 CIP 数据核字（2015）第 080749 号

组稿编辑：张永美
责任编辑：王　琼
责任印制：黄章平
责任校对：雨　千

出版发行：经济管理出版社
　　　　　（北京市海淀区北蜂窝 8 号中雅大厦 A 座 11 层　100038）
网　　址：www. E-mp. com. cn
电　　话：（010）51915602
印　　刷：北京九州迅驰传媒文化有限公司
经　　销：新华书店
开　　本：720mm×1000mm/16
印　　张：18
字　　数：343 千字
版　　次：2017 年 3 月第 1 版　2017 年 3 月第 1 次印刷
书　　号：ISBN 978-7-5096-3745-6
定　　价：59.00 元

序　言

　　生态旅游，作为旅游产业发展的一种美丽形态和旅游可持续发展的一种实践形式，已经成为实现旅游形象美丽、生活环境美丽、生态环境美丽的重要途径。区域生态旅游产业发展是衡量旅游产业可持续发展的首要条件和必然选择，也是旅游产业发展的必然趋势和基本要求。

　　生态旅游产业发展的终极目标是可持续，"可持续发展"是判断区域生态旅游产业系统成熟度的决定性标准。在把握生态旅游发展规律的基础上，结合辽宁区域生态旅游大量的调研资料和实践基础，就辽宁东部生态旅游示范区发展新格局、辽宁大湿地（河流、湖泊、水域）生态旅游区域环境、基于循环经济的辽宁温泉旅游发展可持续战略、辽西北沙地生态恢复与开发、辽宁乡村与沟域旅游发展集聚化、辽宁冰雪旅游融合与创新发展、辽河生态文明示范区旅游带发展机遇与挑战、辽宁沿海旅游带开发模式、辽宁森林旅游发展空间形态、生态导向的辽宁城市生态旅游区域战略、辽宁生态旅游产业集聚区发展模式等基本内容，对区域性生态旅游资源集聚与可持续发展进行系统分析具有重要的现实意义和实用价值，对推动区域生态旅游产业向深层次发展具有重要的指导意义。

　　从辽宁区域生态旅游产业发展的实践形式进行综合性应用研究，是创新生态旅游研究角度，为区域生态旅游产业的发展谋求最佳路径，最终实现区域生态旅游的可持续发展。

目　录

第一章 辽宁东部生态旅游示范区发展新格局

围绕建设辽宁东部生态旅游示范区，以生态休闲、康体养生为核心，充分利用辽宁东部地区独有的生态自然条件、丰富的历史文化以及周边的特色城镇，寻求多产业融合、联动发展。以资源条件为基础，以旅游项目为牵引，以龙头景区为代表，以市场开发为导向，以力创精品为核心，以管理提升旅游产业为保障，以"国家生态旅游示范区"为运营典范，围绕"123"的空间布局，打造辽宁东部生态旅游示范区，培育鸭绿江休闲娱乐观光带和中华枫叶之路休闲度假带，构建文化生态旅游区、休闲运动体验区、养生休闲度假区，发展生态旅游度假区和特色旅游小镇。坚持辽宁东部生态旅游一体化发展，坚持自然、人文两条脉络融合发展，完善管理机制，大力建设东部生态旅游基地，进而把东部生态旅游基地建设战略提升为辽宁省经济发展的第四大战略。

一、辽宁东部生态旅游研究背景和资源状况

（一）研究背景

生态旅游是指以吸收自然和文化知识为取向，尽量减少对生态环境的不利影响，确保旅游资源的可持续利用，将生态环境保护与公众教育同促进地方经济社会发展有机结合的旅游活动。生态旅游源于20世纪六七十年代，经过近半个世纪的发展，已经成为世界范围内最热门的旅游活动之一，全球每年生态旅游收入的增幅达20%~30%。不论是发达国家还是发展中国家，生态旅游都取得了长足的发展。从全球范围来看，美国、欧洲、日本、肯尼亚、哥斯达黎加、印度尼西亚、泰国等都是生态旅游发展较好的国家和地区，凭借各自的资源特色和实际情况，开展了多种形式的生态旅游活动。如美国的国家公园旅游，英国、德国等欧洲国家的乡村旅游，肯尼亚的野生动物园旅游，哥斯达黎加的热带雨林之旅，生态旅

游在这些国家和地区已经成为当地旅游业的一大特色。发展生态旅游，既有以旅游业统筹发展生态经济的内在需求，又有保护旅游资源和环境的现实意义。

我国政府高度重视生态旅游的发展，2001 年国务院下发了《关于进一步加快发展旅游业的通知》（国发〔2001〕9 号），明确提出了要在全国范围内规划建设一批国家生态旅游示范区；2009 年出台了《国务院关于加快旅游发展的意见》（国发〔2009〕41 号），全国各地相继开展了创建生态旅游示范区的活动；2010 年国家旅游局颁布了《国家生态旅游示范区建设与运营规范》，作为全国各地创建生态旅游示范区的指导性文件。目前，国内许多省市区都开始创建全国生态旅游示范区。

辽宁东部的抚顺、本溪、丹东三市旅游资源丰富，种类多样，其中清原满族自治县、新宾满族自治县、桓仁满族自治县、本溪满族自治县和宽甸满族自治县凭借其丰富的生态旅游资源、良好的生态环境质量和广阔的开发前景，打造具有浓郁东北特色的辽宁东部生态旅游示范区，加快东部生态旅游基地建设，使之成为辽宁省旅游综合改革试验区和辽宁社会经济发展新的增长极，拉动东部经济的全面发展。

（二）资源基础

1. 辽宁东部生态旅游资源基础良好，数量较大

辽宁东部地区位于长白山余脉，属于山地丘陵地貌，山河纵横交错，森林茂密。山地面积广阔，森林覆盖率在 70% 以上，河流千余条，呈"八山一水一分田"的山水格局。农、林、牧、副、渔品种齐全，农作物种类繁多，果树资源丰富，地域特色文化鲜明。气候、地理、历史、民俗为辽宁东部地区生态旅游的开展提供了丰厚的基础。辽宁东部地区生态旅游资源数量丰富、类型齐全，有单体旅游资源 648 处，其中地文景观 109 处、水文景观 112 处、气候生物景观 94 处、历史遗产 115 处、现代人文吸引物 218 处。生态旅游资源数量多、类型全、组合好、品质高、集聚强，开发潜力巨大，适宜开发生态观光、休闲度假、户外运动、文化体验、康体养生、科考探险等旅游项目。

2. 辽宁东部生态旅游资源类型丰富多样，组合度高

辽宁东部地区旅游业在长期的发展过程中，形成了具有东部地域特色的旅游形态。在此基础上，东部三市已经开始积极探索生态旅游与乡村旅游、历史文化旅游、温泉旅游等联合发展的模式。目前，辽宁东部地区生态旅游资源的数量、质量和已经形成的多种开发模式为打造辽宁东部区域生态旅游示范区提供了有利条件。辽宁东部地区多山地和林地，适合与其他产业结合，共同发展生态旅游，形成"生态旅游加景区旅游"、"生态加运动游乐"、"生态疗养休闲"、"生态庄园"

等多种复合度高、适合深度体验的生态旅游形态。辽宁东部地区林地景观差异明显，林木观赏区以长白针、阔叶混交林为主，山地观赏区以枫叶等自然旅游资源为主，水域观赏区以湖泊等资源为主，这些共同构成了辽宁东部地区较为平衡的生态旅游资源组合。

3. 辽宁东部生态旅游资源品质优良，分布相对集中

辽宁东部地区的生态农业、休闲农业、乡村温泉、海洋渔业、乡村民俗、农村节会活动等，都是品质优良的生态旅游资源。辽宁东部三市生态观光型旅游资源丰富，且分布较为集中。三市有清朝发祥地的满族风情，在地理位置上邻近，却又各具风格，在全国属于品质较高的旅游资源；三市的自然风光也各有千秋，抚顺的山原汁原味，本溪的枫叶林胜似晚霞，丹东的国界水岸别具一格，山水交融，形成了独特的东部风景。在辽宁东部，可以游览近海村落，观看本溪"枫叶之都"的美景，还可以体验抚顺红河谷漂流等天然生态活动。辽宁东部地区拥有发展生态旅游的良好资源条件，这些资源为发展生态旅游示范区奠定了坚实的基础。

4. 辽宁东部生态旅游资源独特，产品各具特色

辽宁东部地区自然旅游资源有鸭绿江、青山沟两个国家重点风景名胜区，有号称"北国第一洞"的望天洞等景点，还有众多的森林公园和自然保护区。人文旅游资源包括列入世界文化遗产的虎山长城在内的众多文物古迹景点。而且，辽宁东部地区的旅游产品各具特色，在地域上形成互补。丹东的宽甸已成为闻名省内外的旅游胜地，本溪桓仁是燕东胜境的重要组成部分，抚顺新宾满族自治县拥有县级以上文物保护单位 237 处，清原境内的自然景观、人文景观相互映衬。本地区旅游产品包括观光、休闲、娱乐、探险、度假、体育、民俗等多层次、多档次，有助于形成相互补充、相互借势的旅游发展格局和一体化的旅游产业链。

（三）发展现状

1. 辽宁东部旅游拉动效应初显

2012 年，辽宁东部三市旅游总收入 1041.5 亿元，占三市 GDP 总量的 30.9%；旅游外汇收入 989 亿美元。共接待旅游者 10209.2 万人次，其中国内旅游者 10079.3 万人次，入境旅游者 129.9 万人次（见表 1-1）。抚顺、本溪和丹东三市旅游产业已初具规模，对当地经济带动作用明显。生态旅游具有自然、环保、绿色等特征，作为天然休闲度假旅游产品，表现出巨大的发展潜力，并将持续引领我国旅游消费的热潮。

表 1-1　2012 年辽宁东部地区旅游发展概况

地区	地区生产总值 (亿元)	旅游总收入 (亿元)	国内旅游收入 (亿元)	外汇收入 (亿美元)	国内旅游者 (万人次)	入境旅游者 (万人次)
辽宁省	24801.3	3940	3745	31.8	36200	480
抚顺	1242.4	321.7	313	1.3	2876.3	16.9
本溪	1112.37	384.3	357.1	45326	4239.4	63.8
丹东	1015.4	335.5	318.9	2.66	2963.6	49.2
共计	3370.17	1041.5	989	45329.96	10079.3	129.9

2. 辽宁东部旅游产业初具规模

截至 2012 年 12 月底，辽宁东部三市有五女山山城和清永陵 2 处世界文化遗产，国家 A 级景区 53 家，国家级风景名胜区 5 处，国家级农业旅游示范点 6 处，全国休闲农业旅游示范点 1 处，全国休闲农业与乡村旅游示范县区 1 处，国家森林公园 9 处，国家级自然保护区 3 处，省级风景名胜区 6 处，省级自然保护区 8 处，省级森林公园 10 处。星级酒店 85 家，旅行社 176 家。此外，东部三市获得多项与旅游相关的荣誉称号，休闲旅游发展成绩斐然，旅游产业聚集区初步形成。

二、国内外生态旅游案例研究和借鉴

（一）肯尼亚

1. 概况

肯尼亚是非洲各国开展生态旅游最早的国家，是生态旅游的先驱者。旅游业是肯尼亚国民经济的支柱，而在旅游业中占最重成分的要数与野生动物有关的生态旅游。为了保护肯尼亚的野生动植物，当地政府于 1977 年宣布禁猎令，通过强迫原住民迁离等办法，建立国家公园。累计至今，肯尼亚共成立了 26 座国家公园、28 处保护区和 1 处自然保留区，共占陆地面积的 12%，也就是说，全国有 1/10 的土地用于野生动植物的保护。同时，政府提出了"用你的镜头来猎取肯尼亚"，用以替代过去的狩猎旅游。

马赛马拉保护区：肯尼亚最受欢迎的旅游景点，经过十多年的发展，取得了显著成效，保护活动与当地居民参与结合得尤其成功。一是顺应潮流发展生态旅游。当地政府于 1977 年颁布了禁猎令，虽然传统的马赛族人无法再靠贩卖猎物维生，但发展生态旅游带来的可观收入弥补了他们的损失，而且这种收入比以往更丰厚、稳定，同时减少了风险。二是地方议会每年都拿出一定比例的收入回馈当地居民，支持当地部落的发展计划，如兴建医疗服务站、学校、改善牲畜蓄养设施以及道路的修建等。三是许多旅游业者和土地拥有者对发展以观赏野生动物为主的生态旅游事业兴致勃勃，并且对保护工作抱积极的态度。居民也不愿再冒险去打猎，所以偷猎的情形有极大改善。四是许多居住在保护区内的马赛人被吸收为旅游发展协会的成员，通过亲身参与，民众渐渐接受这种新的土地和资源利用方式。

安波沙提国家公园：肯尼亚另一个成功的典范。当地居民由于水源和土地问题同政府议会曾有过严重的冲突。后经多方协调，安波沙提顺利成为国家公园。政府从以下几方面补偿当地居民：一是政府须在邻近湖泊兴建取水和引水设施，将水送至马赛人的土地；二是中央政府须将部分门票收入用于国家公园的管理与发展上；三是政府须聘用当地居民从事园区管理工作，增加就业机会；四是马赛自治团体对其他剩余土地保留拥有权；五是在世界银行所援助的3750万美元计划中，提出600万美元用于安波沙提国家公园建设，推动了当地村落的基础建设，学校、医疗站和村民活动中心就建在公园的周边地区，因而也改善了国家公园周边以及区内的道路状况。

2. 政府措施

一是在每个国家公园或保护区成立了居民服务协会（CWS），通过该组织给予居住于国家公园或保护区周围的民众实质的帮助，如提供经费赞助地方发展计划、兴建学校、为学生提供奖学金等。二是积极鼓励居住于国家公园或保护区周围的民众参与到与旅游相关的行业，提供餐饮或制作纪念品及表演等，使当地居民从旅游业中获取利润，进而加入环境保护活动，为野生动植物提供较大的生存空间和安全的庇护所。肯尼亚政府还提倡旅游部门官员与当地居民交朋友，成为他们的好老师和好帮手。三是制定"生物多样区保护计划"，协助当地居民找到合适的工作，增加每个家庭的经济收入，改善居民的基本生活条件，缓解居民与国家公园管理间的矛盾与冲突。

3. 启示借鉴

一是以当地居民（社区）为出发点开展生态旅游，这是肯尼亚生态旅游发展的关键。生态旅游的内涵之一就是要顾及当地居民的利益，保证当地居民从旅游业中受益，提高居民的生活质量，以此推动生态旅游区的环境保护和可持续发展。这使生态旅游真正成为解决环境保护、经济发展与当地民众三者矛盾的良药，这也许就是肯尼亚生态旅游发展给全世界最重要的启示。二是政府真正发挥主导作用。肯尼亚政府先后成立了肯尼亚野生生物服务署和社区服务协会，目的在于通过这些组织给予居住于国家公园或保护区周围的民众实质的帮助，提供经费赞助地方发展计划。政府还提倡主管野生动物的相关部门加强与当地居民的联系，为当地居民提供辅导、建议和协助，改善与当地民众的关系。

（二）哥斯达黎加

1. 概况

哥斯达黎加地处中美洲，东临加勒比海，西靠北太平洋，连接北美洲与南美洲。领土面积 5 万多平方千米，拥有 1290 千米的海岸线。哥斯达黎加是世界上最早开发生态旅游的国家，也是世界上自然环境最好的地方之一，是世界公认的最好的生态旅游国度。在大陆地质变迁的过程中，海底隆起，北美动植物南移，南美物种北迁，最后聚集在这里，宜人的气候、独特的自然条件和干湿分明的环境孕育出哥斯达黎加极为丰富和独特的动植物资源。哥斯达黎加借助绿色的环境和丰富的生物物种，发展其生态旅游业，使其成为野生动物的乐园，并在 2009 年被评为全球最幸福的国家。

2. 保护措施

一是严格的立法保障。在哥斯达黎加，在国家公园里开展生态旅游活动，受到许多法律的制约。哥斯达黎加的国家公园都是非常严格的自然保护区，国家公园内不允许任何基础设施建设和旅游开发。二是重视旅游容量。在哥斯达黎加一个生态旅行团的人数一般为 10~20 人，很少看到大巴上下来大批游客的情形。这限制了人类对自然的扰动，也保证了游客能静心欣赏，充分体验自然。例如，树冠溜索是生态旅游的一个创新，它保证在不破坏植被的前提下观察，尽量隐蔽地穿行在森林中，最大程度地减少了旅游活动对自然的干扰。三是保护当地人的利益。通过开展多种形式的培训，使当地居民了解家园，进而热爱家园，通过旅游活动的开展获得经济收入，形成保护环境和经济效益的良性循环。

3. 启示借鉴

一是重视科学研究。国家旅游局资助某些公园进行容量和环境影响评估的研究，并已经创立多种边缘学科，为保证生态旅游业的可持续发展提供理论依据。二是重视当地居民利益。从经济方面看，社区的参与可使居民从旅游业中直接受益，在一些贫困地区称为"旅游扶贫"；从旅游业方面看，社区居民参与到旅游服务中，渲染原汁原味的文化氛围，增加了景区吸引力；从社会发展方面看，发展旅游促进当地社会的发展；从环境保护方面看，社区参与为环保提供了强大动力。三是发挥政府的作用。哥斯达黎加旅游理事会执行"可持续的旅游认证计划"，主要目标是贯彻落实可持续这一概念，增强其旅游业的竞争力。政府在发展生态旅游过程中，要积极参与制定生态旅游相关标准，规范生态旅游规划程序，提供生态旅游资源分类与评价服务，为生态旅游的开发提供相关策划服务。四是利用国际组织提供的基金，培训人员，调整结构，以适应由旅游所创造出的新要求与机会。

（三）鄱阳湖生态旅游示范区

1. 概况

鄱阳湖作为我国最大的淡水湖，早在 1992 年就被列入国际重要湿地名录，被誉为"鹤鸟王国"。环鄱阳湖旅游圈自然资源优美，有着世界一流的生态旅游资源、突出的水域风光资源和丰富的历史文化资源。鄱阳湖区域名山大湖星罗棋布，生态环境优美，空气质量优良。鄱阳湖是我国四大淡水湖中唯一没有富营养化的湖泊，湖水水质长年保持在 Ⅲ 类以上，湖中拥有丰富的鱼类、鸟类等物种资源，是全球 95% 以上的越冬白鹤栖息地，在保护全球生物多样性方面具有不可替代的作用，是我国重要的生态功能保护区，是我国唯一的世界生命湖泊网成员，也是世界自然基金会划定的全球重要生态区，在我国乃至全球生态格局中具有十分重要的地位。丰富而独特的旅游资源是鄱阳湖生态旅游示范区旅游产业发展的重要基础。鄱阳湖生态旅游示范区是一项重大的时代命题和系统工程，也是按照绿色生态、低碳经济的理念开展的一项全新尝试。

2. 发展定位

一是全国绿色发展教育示范基地。把科学发展观和绿色发展理念贯穿于鄱阳湖生态旅游示范区规划、建设、运营全过程，以鄱阳湖生态经济区的绿色发展成就和丰富的生态旅游资源为依托，实现绿色旅游开发，生产绿色旅游产品，进行绿色旅游经营，建设绿色产业体系，吸引广大海内外游客前来感受先行先试、绿色发展的独特魅力，把示范区建设成为全国绿色发展教育示范基地。二是全国爱国主义教育示范基地。充分发挥区内丰富的红色旅游资源、秀丽的自然山水、厚重的历史文化和丰硕的社会主义建设成果优势，深入开展爱国主义和传统教育，进一步开拓爱国主义教育的新领域、新模式，把示范区建设成为爱国主义教育示范基地。三是全国青少年科普教育示范基地。依托区内丰富的原生态资源、种类繁多的动植物资源和独特的地质遗迹，开发建设科考科普教育基地，广泛组织广大青少年前来参与实地科普教育活动，使示范区真正成为全国青少年了解自然、热爱自然、立志环保的重要课堂。四是全国生态旅游示范基地。依托鄱阳湖优越的自然山水禀赋，挖掘历史文化遗存，积极探索和科学实践生态旅游发展的体制机制、建设标准、区域合作、产品开发、品牌塑造等问题，倡导生态旅游行为，打造生态旅游精品，形成良好的生态旅游发展模式，抢占中国生态旅游的制高点，把示范区建设成为国内外生态旅游发展的重要典范。五是国家级旅游产业园区。通过系统整合旅游资源，制定相应优惠政策，搭建旅游产业投融资平台，吸纳优势旅游企业进驻，努力实现旅游产业规模化、旅游产品系列化、旅游形象品牌化、旅游管理规范化、旅游服务标准化、旅游运营科技化，把示范区建成国家级旅游产业园区，使其成为鄱阳湖生态经济区增长极、江西旅游产业大省主体区，促进经济社会又好又快发展。

3. 功能区划

一是鄱阳湖国际湿地生态旅游区，以鄱阳湖水体和湿地为中心，突出湿地生态特色，重点建设湿地公园、自然保护区等景区景点，着力打造湖光览胜、科考科普、候鸟观赏、渔俗体验等旅游产品，建成全国湿地生态旅游示范区和世界著名的湿地生态旅游区；二是庐山世界文化景观生态旅游区，以庐山山体为中心，突出文化景观特色，重点建设文化景观、温泉度假、名人故里等景区景点，着力打造避暑度假、山水览胜、文化体验、温泉度假等旅游产品，建成世界文化山水度假休闲旅游胜地；三是三清山世界峰林景观生态旅游区，以三清山为中心，突出自然山水特色，重点建设自然遗产、丹霞地貌、花岗岩山地等景区景点，着力打造峰林览胜、丹霞观光、山地休闲、生态度假等旅游产品，建成世界峰林景观生态旅游胜地；四是龙虎山世界道教山水生态旅游区，以龙虎山为中心，突出丹山碧水和道教文化特色，重点建设丹霞地貌、道教景观景区景点，开发丹霞山水、道教朝觐、崖墓探秘、休闲养生等旅游产品，建成世界道教山水养生生态旅游目的地；五是南昌国际都市文化生态旅游区，以南昌一江两岸游览区为中心，突出都市文化和自然山水特色，重点建设现代都市和近郊山水景区景点，着力打造都市观光、革命教育、文化研修、休闲娱乐、健身运动、综合购物等旅游产品，建成全国著名的都市文化生态旅游区；六是景德镇世界陶瓷文化生态旅游区，以景德镇市区为中心，突出陶瓷文化特色，重点建设千年瓷都、茶乡古镇等景区景点，着力打造陶瓷艺术、瓷都风情、乡村度假、自然观光等旅游产品，建成世界陶瓷文化旅游中心；七是抚州华夏梦都文化生态旅游区，以临川区为中心，突出梦都文化和才子文化特色，重点建设城市休闲、自然山水等景区景点，着力打造华夏梦都、临川文化、书乡风情、山地休闲等旅游产品，建成中国著名的才子文化生态旅游区；八是新余中国现代工业生态旅游区，以渝水区为中心，突出新兴生态工业城市特色，重点建设钢铁工业、光伏产业、夏布工艺、中国药业、现代盐业等工业旅游景区景点，着力打造工业观摩、商务考察、休闲购物等旅游产品，建成中国知名的现代工业旅游目的地；九是婺源中国乡村风情生态旅游区，突出古村文化、田园生态特色，重点建设古村古镇、田园风光等景区景点，着力打造古村观光、文化体验、乡村度假、茶乡风情等旅游产品，建成中国乡村旅游示范区和首选地；十是西海国际养生休闲度假旅游区，以西海为中心，突出一湖千岛特色，重点建设大型湖泊、温泉和山林等景区景点，着力打造亲水运动、养生养颜、山水观光、国际会议、休闲度假、宗教朝觐等旅游产品，建成国际著名的会议中心和养颜养生胜地。

4. 借鉴启示

一是坚持生态创新的旅游发展理念，生态旅游发展统筹经济效益和环境保护，使两者达到均衡发展。二是创新生态旅游发展模式，促使生态旅游由传统的观光型方式向休闲度假等多种方式转变，积极利用新模式促进生态旅游深度发展。三是制定切实可行的发展措施，生态旅游的发展既离不开先进的理念，也离不开切实有效的具体措施，应广泛采纳多方意见，积极制定合理、有效的发展措施，保障生态旅游良性发展。

三、辽宁东部区域生态旅游发展的优势和问题

（一）发展优势

（1）地理区位优越，交通快捷。从辽宁省来看，辽宁东部地区属于我国东北向东北亚旅游流通道上的截流型区位，有助于发挥交通通道的截流传输作用。从国内来看，辽宁省地处东北旅游区中的热点地区，而辽宁东北地区是国内外旅游者进出东北旅游区的通道，距离京、津、鲁等旅游热点地区较近，有利于扩大客源辐射范围。从国际上看，随着世界旅游市场的东移，东亚成为世界旅游热点地区，其中的东北亚为"热点中之热点"，辽宁东北地区正处于东北亚大旅游圈的链接地带，距离世界较大的旅游客源市场日本、韩国、俄罗斯较近，为开展生态旅游提供了充足的国际客源保证。辽宁东部地区交通完善，设施齐备，基本上形成了铁路、公路、航运和航空等多种运输方式相结合的立体交通运输网络，为省内外生态旅游者的进入提供了方便快捷的旅游交通条件。

（2）市场广阔，发展潜力巨大。2012年，辽宁东部三市接待国内旅游者10079.3万人次，其中东北、华北地区占81%，其余来源于华东、华南地区。而国际旅游者主要来自我国港澳台地区和日、韩、俄等国家。休闲时代，生态旅游已成为旅游发展的潮流，拥有广阔的市场前景。未来，辽宁中部城市群、京津冀城市群、日本、韩国和俄罗斯等将成为东部生态旅游基地的重要休闲度假市场。有望到2020年本地区旅游接待人次过亿。

（3）人文生态旅游资源典型完整。长期以来，辽宁被视为清王朝的发祥地，

在辽宁东部三市保存了大量清朝的历史遗迹，满族风情村落保存完好。抚顺清永陵和本溪五女山山城为世界文化遗产，保存完整。三市所辖满族自治县，保存有多处清朝文物古迹、碑刻、匾额等，体现清代建筑艺术风格。这些人文生态旅游资源极大地丰富了生态旅游的内容。

（4）农业生态旅游资源丰富多彩。农业旅游资源地域差异性明显，为发展生态旅游奠定了基础。农产品的加工业及其附属产业都有极大的发展空间，它们对于旅游者来说也更具有吸引力。农业生态旅游因其浓郁的农家风情和清幽的绿色环境，一年四季均对游客产生诱惑力：在百花盛开和水果成熟的季节，许多游客为了观花、买花或品果、摘果而不断故地重游，从而延长了旅游产品的生命周期；即使是旅游淡季，其从业人员也会将主要精力从旅游接待方面转移到农业生产方面，加强果园、鱼塘、养殖场、花园等的管理，解决旅游淡、旺季节忙闲不均的矛盾，减少人力资源的浪费。

（二）存在问题

（1）管理体制问题。抚顺、本溪和丹东三市旅游局管理权限有限，缺乏统一的协调与管理，整体协调能力弱，旅游管理部门的行政职能与生态旅游产业发展要求不相适应。生态旅游资源的开发缺少统一的政策指引，开发与管理过程中涉及国土、农林、水利、环保、文物等多个相关部门，各部门各行其是，急功近利，难以形成部门间的有机配合和协同发展，使旅游资源遭受破坏。为了获取短期的经济利益，盲目开发旅游资源，超量接待旅游者，同时又缺乏严格的管理措施，使资源不堪重负，生态失去平衡，旅游资源遭受严重的破坏。

（2）生态旅游品牌建设问题。三市旅游项目和产品开发层次普遍较低，同构现象突出，缺乏深层次的文化内涵和特色。有产品无精品，缺少大品牌旅游项目，旅游形象模糊，知名度不高，带动能力不强。三市在生态旅游示范区的建设过程中，应积极主抓精品项目，打造知名生态旅游品牌，建设具有一定知名度的国家级生态旅游示范区。

（3）旅游配套设施问题。三市的旅游配套设施问题集中表现在景区道路不畅，服务设施不足，食宿接待能力有限，旅游购物规模和档次较低，缺少独具特色的文化、娱乐场所及相应的娱乐设施等。此外，生态旅游基地建设也面临对生态环境保护和当地居民生产生活方式转变的挑战。

（4）旅游活动和商品问题。三市普遍存在着生态旅游活动内容单一、游客逗留时间较短、旅游商品种类缺少特色的问题。目前，三市旅游活动仍以观光游览为主，受气候适宜性影响较大，具有明显的季节变化，旅游淡、旺季反差较大。旅游活动项目单调，缺少参与性、体验性的旅游项目，游客逗留时间短，影响了旅游收益。旅游商品缺少地方特色，满足不了游客的购物需求。

（三）总体评价

辽宁东部地区包括抚顺、本溪和丹东三个城市，这里拥有丰富的山水旅游资源，自然环境良好，交通也比较便利。这个地区的生态旅游资源已经初具规模，包括丹东凤城大梨树在内的诸多村镇已经成为全省乃至全国乡村旅游的标杆。该地区可充分发挥当地自然资源良好的优势，积极开发以山水为主题、以休闲采摘为延伸的生态旅游示范区。

（1）辽宁东部地区生态环境良好，可打造生态旅游示范区。辽宁东部地区生态环境保护较好，其发展要坚持生态环境保护与乡村旅游开发并举的思路，在加强保护自然生态环境的同时，积极开发乡村生态资源，拓展以休闲农业及采摘和养生为主要诉求的生态旅游产品及项目，形成完善的生态旅游产品体系，打造享誉省内外的生态旅游示范区，并积极向省内旅游者以及来自于韩国、日本和俄罗斯等国际市场的旅游者辐射。

（2）辽宁东部地区农业资源丰富，可打造休闲农业旅游基地。三市所包含的农业旅游资源极其丰富，有助于改善辽宁东部地区生态旅游环境，推进休闲农业基地基础设施建设，加强辽宁东部地区农业休闲产品开发，完善农业旅游休闲公共服务，提升旅游休闲服务质量，打造辽宁东部地区现代休闲农业旅游基地。

（3）融合发展辽宁东部多种产业，构建生态旅游产品体系。辽宁东部地区旅游资源类型多样，以生态自然景观为基础，充分利用历史文化资源，发展特色生态农业、休闲农场、农业庄园和生态湿地公园等，建设具有辽宁东部特色的生态度假旅游产品体系，利用3~5年的时间，重点完善食、住、行、游、购、娱基本要素，完善生态旅游服务功能。

（4）创新辽宁东部区域生态旅游发展模式，创建生态旅游品牌示范区。目前，辽宁东部地区生态旅游以生态观光为主，生态旅游发展模式缺乏创新，因此，辽宁东部地区应积极创新生态旅游发展模式，坚持生态资源保护，在强化资源保护的同时，实现自然资源的科学开发和合理利用，打造国家级生态旅游品牌示范区。

四、辽宁东部区域生态旅游发展定位、目标和战略

辽宁东部地区生态旅游发展坚持以可持续发展为理念，以保护生态环境为前

提，以统筹人与自然和谐为准则，普及生态理念，推广绿色生产和消费方式，开展生态体验、生态教育和农业生态旅游，走生态与旅游经济协调发展的新路，依托良好的自然生态环境和独特的人文生态系统，打造辽宁东部国家级生态旅游示范区，推动辽宁省工业文明向生态文明迈进，构建生态文明社会，实现经济、社会与生态三个效益的统一。

（一）发展定位

坚持"绿色生态、休闲度假、可持续发展"的理念，以生态文明与旅游经济协调发展为主线，以生态旅游项目建设为重点，以休闲度假为主导，坚持景区城市乡村旅游相统筹、科普游览体验旅游相融合、建设管理服务水准相匹配、示范连带引领功能相彰显、经济社会生态效益相统一的原则，创新发展理念，转变发展方式，抢占发展先机，利用辽宁东部特有的生态资源条件、丰富多彩的满族文化以及周边的乡村特色，将生态与乡村、自然与历史有机地结合起来，促进生态旅游与其他产业融合发展，建设生态和谐的生态旅游示范区，努力把辽宁东部生态旅游示范区打造成为国内知名的生态旅游高地，充分发挥其在生态经济和旅游产业发展中的先导、示范和带动作用，扩大辽宁东部地区生态旅游产业规模，通过大力发展生态旅游，优化旅游产品结构，打造国内外一流的生态旅游目的地，为辽宁旅游产业大省建设做出贡献。

（1）建设辽宁东部区域绿色生态旅游示范区。以生态持续发展为核心，坚持科学发展和绿色发展的理念，以辽宁东部地区现有的农业发展成就和丰富的生态旅游资源为依托，实行绿色旅游开发，生产绿色旅游产品，进行绿色旅游经营，构建绿色产业体系，建设体现生态文化、独具东北特色的旅游观光、休闲度假基地，构建生态旅游产品体系以满足旅游者的需求，打造以生态旅游为核心的绿色旅游示范区。

（2）打造辽宁东部区域国家休闲农业旅游基地。将辽宁东部地区打造成以现代农业产业为基础，以生态山水环境为依托，以郊野休闲度假为特色，以旅游产品的多样性为基础，集科技农业、休闲运动、度假居住、观光览胜、科普教育等综合功能于一体的综合休闲农业旅游基地。

（3）构建辽宁东部区域休闲度假旅游目的地。辽宁东部地区应积极整合资源，加大力度开发建设，以推进旅游业转型升级和提高竞争力为重点，以国际化引领、产业化推进、生态化保障、现代化改造、和谐化发展为方向，在全面推进环境整治的基础上，对辽宁东部地区进行重点保护，构建以生态恢复和生态可持续发展为主题的休闲度假旅游目的地。

（二）总体目标

根据辽宁省旅游业"十二五"发展规划和"辽宁东部生态旅游基地建设"战略，立足于辽宁东部地区生态旅游资源的现状，实施片区开发模式，构建辽宁东部地区"123"生态旅游发展格局，一地即辽宁东部生态旅游目的地，两带即鸭绿江休闲娱乐观光带、中华枫叶之路休闲度假带，三区即满族风情文化生态旅游区、现代时尚休闲度假体验区、康体养生休闲旅游度假区。重点建设一批旅游项目，完善旅游功能，使之形成显著的龙头效应，将五女山—桓龙湖、清永陵—赫图阿拉古城联合打造为国家5A级旅游景区，着力打造世界冰酒之都；积极推进大川森林温泉小镇、枫林谷森林养生度假区、苍龙山原始森林公园、龙翔岛度假区、聚隆滑雪场、岗山森林公园等项目建设；积极促进天华山国际生态旅游区、黄椅山火山度假村、水丰湖国际旅游度假区、大石湖旅游景区与汤沟国际温泉旅游度假区等项目的落地。争取到2020年，形成完善的辽宁东部生态旅游产业体系，发展2~3个大型生态旅游企业集团，实现辽宁东部地区旅游综合收入达800亿元、旅游接待规模达到1亿人次、增加就业20万人。

（三）发展格局

辽宁东部地区应牢牢把握发展机遇，按照统筹规划、分步实施的原则，使生态至上、绿色发展的理念在旅游规划建设、经营管理、消费活动等各环节都深入人心、贯穿始终，努力建设国际知名的生态旅游示范区，塑造国内乃至国际生态旅游大品牌，把辽宁东部地区建设成为中国生态旅游发展高地和国际知名的生态旅游目的地。

（1）鸭绿江休闲娱乐观光带。观光带以丹东鸭绿江为基础，以发展休闲娱乐观光为核心定位，依托鸭绿江秀丽的山水风光、丹东独具特色的边境风情以及现有的一批乡村旅游示范村等，积极培育神秘边境村落、快乐休闲农庄生态旅游项目，整合开发集边境风情、生态山水、温泉滑雪、海滨海岛、满族民俗等于一体的生态旅游产品，打造辽宁边境休闲娱乐观光旅游带。

（2）中华枫叶之路休闲度假带。度假带包括丹东宽甸和本溪枫叶带以及其他风景区，充分利用丹东和本溪良好的山水自然资源，围绕休闲度假、生态文化和地质科普等优势，坚持生态环境保护与旅游开发并举，在加强保护自然生态环境的同时，积极开发建设以生态山水为主题、满族风情为重点、采摘山珍野味为延伸的多种类型的生态旅游带，努力打造枫叶之路休闲度假带。

（3）满族风情文化生态旅游区。旅游区包括抚顺新宾满族自治县和清永陵景区，深入发掘满族民俗文化底蕴，积极推进乡村民俗的独特表现形式，推进世界文化遗产清永陵和一批非物质文化遗产保护，配套开发独具民族特色的工艺品，增加现有旅游产品的文化附加值，打造满族风情文化生态旅游区。

（4）现代时尚休闲度假体验区。体验区主要包括清原满族自治县及周边地区，以红河峡谷漂流等体验类旅游项目为主，并将其他生态旅游产品与红河峡谷漂流形成产品组合，在对生态环境进行严格保护和有效利用的同时联动开发，创新旅游主题概念，建设现代时尚休闲度假体验区。

（5）康体养生休闲旅游度假区。度假区主要包括本溪市，发挥现有的"中国药都"的区域资源优势，积极利用本溪市特有的药材资源以及药物生产和开发能力，形成以独特养生理念为诉求的生态旅游产品。主要建设中医养生中心、温泉浴场、药用植物园、养生农庄等，树立健康养生理念，结合原生态自然景观来构建康体养生休闲旅游度假区。

（四）建设模式

（1）资源依托型生态旅游区建设模式。以景观资源为主要游览项目进行开发与保护的生态旅游区建设模式，是各类生态旅游区建设的主要模式。它以独立完整的景观资源为依托，资源是整个生态旅游活动的主导产品，景观自然资源基础较好，类型齐全，游览范围比较广阔，以多个大中城市为目标市场，区位距大中城市 20 千米以外，但交通便利，其管理模式以自然环保为主，注重基础设施对资源的维护，分散管理，接近原生态自然。我国的九寨沟、黄山、西湖等均属于这种开发建设模式。

（2）城市依托型生态旅游区建设模式。生态旅游区的建设与所在大中城市的历史文化、政治经济背景相结合的一种生态旅游区建设模式。这种模式常常借助一定的自然及人文景观，以某一大中城市为依托，景点多凝聚城市的历史、文化及政治色彩，游览范围较小，由独立封闭的行政组织集中管理。代表性景区如美国的夏威夷群岛、意大利的古罗马斗兽场、昆明世界园艺博览会等。

（3）项目依托型生态旅游区建设模式。对生态旅游的一个具有参与性的特色专题旅游项目进行开发保护的生态旅游区建设模式。其特点是以整体旅游产品中的专题项目为生态旅游的对象，所游览及娱乐的产品单一而富于特色，服务及其配套设施完善，游客动手参与性强，游览地域有明显的界线，属于小范围内的经营管理，服务在整个旅游区建设中占很重要的比例。农业观光生态旅游、漂流、徒步探险等旅游区常使用该建设模式。

（4）文化意识依托型生态旅游区建设模式。主要依赖于当地居民的文化意识和本民族的历史风俗习惯来开发管理生态旅游区及保护旅游区的生态旅游资源的一种建设模式。当地社区居民的环境保护意识很强，旅游区建设与文化环保联系密切，当地居民与自然环境的联系有着悠远的历史，文化里囊括了对自然的崇拜和依恋，所居住区域比较闭塞，交通条件不利或人口稀少，管理在文化理念的督促下完成，游客和当地居民都有一定的自觉性。香格里拉生态旅游区即为该种模式。

（五）发展战略

（1）品牌塑造战略。要充分利用辽宁省打造"辽宁东部生态旅游示范基地"的机遇，提出"打造国内最具魅力的生态旅游示范区"的形象诉求，加大品牌形象的推广力度，强化对区域品牌形象的有效管理，在较短时间内打造出独特的生态旅游品牌形象。

（2）产品开发战略。要采取"千村万户、项目各异"的发展思路，强调生态旅游的区域独特性和产品差异性，通过特色鲜明的产品设计与定位，吸引不同类型的生态旅游开发企业以及相关企业，鼓励生态旅游服务项目的创新，通过精品项目带动全省生态旅游的发展，最大限度地满足不同类型和收入消费者的需求。

（3）产业集群战略。构建较为完整的以生态旅游资源为核心的产业链，逐步形成专门化、多元化和规模化的生态旅游示范区。沿着产业链向上下游延伸，带动一大批相关企业的快速发展。要充分整合现有生态旅游项目，发挥已有优势项目的品牌集聚效应，以集群模式推动生态旅游向周边村、镇扩散，形成规模优势。

（4）市场开发战略。要通过大投入和大开发，树立一大批具有影响力的大项目，以项目促市场、以项目创品牌，凭借优秀的项目产生巨大的市场效应。推动区域品牌建设，鼓励整体市场营销，下大力气加强对目标市场的拓展，强化针对目标市场的生态旅游产品宣传和营销推广，加强与旅行社的联系和合作，通过多途径、多渠道、多样化的方式吸引更多的旅游者。

五、辽宁东部区域生态旅游重点项目和精品线路

（一）建设标准

（1）打造优美的生态旅游环境。以"最美"为引导、以资源为依托、以自然为体验、以绿色为理念，形成辽宁东部区域生态旅游环境最优美、交通最便利、线路最优化、文化最丰富的宜游环境。

（2）打造丰富的生态旅游产品。以需求为牵引、以消费为拉动、以创意为动力、以持续发展为目标，形成辽宁东部区域生态旅游产品最丰富、品牌最鲜活、特色最显著、吸引力最强的产品体系。

（3）打造响亮的生态旅游品牌。以农业旅游示范点为支撑、以特色乡镇为吸引、以农家乐为终端、以旅游景点或旅游村等为驻点，形成辽宁东部品牌最响亮、信誉最可靠、影响最广泛的生态旅游品牌效应。

（4）打造优质的生态旅游服务。以政府为主导、以政策为引导、以管理为手段、以质量为保障，形成辽宁东部生态旅游管理最规范、质量最优质、服务最亲切、安全最放心的管理服务。

（5）打造新颖的生态旅游模式。以农业观光为百态、以龙头景区为带动、以民俗体验为内涵、以康体疗养为目的，形成辽宁东部生态旅游模式最新颖、理念最前沿、就业最方便、农民最增收的可持续发展模式。

（二）重点项目

表 1-2　辽宁东部区域生态旅游示范区重点项目一览

项目名称	位置	项目定位	项目内容
天华山国际生态旅游区	宽甸灌水镇	依托天华山庄、国际狩猎场、民俗文化广场、北国滑雪场、花海果香等项目，将天华山国家生态旅游区打造成集休闲、度假于一体的体验型生态旅游区	一是建设一个大型的集餐饮、住宿、娱乐、度假、休闲、会议于一体的接待服务中心——天华山庄，提高天华山景区硬件接待水平。二是打造总面积 900 亩的国际狩猎场，狩猎场位于青龙涧区域内，狩猎区 670 亩、野生动物驯养繁殖区 20 亩、服务设施区 10 亩、缓冲区 200 亩。狩猎区内有梅花鹿、马鹿、狍子、野猪、野鸡、山兔、山鸡等多种动物，游客可根据喜好，选择徒步、骑马、开车狩猎。三是打造展示北方民俗文化的文化广场，使游人在吃、住、游中体验地方特色民俗风情，主要包括汉族民居、满族民居、民间传统作坊。四是建设北国滑雪场，位于天华山服务区前的赤榆沟，开展高中低档标准雪道、越野滑雪、灯光雪道、竞技滑雪台、跳台、滑雪训练场、高空缆车、造雪设备及雪地摩托车等项目
黄椅山火山度假村	宽甸西郊石湖沟乡	依托度假村项目规划建设内容，将黄椅山打造成为高端会议型生态旅游区	一是打造火山养生谷，开发高端度假市场，与长白山温泉错位发展。项目由培训基地、温泉主题会所、温泉别墅客户、瑜伽和各类室内泡池构成，以原始森林天然氧吧为卖点，丰富宽甸高端夜游新产品。二是打造旅游风情小镇，主要建设汽车营地、休闲木屋、汽车影院及汽车服务配套（汽车美容中心、咨询中心、洗衣站、加油站、电话亭、烧烤区、便利店）等。三是建设森林野奢酒店，由不同大小、不同建筑风格野奢主题酒店组成，其表现主题包括影视、时尚、设计、艺术、复古、科幻、IT、原始、运动等方面。四是打造火山矿泉 SPA 度假村，由休闲娱乐设施和综合服务设施两大部分组成，开展水上乐园、矿泉浴城、休闲汤都、SPA 水疗中心、游泳馆、球类馆、酒店等

续表

项目名称	位置	项目定位	项目内容
水丰湖国际旅游度假区	宽甸县长甸镇	依托水域资源和其他资源，打造水上娱乐生态旅游区	一是打造国际游轮的综合服务中心，发展芬兰风情小镇。二是打造国际休闲会议酒店群，建成国内一流、国际领先的高端休闲会议目的地和半岛边境高尔夫俱乐部，建成东北亚首个集半岛、边境主题于一体的高尔夫休闲运动基地
辽宁东部区域台湾养生园	桓仁县沙尖子镇	依托地温异常带这一特殊资源，打造辽宁东部区域养生生态旅游区	该项目主要建设地质博物馆、太子庙、台湾式窑洞、综合会所、别墅区、游客中心等。目前，已完成场地平整、地质博物馆基础部分建设及园区地质勘测工作
枫林谷森林养生度假区	桓仁县向阳乡和平林场	依托本溪枫叶和森林旅游资源，打造山地森林生态旅游区	一是建设景区入口区经服务区环线，沿九曲峡登红枫顶，绕山而下，顺五彩路返回服务区。二是建设九曲峡游览带和九岔沟游览带。三是建设四区：入口区、服务区、红枫顶游览区、卧虎峰游览区。规划建筑多采用木材、石材，以保持与环境的协调统一，打造成一处集红叶观光、休闲养生、度假旅游、山地运动于一体的辽宁东部区域首个山地森林旅游度假区
宝汤温泉度假村	新宾县北四平	以温泉和泥浴为载体，以发展沟域经济为落脚点，打造包括休闲观光农业、原始森林探险、山货野果采摘园等项目在内的综合生态旅游区	一是建设宝汤河生态绿廊，河滩面积为480亩，主要分布在大杨树沟至宝汤村河两岸。两岸种植观赏树木，开展各种水上运动，项目包括修建码头及休闲街。二是建设农家院生活服务区、温泉泥浴保健养生区、户外运动体验娱乐区和环保自然生态区，农家院生活服务区修建入口服务区度假区、游客服务中心、生态停车场，温泉泥浴保健养生区修建温泉度假酒店、泥浴养生会所、皇室贵族养生会所、满族养生SPA馆、梯田景观温泉池，户外运动体验娱乐区修建高尔夫球场和滑雪场，环保自然生态区建设山野营地、丛林野战车、森林探险、游憩驿站、山货野果采摘园、原生态畜禽养殖、林地漫步园、森林负离子浴所
汤沟国际温泉旅游度假区	本溪满族自治县	以山水峡谷为基础，打造集山水生态型的国内一流、国际知名的生态度假旅游目的地	主要建设入口服务管理区、五星级酒店、温泉中心、温泉度假别墅、温泉会馆、水上乐园、山地休闲公园、高尔夫训练场等项目，联动发展生态观光、温泉养生、商务会议、运动休闲四大功能，将汤沟国际温泉旅游度假区打造成国际知名的山水生态旅游区

（三）精品线路

辽宁东部区域生态旅游示范区应依托交通网络，整合旅游资源，以扩大都市休闲旅游市场为目标，以"让都市走向乡村，让生命走向健康"为理念，积极培育连接沈阳、大连、鞍山等相邻区域的具有旅游延伸集散功能的旅游线路，营造一种让都市人释放压力、亲近自然的休闲氛围。

（1）满族文化，边境风情——辽宁东部区域文化遗存旅游线路。依托辽宁东部的人文旅游资源，借助丹东鸭绿江的边境地理区位，以满族文化遗存为核心，以"绿色生态，满族风情"为主题，借助三市的乡村旅游资源，大力发展生态文化遗产旅游，打造具有辽宁东部区域特色的世界文化遗产生态旅游线路。

（2）赏千里枫叶，看万亩桃花——辽宁东部区域生态观光旅游线路。该线路主要以本溪的枫叶和丹东宽甸河口的桃花为核心景观，利用当地的乡村和沟域旅游资源，以赏花观景为主线，打造辽宁东部地区乡村生态赏花旅游线路，让游客全方位、多角度地感受美景，给游客带来全新的视觉冲击和新奇的观景体验。

（3）郊野山林，温泉体验——辽宁东部区域康体养生旅游线路。依托丹东天桥沟国家森林公园、青山沟风景名胜区、虎塘沟景区和本溪市关门山国家森林公园、汤沟温泉以及抚顺市和睦森林公园等旅游景点，以生态养生为主题，打造辽宁东部休闲度假养生旅游线路。

（4）绿色生态，人间仙境——辽宁东部区域乡村田园休闲旅游线路。依托抚顺红河谷漂流度假区、本溪枫叶带和关门山国家森林公园以及丹东青山沟国家风景名胜区、丹东天华山通天峡等的自然景观，以休闲体验旅游为主题，开展森林漂流、森林迷宫、山林探险、森林氧吧、水岸游憩等旅游活动，打造高参与度的乡村休闲体验旅游线路。

（5）山景枫林，生态沟域——辽宁东部区域农业体验旅游线路。该线路以辽宁东部三市所拥有的森林旅游资源为基础，以知名景区和天然的沟域旅游资源为依托，以"绿色乡村，绿色农业"为主题，大力发展现代农业旅游示范区和示范点，开发多种形式的沟域旅游项目，打造以现代休闲农业示范区为基点的农业体验旅游线路。

六、主要设施建设和近期行动计划

（一）主要设施建设

（1）交通基础设施建设。首先是完善高速公路和一级公路路网建设，建设河口—宽甸—草河口高速公路和鸭绿江大道，重点提升虎山至河口段二级公路为一级公路，河口至拉古哨三、四级公路为二级公路，大西岔镇小荒沟至振江段三、四级公路为二级公路，振江至浑江口大桥三级公路为二级公路；新建拉古哨至雁脖子沟二级公路。其次是改善天刊线、泉杨线、黄椅山玄武湖景区连接线、天华山景区连接线、花脖山景区连接线等二级路网，提升公路质量和等级，为旅游活动提供道路服务。新建汤城线、和神线、沈通线和赫城环湖路等三级公路，改建滴桦线、岗山景区环路、猴石景区环路等一批公路，完善公路服务水平，丰富景区旅游线路。加强生态旅游路网建设，与辽宁省交通规划及总体安排相结合，以道路建设为重点，形成高效便捷的城乡路网体系，强化各生态旅游区与旅游中心城市的道路通畅性，提高旅游交通的承载力。

（2）配套工程设施建设。为整体推进生态旅游经济的建设发展，应完善环境、农业、服务等基础设施配套工程，加大生态旅游基础设施建设资金的投入。各级政府每年安排一定的资金用于环境基础设施建设，采取补助、奖励等办法，鼓励保护生态环境，在节能减排和循环经济等扶持措施中，对生态旅游示范项目予以支持。重点抓好造林、防洪、排涝、栽种果蔬、绿化等工程，合理安排基础项目施工。加强公共服务设施建设，包括供水、供电、供气、供热、排水、通信、绿化、垃圾处理、污水处理等。

（3）旅游服务设施建设。从服务中心、公共服务区、餐饮和客房服务设施及购物设施四个方面着手，完善基础服务设施建设。在服务中心方面，设立抚顺、本溪和丹东旅游服务中心，提供辽宁东部区域生态旅游宣传品、各项服务表、生态旅游示范区交通图等服务。在公共服务区方面，公共休息区应根据实际需要，布局合理，满足游客需要，设施完备，舒适洁净，有条件的区段设置与游客规模相应的游客中心，提供多种形式的旅游服务。在餐饮和客房服务设施方面，餐饮区应布局合理，装饰等应符合当地民族文化及周边环境，辅助休闲区应根据游客规模设置一定数量装修良好有配套设施的客房；另外，可以鼓励农村地区开展农家乐服务，为游客提供便捷、实惠的自助服务。在购物设施方面，根据各市的特点和游客需求设置旅游购物场所，与整体环境相协调，融观赏性和服务性于一体，且布局合理、功能完备。购物场所的商品应品种多样，提供有地方特色的旅游商品。

（4）旅游标识系统建设。在标识系统建设上，各区段入口处、交叉路口和服务场所应设置指示标识和导引标识。按 GB/T 10001.1、GB/T 10001.2 和 GB 2894 的规定设置清晰明了的公共信息图形符号标志。引导标识要准确、清楚，方便游客参阅。无人值守的危险地段，警示标志应有夜间照明。

（5）旅游环卫设施建设。在环境卫生设施建设方面，各旅游区内应设置满足游客需要的厕所、垃圾箱等卫生设施。厕所的设施和管理要求应符合 GB/T 18973 的规定。垃圾箱应布局合理，标志明显，外形美观，与环境相协调，且应尽量分类设置。

（6）旅游安全设施建设。在安全设施建设方面，危险或不宜进入的河道地段、场所应设置警示标志或禁止进入标志，安全防范设施齐备。应及时排除各类危及游客安全的因素，无法排除的应采取必要的防护措施，并设置游客容易看到的规范中英文警示标志。危险难行的步行路段应合理设置注意事项告知牌。各种安全设施、安全标志应随时检查，发现有破损、变形或变色的，应及时整修或更换，水中设有景观灯等人体可接触到的照明设施应采用弱电。

（7）其他设施建设。根据需要对旅游路线所经的陆路、水路进行整修，对其周边的环境和景观进行整治和培育，采用符合生态原则的旅游交通方式和旅游线路。交通的发展规划需仔细考虑可能造成的景观影响，要避免交通路线建设和各类步行道和栈道对景区的分割以及对景观的破坏。旅游带各区域要建立完善的防灾救援体系，提升安全等级。污水处理设施建设，做好规划和建设项目环境影响评价，建立健全生态建设和环境保护指标体系、监测体系，保护生态环境。旅游带的管理路全段出入口、通道、危险地段、警示标志、游乐设施等均应有照明设备，照明设施应以绿色环保节能地面路灯为主。建设与完善给水工程、电力供应设施和通信设施，以满足旅游业发展的需要。

（二）近期行动计划

（1）制定辽宁东部生态旅游示范区发展规划。生态旅游是一种全新的高层次、高品位的旅游方式，同传统的追求经济效益的旅游规划相比，生态旅游开发规划更须全方位、科学地分析和研究各生态旅游资源和旅游地的总体条件。辽宁东部三市的生态旅游开发规划，必须对生态旅游资源特征、生态敏感性、环境承载力以及整个区域的区位条件、区域社会经济环境、客源市场进行全方位调查，对其开发可行性及等级进行评价，为制定规划提供依据。

（2）加强生态旅游宣传，培养生态旅游意识。生态旅游要求旅游管理部门、旅游企业、当地居民以及游客具有环境保护意识。同时，在开发中，确保他们受到有益的环境教育。辽宁东部地区应通过加强生态环境的宣传教育，使当地居民了解自然、关爱自然，树立正确的生态道德观，积极参与当地的环境建设和社会经济发展建设。

（3）加大景区投入，强化旅游环境生态管理。三市各级政府应加快投融资体制改革，多渠道筹集资金，建立政府引导、市场化运作，吸引社会资金、门票收入和生态效益补偿基金等资本运作模式。同时，了解管理部门、旅游企业、当地居民各个利益主体的目的并合理划分各个利益主体的权限和职责，建立生态旅游开发的利益驱动机制，兼顾多重目标，建立有利于利益主体和生态旅游发展的运营模式，解决景区建设资金短缺的瓶颈问题。

（4）转变思想观念，谋求广泛的区域合作。辽宁东部地区生态旅游的开发，要以市场为核心，资源为依托，实施区域合作，充分利用区位优势，加强区域内的整合。同时，加强对周边国家的开放。该地区拥有丰富的自然和人文旅游资源，是一个巨大的潜在旅游市场，对省内其他地区游客来说，具有极强的游览观光吸引力，该地区的生态旅游资源和产品对东北亚地区游客来说同样具有较深的文化与民族亲和力；同时应积极推进这种国际间的互动合作、互补互助，取得共赢的效果。

（5）实施人才兴旅战略，提供智力保障。依托省内高校旅游院系办好旅游专业，加强旅游管理人才培养，增加生态旅游相关专业，培养生态旅游方面的专业人才，在引进人才的同时，重视本地人才的培育。建立生态旅游培训基地，培养所需的生态旅游专门人才，增加旅游服务技能。吸收高校旅游院系优秀毕业生，充实辽宁东部区域生态旅游示范区从业人员队伍。聘任旅游界知名学者组成旅游发展高级顾问团，为生态旅游基地建设建言献策。加大人才储备，形成合理的人才梯度，为发展辽宁东部区域生态旅游奠定人才基础。

（三）生态环境保护

（1）水资源生态环境保护。水资源的开发利用要全区统筹兼顾，生产、生活和生态用水综合平衡，坚持开源与节流并重，节流优先，治污为本，科学开源，综合利用。坚持"科学保护、生态保护、文化保护、美学保护"的保护理念，严禁河流湖泊区的工矿企业和居民点直接向河湖排放污水，严禁向河湖倾倒垃圾和建筑、工业废料，合理控制地下水开采，做到采补平衡。合理开发利用和保护大气、水资源，加大二氧化硫和酸雨控制力度，妥善处理好旅游开发与水质保护的关系，开展水上游乐体育活动，要防止汽油、垃圾和生活污水污染。旅游度假休闲设施只能在严格保护水质的前提下适度开发。

（2）土地资源生态环境保护。依据辽宁省土地利用总体规划，坚持"保护与开发并重、分等级保护、依法保护"的原则，实施土地用途管制制度，明确土地承包者的生态环境保护责任，加强生态用地保护，冻结征用具有重要生态功能的草地、林地。绝对禁止破坏地质地貌环境的开发建设，加强旅游环境保护的法制建设，加强旅游生态环境保护，统一规划，精心设计，科学施工，要与周围环境相互协调，避免对环境的破坏。

（3）森林资源生态环境保护。对具有重要生态功能的林区、草地，应划为禁垦区、禁伐区或禁牧区，严格管护；已经开发利用的，要退耕退牧、育林育草，使其休养生息。实施森林保护工程，最大限度地保护和发挥好森林的生态效益。加强森林、草原防火和病虫鼠害防治工作，努力减少林草资源灾害性损失；加大火烧迹地、采伐迹地的封山育林育草力度，加速林区、草地生态环境的恢复和生态功能的提高。

（4）生物物种生态环境保护。以保护物种多样性和确保生物安全为前提，辽宁东部区域生态旅游示范区内开发的占用生物栖息地的旅游项目，必须编制保护与开发相结合的规划，在区段内设置生态环境保护展示室、宣传栏，在导游词中增加生态环境保护的科学内容。在旅游开发和接待过程中，要防止对生物物种的破坏，加强对游客的宣传教育，建立各类珍稀植物保护制度，严格保护动植物的生存环境，维护其正常的生态系统。

（5）地方历史遗迹资源保护。严格遵守"修旧如旧"的原则，创造相应的历史文化意境。划分绝对保护区、环境影响区、环境协调区等规划保护范围，在不同的区域只允许开展相应的活动和项目。对于民俗风情，应保持其质朴淳厚的风格，继承当地的优良文化传统，并通过经济发展和旅游开发，逐步提高当地居民的生活质量，在保护民俗风情的基础上，实现对具有地方特色的服饰、饮食、歌舞、节庆、习俗、传统工艺品等民俗的挖掘深化。

第二章 辽宁大湿地（河流、湖泊、水域）生态旅游区域环境

　　围绕建设国家级湿地型生态旅游示范区，以休闲观光度假为核心，加快建设辽宁省东部山地湿地、北部湖泊湿地、中部河流湿地、南部海洋湿地以及西部戈壁湿地不同类型的生态旅游景区，形成若干重大湿地旅游项目，将湿地生态旅游打造成为辽宁省旅游业的新热点和增长极，建设"中国湿地旅游休闲观光天堂"。

　　湿地生态旅游是指以湿地资源为基础的旅游活动，具有自然保护、环境教育和社区经济效益等一系列的功能。其是生态旅游中的一种模式，诸如"海滨游"、"湖泊游"、"水乡游"、"休闲垂钓"等。湿地生态旅游开发的宗旨是让游客在认识湿地、享受湿地的同时提高湿地生态环保意识。湿地生态旅游的基本原则，是人类与湿地构成一个生态系统，共存共荣协调发展。

一、发展背景、资源条件和现状基础

（一）发展背景

　　湿地这一概念在狭义上一般被认为是陆地与水域之间的过渡地带；广义上则被定为地球上除海洋（水深6米以上）外的所有大面积水体。《国际湿地公约》对湿地的定义是广义定义。按照广义定义湿地覆盖地球表面仅有6%，却为地球上20%的已知物种提供了生存环境，具有不可替代的生态功能，因此享有"地球之肾"的美誉。

　　由于湿地是陆地与水体的过渡地带，因此它同时兼具丰富的陆生和水生动植物资源，形成了其他任何单一生态系统都无法比拟的天然基因库和独特的生物环境，特殊的水文、土壤和气候提供了复杂且完备的动植物群落，它对于保护物种、维持生物多样性具有难以替代的生态价值。湿地具有综合效益，它既具有调蓄水源、调节气候、净化水质、保存物种、提供野生动物栖息地等基本生态效益，也

具有为工业、农业、能源、医疗业等提供大量生产原料的经济效益，同时还有作为物种研究和教育基地、提供旅游等社会效益。

湿地生态旅游既是对湿地资源的一种合理利用方式，也是对湿地生态系统的一种有效管理途径。它是以人与自然和谐共生的湿地生态系统为对象，以湿地可持续旅游为原则，通过对湿地生态系统的保护性利用，使游客、当地居民、旅游经营者全部受益，并让大众受到环境教育的一种旅游形式。相关研究表明，游客对湿地自然状况的期望值和旅游引起的环境问题会促使政府对湿地进行保护和管理。有国外研究者认为，在湿地开展生态旅游，不仅能促进区域经济可持续发展，实现对湿地生态环境的积极保护，还可以对旅游者进行生动的环境教育，推动生态文明建设。

我国国家湿地保护体系由湿地自然保护区、保护小区、湿地公园、湿地野生动植物保护栖息地以及湿地多用途管理区等多种类型共同构成。目前在我国 2000 多个自然保护区中，有湿地类型的自然保护区 550 多个、国际重要湿地 41 个、国家湿地公园试点 145 个。可以说，随着各地对湿地生态旅游日益重视，构建湿地生态旅游产业体系已经成为旅游业持续发展的一个重要突破点，也是实现生态环境有效保护的关键举措。

（二）资源条件

（1）自然景观独特，具有全国影响力。盘锦双台河口湿地总面积 12.8 万公顷，是目前世界上保存最好、面积最大、植被类型最完整的生态地块，1988 年被确定为国家级自然保护区。据统计，双台河口湿地有维管束植物 260 余种，其中优势植物 30 余种，主要有芦苇、翅碱蓬、灰绿碱蓬、香蒲等，在滩涂生长的翅碱蓬形成的"红海滩"是我国沿海少有的自然景观，在陆上沼泽环境中生长的芦苇造就了世界上面积较大的芦苇沼泽湿地。专家评价，双台河口湿地由低到高红绿分明的带状植物分布规律是我国沿海少见的，具有极高的观赏价值和重要的科研价值。在 2013 年 9 月中央电视台"你心中最美湿地"的网络投票中，盘锦双台河口湿地位居第一。

（2）资源类型多样，特色各异。辽宁省湿地类型较为全面，有湖泊型、河流型、沼泽型和人工型等。卧龙湖湖泊型湿地的地下有丰富的锶矿泉水，含锶量高达 1.83 毫克/公升（枯水期），品位之高，全国少有。锶矿泉水预防治疗心血管、脑血管病效果极佳，世所公认。海城三岔河河流型湿地野生动植物资源丰富，有植物 229 种、动物 574 种。动物中国家一级重点保护野生动物 5 种，国家二级重点保护野生动物 30 种，省重点保护野生动物 85 种。

（3）资源分布脉络清晰，关联性强。辽宁省湿地资源集中分布在沿海以及辽河、大凌河沿岸，这些地区属于辽宁省旅游建设的重点地区，旅游基础设施较为完善，各项配套条件较为齐备，这些都为今后发展湿地型生态旅游示范区和生态旅游区提供了很好的支撑条件。当然，资源分布的关联性和交通上的便利性也有利于对湿地资源进行组合式开发，形成接待能力共享及规模和品牌的影响力。

（4）突出养生避暑定位，有利于丰富夏季旅游产品。在辽宁省委省政府的推动下，本省的夏季旅游产品得到了极大的丰富化和系列化，已经形成若干较有影响力的旅游目的地和知名品牌。湿地生态旅游具有较清晰的市场定位，能够满足旅游者休闲避暑的需求，也能够加强人与自然和生态的接触，丰富夏季休闲观光度假等旅游产品的内涵。特别是在国民休闲旅游纲要公布之后，湿地旅游能够很好地迎合每年 6~9 月的出游高峰，实现旅游经济效益的最大化。

（三）现状基础

依据《辽宁省湿地资源考察报告（2000 年）》，全省湿地分滨海湿地、河流湿地、湖泊湿地、沼泽湿地、人工湿地 5 大类 11 种类型，总面积为 122 万公顷，占全省总土地面积 1480.6 万公顷的 8.2%。其中滨海湿地主要分布在沈阳、丹东、大连、营口、盘锦、锦州和葫芦岛等沿海城市，沿海岸线从东向西呈带状分布，总面积约 73.81 万公顷；河流湿地面积 25.22 万公顷，占全省湿地面积的 20.7%；沼泽湿地面积 11.02 万公顷，占全省湿地面积的 9%，主要分布在丹东、大连、盘锦、锦州、沈阳 5 个城市，沿海岸线以内、河流下游及入海口周围地区呈块状或带状分布；人工湿地主要是水库湿地和池塘湿地，库塘湿地总面积为 1128.6 平方千米。另根据辽宁省各市公开资料统计，现有湿地、湿地公园和湿地保护区等 41 处，2012 年 6 月公布了辽宁省重要湿地名录（第一批）共 15 处，这 15 处湿地占地总面积为 6.73 万公顷。其中，人工型湿地 7 处、河流型湿地 5 处、湖泊型湿地 2 处、沼泽型湿地 1 处。面积最大的为海城三岔河湿地，面积为 1.39 万公顷，类型为河流型。盘锦双台河口湿地在国内都具有较高的知名度，红海滩已经成为知名旅游品牌。

目前存在的主要问题：一是虽然政府高度重视但缺乏具体推进措施，整体开发水平较低；二是旅游基础设施薄弱，具体表现为多数湿地生态景区交通不发达、公共服务设施配套不完善等；三是其他产业发展对湿地生态环境造成破坏和挤压；四是服务要素严重缺乏，住宿、娱乐、购物、餐饮等配套设施不完善；五是旅游发展环境亟待优化。

二、发展优势、关键挑战和基本研判

（一）发展优势

（1）湿地资源组合优势突出。辽宁省湿地资源数量多，类型多样，分布地点较为广泛，大多集中在沿海、辽河和大凌河沿岸，与其他旅游资源可以形成组合式开发。

（2）地理区位交通便利明显。辽宁省湿地资源可以辐射东北三省以及东北亚地区，与黑龙江省和吉林省的湿地资源形成错位开发，也可以吸引俄罗斯和日韩等国家的入境游客，地理区位效应十分明显。

（3）旅游季节匹配效应较高。辽宁省湿地旅游资源可以很好地丰富夏季旅游产品，特别是形成了良好的避暑养生效应，还可以很好地满足自驾游等类型旅游者的需求，形成新的旅游热点和目的地。

（4）产业链条联动关系紧密。辽宁省旅游业经过多年的快速发展，围绕食、住、行、游、购、娱已经形成了完善的旅游产业链条，具有很强的旅游产品开发能力，可以为湿地生态旅游的差异化发展提供智力支持和产业支撑。

（5）政府规划支撑作用较强。为了推动旅游业的大发展，辽宁省已经先后推出了温泉旅游、乡村旅游、沟域旅游和生态旅游等一系列发展专项规划，为湿地旅游的发展奠定了良好的产业基础。

（二）关键挑战

（1）交通到达性问题。湿地资源本身的特殊性造成了湿地旅游景区距离市中心相对较远，在不影响生态环境的基础上，对道路建设也提出了较高的要求。要在严格限制的条件下，建设好旅游景区的路网及停车场等接待设施，这是发展湿地旅游的一个重要问题。

（2）生态脆弱性问题。湿地生态系统本身具有较为明显的脆弱性，任何盲目的规划开发都可能会给生态系统带来难以逆转的破坏。对湿地资源的开发要建立在充分论证的基础上，按照科学原则来加以指导，避免出现任何可能发生的风险。

（3）开发同质化问题。辽宁省湿地旅游资源数量较多，除盘锦双台河口湿地外，其他湿地在全国的知名度和影响力相对不高，这就可能会导致在开发过程中难以避免的同质化现象，即采取相似的形象定位等，造成市场恶性竞争。

（4）规模约束性问题。在湿地旅游景区发展的过程中，要合理限制旅游者的接待规模，科学测算景区的有效承载力，避免旅游者人数过多对生态环境的负面影响。

（5）季节约束性问题。辽宁省的湿地旅游属于夏季旅游产品，进入冬季后该地区的旅游产品相对较少，只能开发类似于冬捕及其他民俗类活动，造成景区夏热冬冷的现象。

（6）管理机制滞后性问题。国内湿地管理涉及农业、林业、水利和环保等多个政府部门，这种多部门管理状态容易造成责任不清、落实到位难的境况。同时在对湿地的保护与合理利用上，各部门出发点和立场往往不统一，环境保护与完成生产任务之间易形成矛盾，很难协调，因此，湿地公园管理亟待建立有效的保护管理协调机制。

（三）基本研判

辽宁省湿地旅游具有良好的发展前景，可以充分依托现有的旅游产业发展基础，在加强科学合理保护的基础上，利用辽宁省沿海经济带向旅游带转变的重要契机，结合辽宁省推动三岸建设的科学举措，加大力度，重点投资，积极策划高端项目，构建一批特色鲜明、定位清晰、思路明确、优化组合的湿地旅游景区，推动辽宁省湿地生态旅游实现较快的发展。

（1）湿地资源相对丰富，但开发相对滞后。辽宁省湿地旅游资源较为丰富，且类型多样。不过，从目前情况看，整体开发相对滞后，缺少超前规划和精品设计，仍然处于较低层次的发展阶段。但这也为今后的发展减少了很多不必要的麻烦，有利于采取全新设计。

（2）湿地资源具有一定的品牌影响力，但整体形象不突出。尽管辽宁省拥有在全国知名度最高的盘锦双台河口湿地，但湿地旅游的整体形象并不突出，湿地旅游产业发展也相对薄弱，这些都给发展湿地旅游带来较大的困难。这需要从全省的视角加强整体设计和整合开发，形成全省一盘棋的思想，加强协作发展。

（3）湿地资源分布相对集中，有利于组合式开发。辽宁省湿地资源基本上都集中在沿海旅游带或者是辽河、大凌河沿岸，分布脉络较为清晰，有利于进行空间布局和整体设计。特别是辽河、大凌河沿岸的湿地资源，可以充分结合辽河生态文明示范区的建设，形成生态共享、整体设计、协同开发、差异定位的发展思路。

（4）湿地资源周边产业条件较好，可以实施跳跃式发展思路。利用辽宁省优势湿地资源，结合周边其他关联产业的发展态势，可以参照借鉴国际领先湿地旅游发展模式，实行跳跃式发展的战略思路，打造国内湿地旅游的标杆。

三、发展定位、总体目标和战略路径

（一）发展定位

辽宁省湿地旅游的发展定位为：中国湿地旅游休闲观光天堂，具体内涵包括生态示范区、休闲运动园、亲子欢乐岛、避暑养生居、湿地科普馆、文化体验街。

要建设若干国家级和省级湿地生态旅游示范区和旅游景区，形成一批具有较高影响力的湿地生态旅游景区；要结合自然生态环境建设一批符合生态环保要求的休闲运动设施，主要提供休闲运动功能；利用辽河和大凌河的河域资源，建设若干供旅游者嬉戏、亲子娱乐的场所；建设若干有避暑养生功能的临时性场所，让旅游者可以享受生态环境带来的好处；建设湿地科普馆，介绍与辽宁省湿地资源有关的自然生态科普知识，开发与此相关的文化影像产品；结合当地民族文化和民俗活动，建设文化体验街区提供文化参与活动等。

（二）总体目标

到建设期末，辽宁省要力争实现如下目标：

建设 1 个国家级湿地型生态旅游示范区，2 个国家级湿地型生态旅游区，10 个省级湿地型生态旅游区。

湿地生态旅游要实现千万人次游客、百亿元收入的目标，到 2017 年旅游总收入达到 100 亿元，旅游年接待人次达到 1000 万；到 2020 年旅游总收入达到 150 亿元，旅游年接待人次达到 1500 万。

辽宁省湿地生态旅游在全国具有较高的知名度，形成若干具有较大影响力的湿地旅游景区，盘锦双台河口湿地生态旅游在国际市场形成一定的知名度和影响力。

（三）发展思路

1. 生物多样化

湿地是自然界最富生物多样性的生态景观和人类最重要的生存环境之一，因此，打造湿地环境、恢复湿地生态环境，是实现生物多样化的根本途径。

根据湿地类型、恢复目标及湿地现状入手，从土壤基质、植被恢复、栖息地保护与生境改善、湿地生态水管理等方面打造环境，吸引动物栖居，构成湿地完整的生物群落。

2. 景观艺术化

在湿地恢复前提下，打造湿地生态环境，对景观进行局部艺术化改造，形成大地艺术作品，成为观光吸引物。这两个过程是并行的，如在汉石桥湿地恢复项目中，通过框围手法，将大片的芦荡打造成"万鸟齐飞"的大地艺术景观，既恢复了湿地本底，节约了景观再造成本，又形成了震撼性的景观。

3. 科普游憩化

湿地旅游本身具有很强的科普教育意义。寓教于乐是更易于青少年群体接受的方式，运用游憩化手法设置科普体验产品，将湿地生态文化和游乐设备及手段相融合、科普教育和主题娱乐教育相融合，强调人与湿地的近距离接触和深度体验。

（四）开发模式

1. 国际经验

（1）综合发展型：伦敦湿地中心。伦敦湿地中心是目前世界上唯一建在大都市中心的湿地公园。它东临泰晤士河，南边是大片承载网球场、运动场等公共体育休闲等设施的绿地，东西两面均与居民区相邻。占地 425 平方千米，由湖泊、池塘、水塘及沼泽组成，每年吸引超过 170 种鸟类、300 种蝶类。公园于 2000 年5 月建成开放，至今已接待数以百万计游客，在湿地景观保护和旅游实践方面具有在全球持续领先的地位。

案例经验：生态系统完善，所在区域发展水平高，区位和交通可进入性良好，周边有历史人文资源作为旅游发展依托，政策支持让湿地保护有法可依，同时离主要客源市场近，综合开发最为适合。

（2）产业注入型：澳大利亚班瑞克湿地中心。班瑞克湿地中心位于南澳洲阿德莱德市东北面 200 千米，由数个天然河道湖区和沼泽组成，2002 年成为拉姆萨湿地公约组织成员，是迄今为止澳洲最好也是最著名的湿地保护区。

案例经验：开发的重点放在生态系统恢复上，旅游发展采用渐进式。将旅游业和其他产业发展结合，在为湿地保护提供资金保障的同时带动区域旅游经济发展。产业旅游与生态旅游融合发展丰富湿地旅游产品。

2. 可行模式

（1）休闲式项目创意。

1）以营地为核心的休闲基地。依托湿地所提供的独特环境基础，设置与自然环境相融合的以营地为核心的郊野体验项目。可建设集木屋、房车、野营地等设施于一体的湿地生态营公共服务与活动区。

2）湿地交响曲。以水生植物群落和天然芦苇荡为背景，辅助以人工养殖的鱼类、鸟类景观。游客可以在观看湿地景观的同时，佩戴可以播放大自然界水流、鸟鸣、动物活动等各种声音的耳机，感受自然界动植物栖居环境的意境。

3）以湿地为背景的民俗体验。结合本地特色文化形式与节气习俗，开发地方群众参与的特色民俗演艺活动，展示人与湿地和谐共生的景象。

4）打造绚丽的夜景湿地实景演出。完全通过声、光、电等元素，将夜间的湿地打造成多彩的大地艺术，随着光景的不断变化，各种自然界声响此起彼伏，交织成一幅奇妙的动感画卷。

（2）主题化产品创新。

1）心灵净化。心灵净化是湿地休闲项目的永恒主题，这一功能的实现，必须通过活动与内容实现。①活动：面向观鸟、摄影、书画、环保、慈善等社团、俱乐部及圈子，开展有组织、有主题的多种活动；②内容：通过植物配置、色彩调配、景观小品设计等方式，打造一种促进游客自我醒悟、沉淀、反思的环境。

2）健康管理。湿地环境是核心载体，以湿地环境和景观开发的度假产品，可以提供以会员制为基础的高端养生、康疗、健康管理服务，特别是利用温泉、矿物盐、深海泥、乡土药材、植物精华提取物及特色膳食等开发的健康保健产品。

3）风情野奢。野奢的概念就是野趣但充满享乐。强调风情的目的就是度假产品的主题化，形成有文化内涵的体验要素。风情野奢就是要形成"奢而不华、大巧若拙"的感觉，充分挖掘人在融入自然状态下的极致感受。

（3）生态型背景设计。

1）打造手法创新。除了常规的手法之外，大地艺术手法更能打造出视觉盛宴，引起游客的共鸣。湿地中可以大地艺术与景观花海为特色，在不增加成本的前提下，以创新性思维与艺术性手法形成具有震撼性的湿地景观，增加湿地自身的观光性。

2）植物配置创新。湿地植物除了常见的芦苇、菖蒲外，还有其他类型，适当引进适宜当地生长、景观效果好的新品种，在不同的观景点、不同的季节形成特色景观。配置上包括从坡岸到深水区不同地形的考虑，将挺水植物、漂浮植物和沉水植物进行有机搭配，如利用水生花卉植物造景，借助艺术手法，采用花海的概念，通过花岛、花瀑、花廊、花溪等方式，形成独特的景观卖点。

3）配景方式创新。对于所打造的植物景观，在不同的时间、从不同的角度看，景观效果也不相同，可以结合日出、日落、观潮、听涛、溯溪、人工彩虹、跌水景观、夜景大地艺术等多种方式，增加吸引力，形成可体验、可消费的特色观光产品。

（五）战略路径

依托湿地旅游资源，以环境效益、社会效益、经济效益为中心，以市场需求为导向，在保护湿地生态的前提下，充分发挥资源、生态、地缘优势，通过旅游管理体制、旅游环境及科技的创新，在保护中发展旅游业、在发展中保护环境的湿地生态旅游发展之路，促进生态环境的良性循环和经济、社会的可持续发展。

四、示范区域、重点项目

（一）示范区域

1. 辽中蒲河湿地

蒲河国家湿地公园位于辽中县境内、蒲河下游，距沈阳市55千米，规划区面积为81417.5平方千米。湿地公园内分布有天然形成的河流、沼泽和沟塘，植被茂密，为野生动植物提供了良好的生存环境。

辽中县遵循保护开发湿地的原则，把蒲河国家湿地公园建设成一个以保护生态环境建设为基础，融科研宣教、生态体验为一体，以保护栖息鸟类生态环境和水资源安全保护为主题，最大限度发挥湿地资源可持续利用的国家湿地公园。

辽中蒲河湿地为内陆湿地，主要包括河流型湿地、沼泽型湿地、人工湿地这三个类型。湿地连绵、纵横交错、碧波荡漾、风光旖旎，是名副其实的"万顷生态湿地"，形成了"绕廓荷花三十里，拂城杨柳八千株"的水城风光。目前，已打造出16个以蒲河廊道为轴心的旅游观光景点，并成功举办了"中国·沈阳首届城市湿地文化旅游节"。

蒲河湿地的建设规划为"一河三湖多湿地、两岸六区十八景"，蒲河生态廊道按照"珠链式结构"建设，用一河（蒲河）串起沈阳地区北部风光。

位于辽中湿地的珍珠湖是辽宁省唯一平原水库，具有浓郁的民族特色，水面约3万亩，是杭州西湖的7倍。万亩苇塘栖息着20余种飞禽，沿岸滩涂香蒲、秀苇连天，旅游资源相当丰富。如今的珍珠湖正成为沈阳的"西溪湿地"、天然氧吧和自然生态防护带。依托珍珠湖得天独厚的自然资源和周边良好的发展条件，辽中县正着力打造集生态、文化、城市、景观于一体的珍珠水城，城内将建设珍珠湖主题公园、绿珠公园、水上赛事区、风情影视基地、高档别墅区、自然保护区六大区域景观。"湿地+农家乐"组合备受欢迎。

2. 康平卧龙湖湿地

卧龙湖是辽宁省最大的平原淡水湖泊湿地。湖畔东面的珍珠山青铜遗址、西面的清诚慎亲王那尔苏陵园、南面的龙背山汉墓群、北面的辽金时期元州故址等与卧龙湖风景区融为一体，自然资源和人文价值的旅游资源整合，使卧龙湖成为一个集自然景观旅游、田园风光旅游、历史文化旅游、民俗风情旅游于一身的湿地度假区。法库獾子洞国家湿地公园面积为 20474 平方千米，接待和服务设施分别设有游客服务中心、游览线路、观鸟平台、湿地植物园、湿地花园、观景平台、湿地博物馆、昭君白鹤茶楼等，按照规划，2015 年即可大批量接待游客。

卧龙湖是辽宁的生态屏障、沈阳的"绿肾"。康平县努力把卧龙湖打造成国家湿地休闲旅游度假区，坚持可持续发展，坚持规划先行，坚持科学地开发湿地旅游。2012~2015 年，康平县共规划了 12 项 40 余个生态建设与恢复工程，总投资达 15 亿元。截至目前，《卧龙湖生态保护与利用总体规划》、《卧龙湖生态保护专项规划》、《卧龙湖文化专项规划》、《卧龙湖旅游专项规划》、《卧龙湖体育专项规划》和《卧龙湖及周边地区产业发展规划》等 6 个规划已基本编制完成。卧龙湖生态区总规划面积 914.9 平方千米，规划建设以生态保护为主，分为内湖和外湖两部分。规划建设中的康平县中心公园，与卧龙湖毗邻，将建成东北最大的淡水国家湿地公园。在卧龙湖内湖将建设湖心岛。湖心岛以多种鸟类为主，初期通过人工干预的手段，利用 3 年的时间逐步恢复湖心岛的野生生态系统。未来，这里将建成科尔沁沙地南缘最大生态屏障、东北亚鸟类迁徙廊道重要驿站、东北最大淡水型国家湿地公园、沈阳北部滨湖宜居生态明珠城和中国北方首个生态文明示范区。

3. 海城市三岔河湿地

三岔河湿地位于辽河、浑河、太子河三大河流交汇处，属辽河三角洲湿地范围，总面积 20723 平方千米。2004 年建立县级自然保护区，2005 年晋升为市级自然保护区。保护区主要植被类型为沼泽、盐生植物的草甸植被，主要分布有以芦苇为主的温带植被乔木林、灌丛和草甸、沼泽水生植被等。

保护区内野生动植物资源丰富，共有植物 229 种、动物 574 种。动物中国家一级重点保护野生动物 5 种、国家二级重点保护野生动物 30 种、省重点保护野生动物 85 种。保护区地处三岔河大堤范围内，环境优越宜人。春秋季节，雁、鹤、天鹅、海鸥、野鸭等各种鸟类聚集，充分体现了湿地之美、自然之美。

4. 本溪桓龙湖湿地公园

桓龙湖湿地位于桓仁满族自治县城东部，是辽宁省最大的人工湖，总库容34.6 亿立方米，平均水深 15 米，最深处 60 余米，是辽宁省重要水源地，也是全省最大的淡水鱼养殖基地，年产淡水鱼 3600 吨。桓龙湖内的鸟岛是候鸟苍鹭栖息的基地。为更好地保护桓龙湖湿地生态系统，合理利用湿地资源，2011年本溪市政府决定申报建设桓龙湖国家级湿地公园。《桓龙湖国家级湿地公园总体规划》已编制完成。如申报成功，桓龙湖国家湿地公园则成为本溪市第一处湿地公园，这对更好地保护所辖区域内水禽等野生动植物、保护生物物种多样性和湿地生态系统、保护桓龙湖这块重要的水源地有着极其重要的意义。

5. 大凌河口湿地风景区

大凌河口湿地风景区区域范围是西起邢家沟河东岸向东—南圈河—大凌河西岸，向南沿凌碱界至海岸线以南1千米以内。风景区地处中国渤海辽宁东部区域湾北海岸，辽宁省凌海市南部沿海地带，囊括凌海市68.7千米海岸线，东起大凌河河口，与辽宁双台河口国家级自然保护区相邻；西至小凌河河口西部龙头，与世界知名的笔架山、天桥景观相接；北部为辽西中心城市锦州市和辽西明珠凌海市。保护区总面积991680平方千米。境内交通便利，通信设施齐备。兴阎公路贯穿保护区北部，油田道路在境内四通八达，距秦沈高速铁路和沈山高速公路仅10千米，通信信号覆盖全境。

保护区内物种多样，资源丰富，共有动植物239科、1024种，是濒危的丹顶鹤、东方白鹳、黑嘴鸥等珍禽栖息、繁殖、迁徙必经之地。境内有10万亩芦苇，春夏秋冬四季景色各异，是旅游休闲胜地。

6. 盘锦双台河口湿地

盘锦市地处辽河三角洲入海口，共有3149平方千米的湿地面积，是保存完好的国际重要湿地之一，被誉为"世界重要湿地、中国最美湿地"。已成功举办四届盘锦湿地国际旅游周，由一项省级活动上升为国家级活动，展现了湿地旅游的特色。盘锦的湿地与温泉巧妙地结合起来，推出的"观湿地、泡温泉"已经被旅游市场所认可，也被广大投资者所认同。

2011年盘锦市面向国内外进行的湿地项目规划招标中，就明确提出要把湿地与娱乐、温泉、文化等多个业态相结合，既要开发好大自然的赐予，又要保护好发展好生态。借助湿地旅游周，盘锦的旅游节庆活动已成为辽宁省规格最高、影响最大、效果最好的文化盛会、经贸盛会，成为招商引资助推产业发展的重要载体，成为对外开放加强交流合作的重要平台，成为盘锦市民的一个重要节日，成为"让盘锦走向世界、让世界了解盘锦"的一张亮丽的城市名片。

7. 大连瓦房店三台湿地

三台湿地是我国东北地区最大的国家二级重点保护野生动物灰鹤越冬地。金州湾是我国北方地区最大的国家一级重点保护野生动物白尾海雕的越冬地，庄河海王九岛中的元宝砣子是我国唯一的世界级濒危野生动物黑脸琵鹭的孵化地，每年冬末春初，这些地方都会迎来大批国内外的鸟类专家、鸟类摄影人士和游客，感受湿地文化。

8. 鸭绿江口湿地自然保护区

该保护区位于我国海岸线最北端，是我国目前保存最为完整的滨海湿地类型保护区，并有华北动物区系代表动物金线蛙，证明这里是华北动物区系和东北动物区系的交会地带，国家级濒危植物野大豆也在这里被发现。在这块肥沃的湿地中，生长着约 365 种植物，生存有约 250 种野生鸟类和 76 种鱼类等生态物种，还有繁多的昆虫和微生物，众多的生物种类使其成为一座庞大的生物基因库。

（二）重点项目

1. 红海滩码头

（1）功能：游览、观赏红海滩景观。

（2）位置：辽河三角洲的入海口处，距游客接待中心 18 千米。

（3）建设说明：

● 国内第一座泥滩木结构、木桩基础、承台式仿古建筑群及纯木制旅游景点。

● 码头的"九曲廊桥"全长 680 米，由 519 根木桩支撑，自岸边逶迤而行，直探进海中。木制平台面积为 2000 余平方米，由 1998 根木桩在滩地上傲然拔起，餐厅、游廊、酒吧、茶座错落其中。

● 码头设有游船和快艇共 5 艘，一次载客百余人。观赏海鸟，欣赏红海滩景观。

● 在红海滩码头入口对面的人工湖上，修建一个木制休闲平台，延伸至湖内，平台上放置木桌、木凳，湖内设有小游船、脚踏船、碰碰船等设施，为进入红海滩码头的旅游者提供简单的休闲娱乐项目设施，丰富旅游项目，延长停留时间。

● 妈祖庙：建一个占地面积 100.8 平方米的木屋，体现渔民对妈祖的信仰。

2. 辽河口湿地公园

（1）功能：湿地休闲娱乐。

（2）位置：赵圈河苇田的月牙儿湾处。

（3）建设说明：

● 茶舍：建木屋茶舍占地面积 400 平方米，为旅游者提供休憩、品茶、交流的场所。

● 上船码头：建占地面积 80 平方米的码头。

● 苇海迷宫：占地 600 平方米，在芦苇丛中设计多条路线，游客可在此游览苇海迷宫，在迷宫中垂钓。在必要的位置设置指挥塔，为迷路的游客指点线路，在迷宫的汇集处形成一个大的水面，作为水战船的战场，增加迷宫的娱乐性。同时可以利用迷宫的路线布置若干个藏宝点，游客可按门票背面的藏宝图寻找，增加游客的兴趣度，同时延长游客的停留时间。

● 索道牵引滑水项目。

功能：为游客提供流行时尚的水上娱乐项目。

位置：湿地公园的水上娱乐区。

3. 大连龙湖国家湿地公园

该湿地公园将作为大连市首个国家湿地公园，并以其独特的自然资源和地理位置条件，成为大连市重要的城市"绿肺"形象和市民体验生活的目的地。在规划区域确定后，通过旅游生态容量的计算确定公园开发的强度上限，以确保旅游活动不对湿地环境造成不可逆的影响。同时，根据《湿地公园规划设计导则》，对公园进行分区，主要分为"景观过渡区"、"城市服务区"和"游览观光区"。

公园为城市生态绿色系统重要纽带，是城市河道、湖泊与外部自然水系的重要联系点，因此需要保护湿地与外部廊道，确保湿地内部连接，完善城市生态系统。此外，龙湖国家湿地公园的建设将促使周边土地进行整合，这些土地可以引入城市公共职能或者城市住宅、休闲、度假，让大连市民享受湿地带来的高尚生活，为城市创造宜居环境。

以大连市为依托，主要体现为互动型景观观赏区和休闲度假区，构筑旅顺口区旅游新的支撑，借助与滨海景观上的互补，建设成有别于周边海岸景观的互动型旅游目的地。

形象定位：现代的滨海都市、田园的龙湖湿地。

功能定位：以互动型体验、湿地群落观赏、度假会议等功能为辅助的旅游休闲度假景区。具备体验观光、生态科普探险等功能。

4. 大伙房国家湿地公园

大伙房湿地公园一期工程完成库区周边农户退耕 111.29 亩，建立自然恢复区200 亩，并在湿地公园内修建 4 千米道路、8 千米水渠和 3 千米的湿地公园保护网，以减少恢复重建区人为干扰活动，恢复河漫滩地的水生植被。同时，还建有鸟类投食点，招引鸟类来此觅食栖息，增加鸟类活动区域及栖息繁殖地；栽植油菜花 75 亩，增加人造旅游景观。

大伙房国家湿地公园二期工程规划建设多处近距离观察湿地野生生物的场所，修建湿地宣教展示区 2000 平方米。展示区主要以湿地、森林植被及功能展示为主，结合长廊、展窗等普及湿地的相关知识、湿地保护常识、湿地生态功能等。设有水生植物展示区、观望台、生态水处理区等观察平台以及临水木栈桥、科普展示牌、生物栖息实物标本，让旅游者走进湿地，亲近自然。

5. 河口湿地旅游区

河口湿地旅游区北起朝阳五间房镇，南与龙鸟湖旅游区接壤。旅游区建于2012 年 6 月，总面积为 37500 平方千米，其中湿地总面积为 26250 平方千米，占土地总面积的 70%。旅游风景区内修建停车场 3 处、1 万平方米人工湿地 1 处、1.3 万平方米湿地湖 1 处、2.2 万平方米荷花池 1 处，修建漫水桥 2 座、生态岛3 座、堆石工程 3 座、边滩湿地 16 处、"W 形"潜坝 17 座。湿地种植三叶草 15万平方米，栽植荷花 1.1 万株，铺设草坪 0.9 万平方米，栽植水生植物芦苇、千屈菜 40 万平方米。2013 年，河口湿地旅游区建设采摘区、垂钓区、餐饮休闲区、水上娱乐区、水域观光区、湿地摄影区和候鸟观赏区，逐步完善基础服务设施和娱乐项目。

五、设施建设与规划和生态保护

（一）设施建设与规划

1. 旅游基础设施规划

（1）交通规划。

外部交通。重点是增辟市县至本旅游区以及本旅游区与盘锦市其他旅游景区的旅游专线车，以适应背包旅游者、青年学生客源市场的需求。

内部交通。电瓶车：在景区门口组织游客乘坐电瓶车，按照规定线路进入景区，收取一定的费用；马车：景区雇用当地居民用自家的马车，由景区管理委员会统一管理，每天按行程付给居民一定的劳务费；自行车：作为游览的交通工具，自行车越来越受到人们的欢迎，景区可出租自行车给旅游者，或由导游组织一个以自行车为交通工具的临时旅游团进入景区，还可以提供电动自行车，向租用的旅游者收取租金。

（2）道路规划。

加强区内连接景区（点）的道路拓宽、净化、绿化、美化、亮化。绿化要充分考虑树种、草种的观赏性、季节性及绿化的层次。修建景区（点）间的景观大道，形成交通道路与旅游功能的和谐统一。

水域景点用木板桥作为主要的通行道，在采摘园等景点，要保持现有的土路，不对其进行硬化。

旅游景区（点）内道路两旁布局观赏性强的植被，包括庇荫树和花带等，设置供游客休息的木（石）凳、木（石）桌、长椅等。

2. 旅游服务设施规划

（1）旅游住宿设施。建设游客接待中心，可提供住宿，主要满足旅游团、小型会议团等。

（2）旅游餐饮规划。

● 旅游餐饮设施要布局合理，规模适中，突出特色。除各住宿接待处的餐饮设施外，在湿地中心地带客流集中处开辟美食、风味小吃餐馆。在主要景区（点）附近布局小型餐饮网点，以地方菜、特色菜吸引游客。

● 发掘当地菜肴之特色，适应绿色、生态、保健消费的趋势，注重以土特产品、绿色食品为原料进行餐饮品深度开发，实现餐饮业系列化、产业化、标准化、品牌化，并富有文化内涵。

● 加大农家餐饮产品开发的力度，对农产品进行精细加工，保证游客在农家吃得满意。

● 加强餐饮业管理，根据国家卫生管理相关条例，设置旅游定点餐馆，实行餐饮从业人员持证上岗制度，保证并不断提高旅游餐饮的服务质量。

● 餐饮要深度挖掘当地湿地水产资源，形成一系列的水产饮食文化，并与当地的节庆活动相结合。

（3）旅游购物设施规划。

● 旅游购物网点主要布局在客流集散区域以及旅游景区（点）的出入口处，鼓励建设出入口通道购物走廊。景区（点）内也可在不影响景观感知的前提下布局旅游购物的摊点。

● 建立旅游购物商业网点与旅行社之间正常的协作关系，满足团队旅游者购物的需求。

● 加强对旅游购物品销售的监督和检查，杜绝强买强卖、尾随追售等行为。

（4）游客中心规划。在进入景区的门楼处设游客服务中心，为游客提供咨询、宣传资料等服务。在各景区景点入口设相应的游客中心，提供有关本景区景点的咨询、投诉等服务。游客中心设旅游信息服务系统，利用触摸式电脑，在屏幕上显示与旅游相关的各种信息。咨询中心为各旅行社、酒店及旅游景区（点）设服务窗口，为游客提供各种旅游宣传资料。旅游局在此设旅游投诉中心，对旅游高峰期间的各旅游企业进行监控、调度，为游客提供中转、中介等管理和服务。

（5）生态厕所。在各景区设置芦苇篱笆的生态冲水厕所。

（6）旅游信息服务系统包括计算机旅游信息系统、音像制品及其播放系统、标示牌指示系统等。

（7）旅游安全规划。水上活动区设置安全保护设施，并配备紧急救护救助系统；加强区卫生医疗机构的旅游服务意识，提高应付、处理突发医疗事件的能力；在游客中心设旅游紧急救援中心和紧急救援电话。

（二）生态保护

（1）建立绿色旅游开发机制。构建湿地旅游绿色开发、经营、宣传和管理体系。坚持旅游科学开发管理，减少粗放式开发，防止低水平开发，杜绝破坏性开发，实现开发与保护的统一，达到旅游与经济、文化、环境协调和谐、可持续发展。

（2）设立健全的保护控制机制。重视旅游资源和生态环境保护硬件的投入，重点研究土地控制、景观控制、环保控制等控制手段，对重点区域、节点、项目从建设容量、环境影响评价和水源水质保护等方面进行控制审批，并重点做好湿地生态环境安全控制机制和项目的准入和退出机制。

（3）重视对自然资源保护。除按照自然保护区总体规划建设野外观测站等保护管理设施外，在自然保护区的核心区和缓冲区内，不得建设任何生产设施；在自然保护区的实验区内，不得建设污染环境、破坏资源或者景观的生产设施；建设其他项目，其污染物排放不得超过国家和地方规定的污染物排放标准。在自然保护区的实验区内已经建成的设施，其污染物排放超过国家和地方规定的排放标准的，应当限期治理；造成损害的，必须采取补救措施。

第三章　基于循环经济的辽宁温泉旅游发展可持续战略

围绕打造"中国温泉旅游第一大省"，以休闲体验为核心，加速建设沈阳棋盘山温泉旅游聚集区、大连安波温泉旅游聚集区、鞍山汤岗子温泉旅游聚集区、本溪水洞温泉旅游集聚区、丹东五龙背温泉旅游聚集区、营口鲅鱼圈温泉旅游聚集区、葫芦岛兴城温泉旅游聚集区、辽阳弓长岭温泉旅游聚集区、盘锦湿地温泉旅游聚集区、朝阜温泉旅游聚集区 10 个温泉旅游集聚区，推进以海滨温泉小镇、山水温泉小镇、文化温泉小镇、日式温泉小镇、韩式温泉小镇、唐风清风温泉小镇、地质温泉小镇、宗教温泉小镇、迪斯尼温泉小镇、未来温泉小镇为发展模式的 50 个温泉特色旅游小镇建设，科学管理"百泉"，努力打造"万汤"，形成类型互补的旅游综合体、旅游产业聚集区和旅游产业聚集带，将辽宁温泉旅游打造成为国内温泉旅游的主要目的地，使其成为辽宁省旅游经济新的增长点。

一、研究背景和国内外案例

（一）研究背景

随着我国经济快速发展、城乡居民收入不断提高和闲暇时间的大量增加，旅游业进入一个快速发展的新阶段。公众假日、休息日、带薪休假等休息时间的增加，一个巨大的旅游消费市场正在加速形成，而作为旅游发展的新形式——温泉旅游将成为城镇居民生活的基本内容和刚性需求。世界旅游发展历史表明，当人均 GDP 达到 3000 美元时，将进入大众旅游消费快速发展阶段。2008 年我国人均 GDP 首次超过 3000 美元，2014 年我国人均 GDP 超过 6000 美元，经济的发展将极大地推动旅游的发展。作为关联性极强的产业，温泉旅游可以带动当地相关产业的快速发展，有效促进从单一的资源型经济向复合型多元经济转变，实现区域产业结构和旅游产业内部结构的优化。合理开发利用和保护温泉资源，发展温泉旅游，有助于使潜在的资源优势转变成现实的经济优势，实现旅游资源价值最大化。

温泉旅游是一种传统的旅游度假形式，世界各国对温泉资源的开发与利用历史悠久。早在古罗马帝国时期，罗马就开发了设施简陋的温泉旅游度假地，之后传播到了北非海岸、希腊、土耳其、德国南部、瑞士以及英国等地。1326 年，比利时在列日镇开发了欧洲大陆上第一个温泉疗养地——斯巴。17 世纪晚期，斯巴在欧洲大陆得到空前的发展，享用温泉成为当时人们的一种时尚。20 世纪 20 年代以后，温泉旅游在世界范围内得到了发展，其中以美国和日本的温泉旅游度假区最为有名（见图 3-1）。

图 3-1　世界著名温泉旅游地分布

近年来，温泉旅游成为我国旅游消费时尚和主流。我国温泉旅游资源丰富、品质较高、分布广泛，温泉旅游在我国取得了突破性的发展。温泉旅游年均增长率达 45%，温泉旅游者占休闲人群的比例达 30%以上，居所有旅游业态之首。中国能源研究会地热委员会统计数据显示，我国共有温泉 3136 处，以西藏、云南、四川、广东、福建五省区分布最多，占我国全部温泉总数的 76.5%。随着温泉旅游的快速发展和经济效益的日益凸显，各省普遍采取积极措施，鼓励支持温泉旅游的发展，海南、江西等省制定相应的温泉旅游发展总体规划，以指导温泉旅游的发展，为当地温泉的发展提供积极的保障；辽宁省出台了《关于加快发展温泉旅游的意见》，明确了温泉旅游发展的目标和原则，积极采取可行措施，推动和促进辽宁省温泉旅游产业的快速发展。

（二）典型案例

现代温泉旅游在欧洲、美国、日本等发达国家和地区较为流行。经过长时间的发展，这些国家的一些温泉地成为著名的温泉疗养地，甚至是消费性的观光度假旅游城市。从这些温泉旅游区的空间和功能格局上看，温泉浴场内部的娱乐设施并不多，主要的设施和服务是以温泉洗浴为中心，达到疗养、保养功能，而浴场外部的配套设施和服务较为齐全。

1. 英国巴斯温泉

巴斯温泉位于英格兰西南部，距伦敦市 100 英里，发源于地下 3000 米左右，水温终年保持 46℃，泉水中富含 43 种矿物质，被誉为"英格兰最美的城市"，也是联合国文化遗产城市。巴斯以典雅的乔治亚建筑风格和风光绮丽的乡村风光著称，在这里可以享受迷人的田园风光，沐浴和煦的阳光，感受名目众多节日带来的乐趣。依托巴斯悠久的温泉洗浴历史和典雅的建筑风格，将温泉和建筑完美结合，以"建筑+观光"为核心模式，打造英国"温泉建筑博物馆"和全球著名的观光旅游胜地。

巴斯温泉旅游的核心吸引力主要体现在：一是历史悠久的罗马风格浴场。罗马浴场仍保有罗马时期的原貌，不断有温泉涌出，而且每天出量超过 200 万公升，其中最大的 Great Bath 是古罗马时代最大的浴池。因为温泉的铁含量太高，不宜入浴，但其优美的建筑及回廊仍非常值得欣赏。历史悠久的罗马风格温泉，使巴斯成为全球著名的温泉度假胜地。二是典雅建筑风格。巴斯的建筑既继承了古罗马风格，与此并存而且更多的是另一种后哥德式风格，建筑学上称为新经典主义。巴斯有 4900 座建筑被列为保护对象，汇集了罗马建筑风格、乔治亚建筑风格和后哥德建筑风格，被称为"城市建筑博物馆"。三是优美的乡村风光。这里天然纯朴、田园风景如画，有英国人最钟情的乡间风光，被称为"英国人最钟情的小镇"。四是众多节假日。每年的巴斯国际音乐节吸引了大批观光游客，除此之外还有巴斯国际文学节、风筝节、热气球节、啤酒节等，节日也成了巴斯的一大特色。名目众多的特色节日，每年都吸引来自世界各地的旅游观光。

2. 德国巴登巴登温泉

德国巴登位于符腾堡州西南部的黑森林北部，温泉源于德国黑森林西北部边缘上的奥斯河谷中，巴登巴登温泉为盐泉，可饮可浴可疗养，汤池水温保持在 18℃~38℃。巴登是欧洲最著名的温泉疗养胜地和度假天堂，有德国"温泉之花"之称。巴登有卡拉卡拉和腓特烈浴场两大温泉泳池，卡拉卡拉以白色大理石建成，富于现代感，内有多个室内温泉、露天温泉池，除此之外还有蒸气浴、矿泥浴、按摩等。除在室外可以享受优美的视野外，淋浴的形式也繁多，特色之一是模仿各种高度的山泉瀑布或湍流。腓特烈浴场建于 2000 多年前的古罗马浴池遗迹上，以天体浴闻名，每周只有两天男女分浴，其余日子均需男女共浴。这里最具特色的是"罗马—爱尔兰浴"，历时两小时，一共有十几道程序，如洁身、热身、盆浴、池浴、热水浴、冷水浴，还有蒸气浴、天然泥泉浴、碳酸浴及按摩等。

巴登巴登温泉旅游的核心吸引力：一是景观资源优势。城市沿着山谷蜿蜒伸展，背靠青山，面临秀水，景色妩媚多姿，一年四季都是欧洲人休闲度假的目的地。二是世界顶级 SPA。巴登巴登被誉为欧洲最著名的温泉乡，这里的 SPA 有着巴登的神奇热泉和顶级专业设备，被 SPA 专业刊物评为世界上最好的 3 家 SPA 之一，媒体称其为"SPA 中的 SPA"。三是天体温泉浴场。文艺复兴式风格的卡拉卡拉浴场是欧洲最美最大的温泉浴场之一；建于 2000 多年前浴池遗迹上古罗马风格的腓特烈浴池，全部为男女共浴。四是音乐大师的音乐会。巴登巴登还是欧洲沙龙音乐的中心，圣诞新年将至，在泡温泉之余，还可欣赏到市内举办的多场舒曼、勃拉姆斯、李斯特等音乐大师的音乐会。五是拉斯维加斯赌场。其建于 1824 年，是德国最大最古老的赌场，也是世界上最漂亮的赌场之一。一百多年以来，赌场从未中断过营业，即使在两次世界大战中也照常开放。巴登"温泉+赌场+度假设施"的发展模式，吸引度假客停留长达 3 周，将"情调+休闲"的价值取向发挥到极致，被成功誉为"欧洲的夏都"。

3. 日本箱根温泉

箱根温泉位于神奈川县西南部，距东京 90 千米，总面积为 94.03 平方千米，日本最著名的人气温泉之一，有"国立公园"之称，年接待 1900 万国内外游客，日接待量为 1443 万人。温泉旅游收入占全镇收入的 8.3%，与旅游相关的税收占 81%。箱根温泉主要以温泉旅游为主，借助当地独特的地质风貌和秀丽的自然风光，发展火山温泉旅游产业。

箱根温泉旅游目的地在发展的过程中，逐渐形成了四个主要的旅游区，分别是仙石原别墅与高尔夫高端旅游区、强罗疗养院旅游区、芦湖旅游观光区和宫下旅游服务区，共同支撑箱根温泉旅游产业的发展。箱根温泉旅游的核心吸引力：一是"箱根十七汤"的温泉旅游品牌。箱根的温泉久负盛名，在发展中逐渐形成了汤本、塔之泽、堂岛、宫下、底仓、芦之汤、古贺、大平台、小涌谷、强罗、宫城野、二之平、仙石原、姥子、汤之花泽、蛸川和芦之湖等十七汤。二是丰富的温泉旅游产品。箱根形成了大众观光、家庭旅馆、高端酒店、度假别墅、高尔夫等休闲度假温泉旅游产品。三是经典的旅游路线，芦湖、温泉、名胜古迹与富士山形成的经典旅游线路，极大地推动了箱根旅游产业的发展。四是日本的本土文化。在箱根随处可见体现温泉箱根本土文化的设施、建筑，不论是高档的温泉酒店还是普通的小酒馆等，都体现着当地的文化内涵。依托箱根独特而丰富的温泉旅游资源，多样又具有层次的温泉旅游产品，箱根赢得了"温泉旅游之乡"的美名。

4. 珠海海泉湾

海泉湾度假城位于我国珠海西部海滨，由香港中旅国际投资有限公司投资，是集数十个旅游休闲项目于一体的综合性度假城。其于 2006 年 1 月 22 日开业，海泉湾拥有 2.7 千米的绵长海岸情侣路、20 多万平方米的湖面水系、30 万平方米的绿化面积，海泉湾度假城保持和谐完美的生态环境和得天独厚的自然风情。

海泉湾的核心吸引力主要体现在：一是海洋温泉。海泉湾度假城拥有"南海第一泉"美誉的海底温泉资源，按不同文化和建筑风格分为东方区、欧洲区、天体浴区、温泉娱乐区、儿童戏水区等六大区域，汇聚了各种风格的温泉池、豪华休息厅、桑拿区和保健区。二是神秘岛主题公园。神秘岛由故事线贯穿，有五项亚洲、中国第一的大型高科技游乐设备，还有 100 多个游乐项目以及 10 多种异国风情表演。三是酒店设施。海泉湾拥有两座五星级酒店，临海而筑，均为地中海建筑风格，且配备有室内温室。四是渔人码头。围绕度假城的中心内湖形成的码头是一条商业街，也是游客集散地，游客可以沿着园区贯通的水道到达度假城的任何一个景点。五是梦幻剧场。该剧场是一个格调高雅、现代的演艺中心，1200 个座位中有 400 个座位可以 360° 旋转。剧场每晚均上演精彩的大型综艺主题晚会——《海边的梦》，让游客领略杂技、芭蕾等现代艺术的精髓。

（三）启示借鉴

（1）重视温泉资源的开发。国内外温泉旅游发展的案例表明，资源是温泉旅游的基础，温泉旅游目的地的开发必须要结合开发企业及温泉资源本身的特点，在内涵或者外延上做足文章，形成不可复制的核心竞争力。同时，要注重温泉环境的保护，确保资源的永续利用。

（2）明确温泉旅游发展思路。明确的思路是旅游发展的前提和主线，是支撑旅游持续发展的核心，只有制定明确、清晰的发展思路，不断创造与温泉地相适应的旅游发展模式，才能创造经济效益，形成社会影响力，从而促进旅游的持续发展。

（3）整合利用多种旅游资源。在整合外部资源方面，要与权威政府部门或国际一流研究机构合作，确保成果的权威性；在整合内部资源方面，要全面整合周边资源，形成具有不同特点和风格的休闲体验点。

（4）突出目的地的复合功能。在温泉的核心吸引力外，还应关注其他辅助功能，增加与核心吸引力相关的一系列辅助类功能，形成持续的温泉旅游吸引力，增强温泉旅游的竞争力。

（5）增强温泉旅游的体验性。温泉旅游在发展过程中，要坚持发展的理念，不断完善改进设施设备，增加不断改变的旅游体验的价值，在旅游体验深度开发上下功夫，从体验者的角度出发，开发多样性的温泉体验性产品，满足游客的需求。

二、辽宁温泉旅游资源状况

（一）资源基础

（1）温泉资源类型多样。辽宁省是温泉资源大省，温泉资源类型丰富多样。全省已探明的井泉358眼，有地热资源近百处，开发潜力排名居全国前8位。现已开发运营的温泉33处，其中中温温泉15处、中高温温泉13处、冷泉5处。全省温泉旅游资源开发利用条件较好，温冷泉同地共生，开发利用价值极高。

图3-2 辽宁省已开发温泉旅游产业分布情况

（2）温泉资源分布广泛。已勘察地热田（点）的分布表明，全省14个市几乎都有可供开发利用的地热资源分布，以中高温温泉资源为主。据现有的66处地热勘察资料统计，辽宁高温温泉有34处，其余均为中低温温泉和冷泉。

（3）温泉资源品质良好。大连、营口、鞍山、辽阳、沈阳等城市是全省出露温泉较多的地区，该地区温泉大部分为中碳酸钙型，以中温和中高温温泉为主，

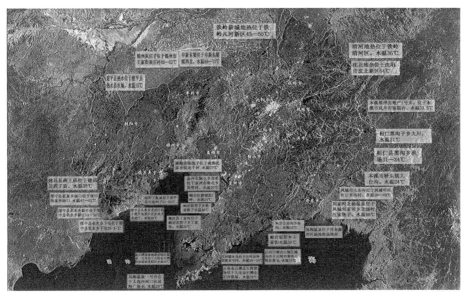

图 3-3 辽宁省待开发温泉旅游产业分布情况

水质清澈，水温保持在 40℃~97℃，水中含有锂、钠、锌、铁、硫、氟、钙、铁、镁、锰、硒等多种微量元素；丹东、本溪、沈阳、葫芦岛等城市分布的温泉大部分为碱性中温温泉，水温大部分在 43℃~78℃，水中含有大量丰富的碳酸盐和重碳酸盐等对人体有益的矿物质和铀、镭、氡、钍等多种微量元素，温泉品质较高。

（4）资源集中复合度高。辽宁温泉分布广泛、品位较高，温泉资源大多集中在辽宁东部区域、中部和辽南地区，以这些地区为主，形成了东西和南北两个纵横交错的温泉地理脉络，在已探明的可开发利用的温泉资源中，具备多种发展优势，尤其适合集群开发。辽宁温泉大多地处郊区、山林地带，适合与其他产业共同发展，形成"温泉+景区旅游"、"温泉+运动游乐"、"温泉+康复疗养休闲"、"温泉+旅游地产"、"温泉+生态庄园"和"温泉+会展"等多种复合度高、适合深度体验开发的形态。目前，辽宁省温泉数量、质量和已经形成的多种开发模式为打造温泉大省提供了有利因素。

（二）发展现状

辽宁省地热资源的开发利用，不仅可以取得显著的经济和社会效益，更重要的是还可以取得明显的环境效益。目前，辽宁省共有 66 个地热田（点），已开发利用的有 33 处，形成了营口熊岳温泉、本溪汤沟温泉、沈阳小韩村温泉会所、兴城海滨温泉旅游区等一批在省内外具有较高影响力和竞争力的温泉旅游区。伴随着温泉旅游的快速发展，其经济效益也日益明显，2012 年，辽宁省共接待温泉旅游者 4675 万人次,同比增长 43.2%;温泉旅游收入达到 316.3 亿元,同比增长 41.3%;人均消费 676 元,同比增长 21.2%。随着我国市场经济的快速、稳定发展,特别是城市化进程加快和人民生活质量提高,温泉旅游市场的需求相当强劲,急需大规模开发温泉,以满足辽宁旅游市场的需求。

但是,辽宁温泉旅游在发展的过程中,也存在着一些不足,一是温泉旅游产品结构单一,缺乏现代化的温泉产品形态,温泉服务层次不高,服务标准不规范,服务形式松散,服务质量有待提升;二是温泉旅游尚不具有品牌优势,精品项目少,既缺乏高水平的发展建设规划,又缺乏特色鲜明和成熟的管理模式,不能满足现代旅游度假市场的需求;三是温泉旅游开发对文化价值的挖掘不够,温泉企业普遍缺少本土文化;四是温泉旅游交通有待完善,交通主干道到温泉区之间的联结道路亟待改善,公共信息服务系统配套设施不够完善;五是温泉旅游的发展仍处于旅游产业价值链的单一环节,与其他旅游资源的整合和与其他产业的融合关联甚少,不能充分地发挥先导性作用和旅游综合效应。

三、辽宁温泉旅游发展的优势和问题

(一) 发展优势

(1) 整体发展优势明显。辽宁是我国重要的工业、商贸、科研基地,积聚了主要经济资源与社会资源;良好的社会公共基础设施,为旅游服务的发展提供配套支撑和有效衔接;已经形成了以装备制造、冶金、石化、农产品加工为主体的全国重要的工农业生产基地,具有大量的人流、物流、信息流、资金流等,为温泉旅游的深入发展奠定了基础。

(2) 地理区位优势突出。辽宁地处东北亚地区,是全国和东北的战略要地,海、陆、空立体交通发达,交通网络发达,城市间互通高速公路,与主要景区之间道路便利畅通,区位交通优势十分明显。高速铁路的快速发展,改变了区域格局、经济格局,同城化效应显现。作为东北地区的经济中心和重要出海口、连接欧亚大陆桥的重要门户和前沿地带,拥有沿海、沿边的地缘优势,为其温泉旅游的发展提供了必要的条件。

(3) 温泉资源组合优势良好。辽宁温泉资源大多与冰雪、海洋、湿地、山水、森林资源相依存,以"1+1 模式"或者"1+N 模式"将温泉与其他特色旅游相结合,发挥组合优势,突出旅游产业集群优势。

（4）市场空间优势巨大。辽宁紧邻日本、韩国、俄罗斯等国际客源市场，连接黑、吉、蒙、冀等周边市场，特别是毗邻京津两大客源地，市场潜力巨大，已进入旅游大省行列。

（5）地域文化优势丰厚。地域文化是温泉旅游发展的基础，温泉在发展过程中形成的文化特色积淀留存成为地域文化的表征，体现了辽宁温泉旅游的发展脉络、设计理念，体现了辽宁温泉文化的底蕴，体现了辽宁温泉环境的意境，为辽宁温泉旅游的发展奠定了优势基础。

（二）存在问题

（1）温泉旅游产品结构单一。目前，辽宁省温泉产品结构比较单一，多以传统型温泉为主，大多数仍处于较原始的开发状态，以单纯的温泉水浸泡为主，缺乏现代化的温泉产品形态，较少在核心产品之外开发现代化的附属产品。多数温泉从设计、环境到餐饮、服务几乎相差无几，温泉旅游产品过于单一和雷同。

（2）温泉旅游缺乏品牌影响力。辽宁省大多数温泉企业是自主开发，实行自营式、股东式、家族式管理。既没有形成合力，也没有打造出品牌形象；既缺乏高水平的发展建设规划，流于低水平重复建设，又缺乏鲜明特色和成熟的管理模式，导致辽宁目前有规模、上档次、专业化的温泉旅游企业为数不多，缺乏在全国具有影响力的品牌，不能满足现代旅游度假市场发展的需求。

（3）温泉旅游文化挖掘不深。目前，辽宁省温泉旅游开发对文化价值挖掘的重视度不够，文化内涵比较薄弱，缺少文化底蕴，导致温泉企业本土文化匮乏。温泉资源在开发的过程中缺少与当地文化的融合，没有充分体现温泉地丰富的文化内涵，导致游客吸引力的弱减。

（4）温泉旅游可持续发展问题。温泉属于稀缺资源，也是极易被污染的旅游资源。由于温泉水的抽取引起的地下水位下降、盐碱化等都会对温泉地造成严重的破坏，影响温泉地资源的开发利用。目前，辽宁温泉地资源的开发与温泉旅游的发展虽刚刚起步，但是应当引起足够的重视，以防止破坏行为的发生。

（5）温泉旅游基础设施有待完善。辽宁温泉旅游交通有待完善，交通主干道到温泉区之间的联结道路亟待改善；公共信息服务系统配套设施不够完善，许多温泉地缺乏对温泉成分、泡温泉的作用的介绍与导引。

（6）温泉产业链延伸和产业带动不足。目前，辽宁温泉旅游的发展仍处于旅游产业价值链的单一环节，旅游发展的"半年闲"瓶颈问题仍然存在，与其他旅游资源的整合和与其他相关产业的融合关联甚少，在旅游产业中的先导性作用还未体现出来，在辽宁旅游产业链条上的综合效应还未充分发挥。

（三）总体评价

辽宁省整体经济的发展和服务设施的建设，突出的地理区位优势，良好的资源组合状况，巨大的市场发展空间和丰厚的地域文化特色，为辽宁温泉旅游的发展提供了积极的条件。辽宁温泉旅游发展应确定其在新时期的战略定位、发展目标、重点任务和行动计划，有战略性、系统性和可操作性的行动指导。进一步加快基础设施建设，积极推进重点温泉旅游聚集区和特色温泉旅游线路建设，促进辽宁旅游业转变发展方式，优化产业结构，扩大产业规模，规范温泉旅游市场秩序，全面提升旅游产业素质，打造"中国温泉旅游第一大省"的旅游品牌。

（1）传承延续温泉文化，创新温泉旅游开发模式。辽宁省厚重的历史文化和久远的发展过程为辽宁温泉旅游积淀了丰富的史料和经验，挖掘和弘扬温泉旅游文化，不断注入新的活力，不仅是对历史的传承，也是对未来的创造。温泉行业亟须产品更新换代，寻求差异化发展，必须调整早期以调理、治病为主的温泉模式，走创新发展模式。

（2）引领市场发展走向，引导大众消费理念转变。发展温泉旅游首先要引导大众消费者观念上的转变，而转变大众消费者的观念应该从文化入手。通过温泉龙头企业的示范作用，引导大众消费群体迅速成长，引领第三产业发展，促进辽宁省经济发展方式转变。

（3）形成温泉旅游消费，培育温泉旅游新型市场。近几年，旅游业在辽宁省取得了长足的发展，旅游产业对辽宁省经济发展的贡献率逐年提高。旅游业已成为辽宁省国民经济新的增长点和第三产业中最具活力、发展最快的产业之一。同时，由于辽宁省温泉资源丰富、品质较高，温泉旅游需求较大，更需要培育成熟的温泉旅游市场。

（4）促进温泉爆发性增长，带动旅游产业永续发展。温泉旅游作为具有特色的休闲度假旅游产品，表现出巨大的发展潜力。随着温泉消费需求迅速增长和旅游资源的开发力度不断加大，温泉旅游发展速度大大加快。温泉休闲度假旅游逐渐成为我国旅游消费的一大热点，温泉产业的发展对辽宁省第三产业的发展和旅游产业转型升级、带动旅游产业持续发展以及辽宁省经济结构调整都具有深远意义。

四、辽宁温泉旅游发展的目标、定位和战略

结合辽宁沿海经济带开发、沈阳经济区一体化建设和突破辽西北三大战略，实施"点轴"开发模式，构建"两个区域温泉产业增长极辐射，两条温泉旅游驱动脉，一条特色海洋温泉带贯穿"的温泉产业集群发展布局，形成海陆互补、结构合理、主题分明的温泉旅游集群发展格局。实施"以 10 个温泉旅游聚集区为龙头，加快 50 个温泉小镇建设，积极构建 100 家重点温泉企业"的旅游发展战略，明确发展定位、目标和战略，对辽宁省温泉旅游的发展具有重要的指导意义。

（一）总体定位

温泉旅游是辽宁省旅游产业"皇冠上的明珠"，是辽宁省经济与社会实现又好又快发展的重要推动力。坚持"生态发展、服务游客、重视文化"的发展理念，打造中国最具竞争力的温泉旅游目的地、国际化标准温泉旅游集散地、世界知名的温泉休闲康体旅游胜地，开展以温泉休闲养生为主，以温泉国际商务、会展、冰雪及其他休闲旅游为辅的全域温泉旅游发展新局面，同时以温泉为核心，提供丰富的温泉旅游产品系列，形成概念产品、主导产品、辅助产品等体系。

"中国温泉旅游第一大省"这个总体发展定位包含四个含义：

（1）规模最大。打造全国市场容量最大、接待能力最强和经济贡献值最高的辽宁温泉旅游，以温泉旅游带动旅游产业整体发展，进而促进老工业基地的转型与发展。

（2）品牌最佳。打造全国最具特色的辽宁温泉旅游，结合辽宁省六大世界文化遗产，形成蕴含丰富历史和文化内涵及地域特色的温泉旅游产品和品牌，并培育出具有较强国际竞争力和美誉度的品牌集群。

（3）文化卓越。打造具有丰富文化底蕴，融合具有悠久历史的温泉文化、浓郁的地域及民族文化和富有现代气息的时代文化，通过生态化、人性化、精致化、智能化、标准化的文化内涵和养生主流化、消费大众化、产品多样化、服务个性化、市场层次化、发展低碳化、管理国际化的外延，推动温泉产业的主题化发展。

（4）管理领先。打造管理模式最佳和服务质量最高的辽宁温泉旅游，为全国温泉旅游树立服务标杆，通过管理模式创新促进温泉旅游的可持续发展。

（二）发展目标

辽宁温泉旅游围绕着"221"的总体布局和"十区、百泉、千眼、万汤"的空间布局，将辽宁温泉产业划分为沈阳"清韵温泉"都市休闲度假旅游区、大连"海滨温泉"海滨商务度假旅游区、辽东"山水温泉"观光度假旅游区、营盘"山海温泉"滨海自驾度假旅游区和辽西"古城温泉"访古走廊度假旅游区五区，利用3~5年的时间，建设一批温泉旅游聚集区和温泉旅游新城，培育一批温泉旅游特色名镇，推出一批温泉旅游精品，提高辽宁省温泉旅游的核心竞争力，把辽宁省建设成为温泉旅游大省，实现温泉旅游发展国际化、产品多样化、市场层次化、服务个性化、消费大众化和养生理疗主体化，在温泉旅游标准体系、宣传促销、人才培养、建设规模、品质品牌和服务质量等方面实现新突破。

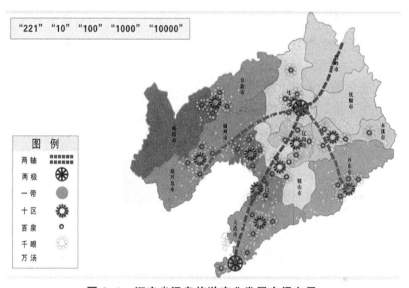

图3-4 辽宁省温泉旅游产业发展空间布局

（1）温泉资源开发规模和效率位居全国前列。加大对温泉的勘探力度，提高对现有温泉的利用效率，使辽宁省温泉资源的开发规模和利用效率居全国前列。

（2）温泉旅游市场份额居全国第一。辽宁省温泉旅游业年接待能力和实际接待人次都居于全国领先地位。

（3）温泉旅游服务品质居全国第一。参照国内外先进旅游服务标准，建立较为完善的温泉服务质量标准体系，并加强监督和确保落实。

（4）温泉旅游管理水平居全国第一。建立较为完善的温泉资源保护和监管体

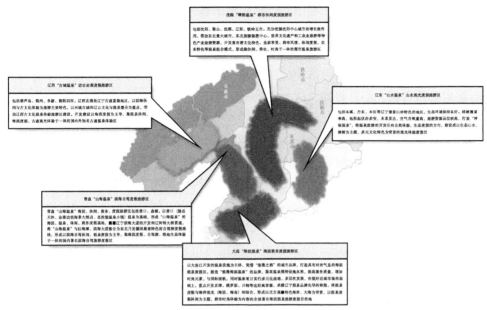

图 3-5　辽宁省温泉旅游产业发展功能分区

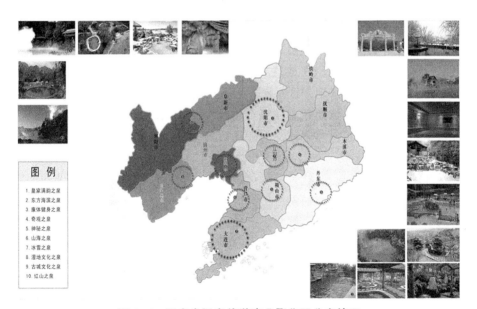

图 3-6　辽宁省温泉旅游产业聚集区分布情况

系，建设高水平的温泉旅游行业从业人员队伍，确保温泉旅游管理水平在全国居于领先地位。

（5）温泉旅游集群品牌的国际影响力显著提高。辽宁省温泉旅游业形成若干具有明显特色的集群品牌，在国际温泉旅游市场中具有较高的知名度。

（6）温泉旅游社会效应、经济效应显著提高。温泉旅游的健康和可持续发展，对辽宁省社会和国民经济发展都产生良好的带动和促进作用。

（7）温泉旅游对国民经济发展的贡献率显著提高。使温泉旅游在辽宁省国民经济中所占份额大幅度提高，成为推动辽宁省社会与国民经济发展的新增长点。

（三）发展思路

（1）依托两大核心城市，实现温泉旅游空间联动发展。沈阳和大连经济发展水平高、人口众多、交通发达，温泉资源、冰雪资源丰富，又是区域旅游中心，依托这两座城市的社会、人口、经济、文化等优势，为辽宁温泉旅游提供稳定充足的省内客源。利用沈阳作为东北最大城市和大连"浪漫之都"的城市品牌，为温泉旅游吸引广泛的国内、国际客源。两座城市还是辽宁重要的旅游产业基地，资源种类丰富、特色突出、品位高、组合程度好，依托一海一陆，实现海陆互动、联动发展。

（2）依托温泉历史文化，丰富创新温泉旅游产品体系。辽宁温泉旅游资源丰富，温泉发展的历史悠久，温泉文化有一定发展，依托温泉资源与历史古迹、历史文化、自然环境的深度整合，驱动辽宁温泉旅游发展，深度挖掘温泉开发的历史文化主题与自然主题，注重温泉旅游与其他旅游方式的组合开发。结合地方旅游产品设计温泉旅游产品，注重温泉旅游产品与地方旅游线路产品的融合，将温泉旅游作为重要元素注入地方特色旅游产品，丰富地方旅游产品体系。

（3）依托滨海温泉旅游带，发展滨海温泉产业带。辽宁"滨海温泉旅游带"贯穿丹东、大连、营口、盘锦、锦州和葫芦岛6市，辽宁应突出滨海特色、区域差异、文化品位，形成全省温泉旅游开发跨区域发展的大格局。以大连为中心，积极发挥辽宁沿海"五点一线"的海洋资源优势，毗邻京津地区、东北出海口的区位优势和海陆空立体化交通网络优势，充分发挥大连国家级"浪漫之都"城市品牌的辐射作用，建成以自由体验、自驾休闲、浪漫度假、商旅服务为特色、兼具观光休闲、海滨度假、商务会展功能的国家重点滨海旅游廊道；利用大连的城市品牌，塑造营口温泉新城的品牌，利用葫芦岛、锦州入关要道的区位优势，积极开发俄罗斯、日本等国际旅游市场，重点拓展京津旅游市场，形成极具辽宁特色的滨海温泉产业带。

（四）开发模式

表 3-1　温泉旅游开发模式

模式名称	模式特征	典型代表
观光娱乐型开发模式	以周边大型旅游区为依托，利用良好的自然人文旅游资源，将各种娱乐、休闲因素注入传统意义的温泉中，建设娱乐性强的露天温泉公园。观光娱乐型温泉旅游产品面向社会大众，侧重于温泉区的观光娱乐功能，旅游功能以观光娱乐旅游为主、度假旅游为辅	日本箱根温泉、美国大棱镜温泉、冰岛蓝湖温泉、广东从化温泉
主题度假型开发模式	以一个大中城市为依托，通过开展鲜明的主题活动，建设文化含量浓郁的特色露天温泉和高档度假酒店。其旅游产品的目标群体是高消费人群。旅游功能以度假旅游为核心，重点发展休闲、疗养、保健、会议等	德国巴登巴登温泉、法国埃维昂依云温泉、美国萨拉托加温泉、珠海御温泉
联合开发模式	以多个大中城市为依托，以面向中高档客为主，借助温泉资源质量高、周边资源互补性强或景点丰富的特点，建设大型露天温泉和不同档次的度假酒店，将乡村、体育、体验加入到温泉旅游活动中，形成多类型的旅游项目。温泉旅游区既注重多种娱乐项目的建设，还注重温泉与周边旅游资源的联合开发，形成温泉旅游主题公园	美国温泉城、日本别府温泉、珠海海泉湾、广东河中温泉
休闲体验型开发模式	以休闲度假功能为主、观光功能为辅，以大型或超大型温泉体验休闲区为主要开发形式，将温泉资源与周边旅游资源充分结合，以主题休闲游乐设计为核心，融观光、度假、休闲、体验、娱乐于一体	日本下吕温泉、珠海御温泉、河北固安温泉

（五）发展战略

（1）建设"中国温泉旅游第一大省"，提高温泉旅游影响力。辽宁省政府提出用 5 年的时间大力发展温泉旅游，倾力打造辽宁省温泉旅游集群品牌，打造享誉国内外的知名品牌，建设富有辽宁省特色、具有国际一流水平的温泉旅游，使温泉旅游成为辽宁省旅游产业大发展的突破口和产业结构调整的新增长极，实现"中国温泉旅游第一大省"的奋斗目标，并促进旅游产业结构优化，使旅游业成为国民经济的战略性支柱产业，同时带动其他相关产业链发展，推动辽宁省经济的全面振兴，推动旅游业又好又快发展，促进旅游业成为人民群众更加满意的现代服务业。

（2）重点发展休闲度假，打造温泉旅游发展新局面。辽宁省确定温泉旅游发展的主题定位，重点发展休闲度假类的温泉旅游发展模式，开发建设具有休闲度假特征的主题温泉旅游产品，形成具有冲击力和吸引力的消费需求，整合全省温泉旅游资源，打造温泉旅游度假区、温泉旅游聚集区和温泉旅游小镇，构建区域温泉旅游特色和竞争优势，充分利用温泉旅游项目的特色各异和功能互补，尽快在国内和国际旅游市场建立具有较强竞争力和市场影响力的温泉旅游项目和大企业，力争创造辽宁省温泉旅游发展新格局和新局面。

（3）合理规划旅游分区，实现温泉旅游差异化发展。在对温泉地热资源合理开发、项目科学论证、市场差异性定位的基础上，对辽宁温泉旅游产业进行合理分区，开发沈阳"清韵温泉"都市休闲度假旅游区、大连"海滨温泉"海滨商务度假旅游区、辽宁东部区域"山水温泉"观光度假旅游区、营盘"山海温泉"滨海自驾度假旅游区、辽西"古城温泉"访古走廊度假旅游区五大温泉旅游度假区，根据各区的特点实施差异化发展策略，形成各自的温泉旅游发展特色，从而避免重复建设和雷同发展。

（4）关注旅游休闲产业，扩展延伸温泉旅游产业链。以旅游方式和产业结构为横纵主线打造、延伸温泉旅游链条。重点发展温泉休闲业，重视温泉旅游的管理、运营、营销及温泉商品开发、加工、销售，形成温泉旅游的基本休闲产业链条。以温泉产品制造业为突破口，实现温泉装备设施制造、温泉水疗用品、养颜养生用品、温泉水疗工艺开发的产业链延伸。充分利用辽宁省全国装备制造业基地的产业优势，结合温泉产业发展的整体布局，在沈阳、大连、营口、鞍山等地扶持温泉水疗设备、温泉水处理设备、温泉制造设备等行业的发展，培育辽宁温泉制造企业的自有品牌。同时，抓好温泉旅游的标准化、艺术化和质量管理，实现温泉旅游的全产业链发展。

（5）构建旅游产品平台，整合温泉旅游产业融合发展。通过温泉旅游与其他旅游产业的整合，实现温泉旅游与其他旅游产业的融合，如与休闲旅游、观光旅游、生态旅游、会展旅游、文化旅游、体育旅游、养生旅游、宗教旅游等的整合，打造复合型旅游产品，不断丰富辽宁旅游产品种类，优化旅游产业结构，提高旅游收益。以温泉资源为媒介，以温泉旅游为先导，推进多种传统产业与温泉的融合，如温泉农业、温泉文化业、温泉体育业、温泉娱乐业、温泉养生业、温泉科技业、温泉设施制造业等，实现产业的更新升级。

（6）聚焦聚集化发展战略，建设温泉旅游产业集聚区。从辽宁温泉旅游现有布局看，一些温泉项目已经具有较高的知名度，一些温泉的核心组团已具备形成温泉旅游群的条件，以温泉为依托形成旅游产业链和产业集群，以温泉旅游为龙头构造完整的产业体系。加快制定产业政策和指导意见，不仅要加强对温泉旅游项目自身的招商引资，也要积极吸引对产业体系中如生产制造、科技研发、市场营销、教育培训等领域的投资，尽快建立起完整的温泉旅游体系。

（7）挖掘本地文化特色，建立温泉旅游生态文化主题。温泉旅游的发展，离不开历史和文化的植入。依托辽宁特有的历史和文化特色，可以打造出若干主题鲜明的温泉旅游聚集区，也具有良好的开发前景。赋予现代特色，打造"现代复合型"产品。综合辽宁温泉资源的特点及其所在地理区位特征，"现代复合型"可以成为辽宁温泉旅游的一个重要特色，要结合文化、体育、会展、健身、娱乐等多方面需求，完善温泉功能和设施，建设独特的滨海温泉度假胜地、山地温泉度假胜地、冰雪温泉度假胜地、山海温泉度假胜地和高尔夫温泉度假胜地等。

五、温泉旅游发展定位和重点项目

（一）辽宁省各市温泉旅游发展定位

表 3-2　辽宁省各市温泉旅游发展一览

城市名称	发展定位	发展方向	支撑项目
沈阳	定位为"满韵之泉"，依托沈阳深厚的历史文化底蕴，打造皇家御用特色温泉	一是推进温泉旅游综合服务功能及配套设施的全面建设，完善东北温泉集散中心、总部基地、服务区域一体化等功能。二是整合温泉旅游资源，融合温泉文化资源和东北亚商务会展中心建设，以温泉和冰雪为核心，形成温泉文化系列旅游产品。三是推进东北大众娱乐温泉基地和东北亚商务会展中心建设，以温泉和东北亚商务会展中心为核心，借助世界、国家级温泉旅游资源，东北最大城市以及都市旅游资源，都市时尚娱乐、都市冰雪等。东北金融中心，东北冰雪风情的温泉产品特质。四是带动温泉相关产业整体发展，以温泉为核心，房地产、旅游等产业相融合，实现为引擎，将温泉旅游产业对接沈阳经济区旅游一体化建设，发挥沈阳基地作用，与旅游产业有效对接和整合。五是推动沈阳重大基础设施项目建设，推动文化、教育、科研、信息等优势，加强城际交通、通信、能源、环保等重大基础设施建设，旅游、信息等优势产业的有效对接和融合发展，形成以中心城市为核心，全面开花的格局	沈阳小韩村温泉会所、沈阳兴隆温泉城、白清寨温泉旅游度假村、蒲河温泉小市镇
大连	定位为"海滨之泉"，依托海洋文化度假，打造海滨浪漫温泉旅游	一是确立跨地域和多产业发展模式。利用开发东部海药休闲观光区、西部海药休闲度假区、山水林泉养生度假区、长山群岛国际旅游休闲度假区、中部田园人文旅游度假区，构建山泉一体化、海泉一体化、岛泉一体化产业链条。二是围绕地域优势开发旅游产品。在打造"浪漫之都"的城市品牌同时，充分利用大连位于环渤海和东北亚的中心区位，整合全国际航运中心及国际游轮母港与温泉旅游，连接日韩直面向欧美澳的门户型区位优势，实现全面推进旅游产业构优化和产品升级。注重优化旅游质量监控系统，从"数量规模型"向"质量效益型"转变。四是全面提升旅游产品和服务质量，降低资源消耗，提高净收益、度假和旅游质量转变。完善旅游服务和旅游质量，加强温泉旅游信息化建设，提升旅游信息化建设，旅游购物、旅游餐饮等高附加值行业比重，增加旅游科技含量，做大做强旅游业，全面创新旅游业态，构建结构合理的现代旅游产业体系	俭汤温泉度假区、龙门温泉度假区、后石温泉假酒店、蓉花山温泉疗养中心、步云山温泉度假、长兴岛温泉、国风情温泉小镇、大平岭生态温泉度假区

续表

城市名称	发展定位	发展方向	支撑项目
鞍山	定位为"养生之泉",依托养生文化,打造健康休闲温泉旅游	一是做大千山文化旅游产业示范带,建立鞍山温泉千山产业示范带,结合鞍山的温泉旅游资源,以宗教文化为品牌,将千山文化等进行结合,推出千山温泉系列产品。二是打造汤岗子国际温泉城,利用宗教疗养文化元素,规划建设汤岗子国际温泉"泡汤"的直接体验旅游城。三是康养温泉御温泉、冰雪温泉、泥疗保健、康养温泉、商务会议、乡村公园等旅游,打造国际休闲度假养生和国际商务会议城,借势啮岩国际品牌,打造"中国玉都"的知名品牌,利用玉石文化中国传统玉石文化中的深远影响,将玉石文化和温泉文化结合,推向市场。四是提升鞍山的旅游服务接待设施建设。发挥全省旅游副中心和沈阳经济区节点城市的优势,完善综合旅游服务功能,提升城市吸引力。	汤岗温泉城中央公园、汤岗温泉城温泉度假区、汤岗温泉城森林小镇、汤岗温泉风景度假区、千山旅游风景度假区、汤岗子温泉旅游度假区
抚顺	定位为"启福之泉",依托清王朝发祥地,打造"启运之地、纳福之城"五福温泉旅游	一是整合清王朝"启运之旅"和世界文化遗产"启运之旅",借助"启运之旅"旅游品牌,将历史文化因素、温泉与红河峡谷漂流等生态旅游产品形成产品组合,形成以五福温泉、稽人温泉、打造"五福温泉"。二是与红河峡谷漂流,感受冒险、迎接五福的旅游产业链条。成体验温泉、感受冒险、	抚顺皇家极地海洋馆、抚顺世界文化遗产永陵、抚顺的红河峡谷漂流
本溪	定位为"山水之泉",依托地质文化,打造地质奇观温泉旅游	一是深度开发本溪水洞温泉旅游区,深入挖掘整合山水、奇洞、温泉等优质资源,放大本溪水洞温泉旅游区龙头带动作用,推动水洞景区向大型综合旅游景区转型升级,从山水观光、休闲度假,运动健身、康复养生与众多森林公园及周边大型综合旅游名品向全国名品的综合旅游名牌,打造集山水观光、二是深度开发本溪整合温泉资源与五女山整合温泉资源及周边度假区和亚洲第一水洞大雅河漂流,整合五女山、桓龙湖、大雅河漂流,放大五女山的开发龙头带动作用,引进大项目以五女山为核心的复合型综合旅游区。用龙头项目带动整个本溪温泉旅游地品牌,形成以五女山为核心的复合型综合旅游区。打造世界文化遗产旅游地品牌,	本溪水洞温泉旅游度假区
丹东	定位为"美丽之泉",依托山水风光和边境文化,打造边陲神秘温泉旅游	一是建设鸭绿江跨国温泉文化旅游集群,整合绿江两岸旅游资源,建设汤池温泉大石湖旅游疗养度假休闲项目,将温泉疗养和丹东滨海临江的自然风光、人文古迹、民俗文化和异国界国风情有效组合,构造各种观光旅游度假、打造中朝边境特色神秘温泉。二是培育育温泉系列特色温泉旅游产品、海岛观光度假、温泉亚种养殖海洋文化旅游产品;建设完善会展中心、海滨谷场、植物园等项目,并同其他旅游项目进行整合用龙头整合度假、赛马场、民俗风情园等项目,并同其他旅游项目进行整合。	汤池温泉大石湖旅游疗养度假休闲项目、民俗文化和异国风情度假村、五龙国际温泉度假村、五龙背温泉之都
锦州	定位为"经典之泉",依托红色旅游文化,打造经典温泉旅游	一是依托医巫闾山、北普陀等宗教名山,培育东北宗教文化旅游中心,开发建设古色温泉旅游区,融合各种节庆活动,形成复合型旅游区游。二是配套开发古色温泉度假村系列产品,	沟帮子温泉旅游度假开发建设项目、大有温泉风情小镇、北镇市温泉度假村

续表

城市名称	发展定位	发展方向	支撑项目
营口	定位为"山海之泉",依托山海文化,打造商务温泉旅游	一是整合泉眼、滨海和商务三主打旅游产品开发,打造集温泉好养、滨海休闲、商务会议于一体的旅游产业集聚带,北方滨海温泉与商务名城和世界敬母文化圣地。二是重点开发温泉休闲、滨海度假、商务会议、体育运动、休闲娱乐等,已建成项目有首音乐广场和滑雪场等	天沐温泉旅游度假村、金泰海景龙悦大酒店和高尔夫体育公园、山海休闲广场
阜新	定位为"圣地之泉",依托藏传佛教文化,打造"中国温泉之乡"	一是将温泉开发与阜新特有的藏传佛教文化相融合,构建合理的生态网络,建设全国一流、低碳环保的景观之城,以环境建设为先导,以康复疗养为主题,水系景观为生态之主,建设以生态景观为主要特色的旅游胜地。二是建设以生态景观为主,将玛瑙加工创作业精细化,把阜新创作业藏传佛教和温泉和佛教旅游组合推销。三是整合温泉旅游产业链,将玛瑙、春蜀温泉观为生态之城,主要有天水谷温泉度假村,培育"世界玛瑙之都"品牌。三是整合温泉旅游、做大做强把阜新作为藏传佛教的历史和典藏旅游的文化支撑,充分利用其在全国内的知名度	阜新温泉旅游新城
辽阳	定位为"冰雪之泉",依托地理区位优势,打造银色温泉旅游	一是建设历史文化街区和商业游憩街城,打造复合型休闲度假街城。二是打造温泉复合型休闲度假旅游目的地,高起点规划建设弓长岭汤河新城,以弓长岭为核心,以温泉和清雪资源为基础,高标准开发休闲、运动、康体、养生旅游产品,加快推进东北的"休闲疗养之都"建设步伐,建设温泉养生旅游产业集聚区。三是深度开发汤河温泉,加快汤河水库下游河段参窝水库旅游项目开发,形成水上观光游览带	弓长岭汤河新城
盘锦	定位为"湿地之泉",依托生态文化,打造湿地温泉旅游	一是深度开发湿地休闲旅游项目,创建湿地旅游新城,培育世界湿地旅游品牌。二是依托湿地生态资源,打造红海温泉旅游。依托世界上罕见的红海滩奇观和亚洲面积最大、生态系统保存最完整的苇海湿地两大温泉度,打造红海文化特色湿地温泉旅游度假,整合鼎湖温泉、红海滩风景区、苇海蟹滩景区,形成集湿地生态观赏、休闲度假、会议旅游及娱乐消费于一体的高层次旅游产业集聚区	大洼休闲养生温泉城、赵圈河镇湿地旅游项目、大连中心温泉度假区、湿地温泉度假区
铁岭	定位为"水城之泉",依托地域文化和民俗文化,打造"水城旅游休闲度假中心"	一是深度开发中国北方水城黑土地幽默文化,将黑土地文化融合到铁岭温泉建设中,打造东北特色文化旅游名城。二是重点建设铁岭金峰小镇、铁岭县腰堡山市、清河温泉旅游度假区,建设温泉旅游度假区	西丰温泉旅游区、尚阳湖温泉小镇、腰堡温泉旅游度假区
朝阳	定位为"红山之泉",依托红山文化,打造辽西北"红山主题文化"温泉	一是整合热水汤温泉度假区,完善旅游基础设施,旅游配套服务和旅游管理等方面的建设。二是深度挖掘红山文化温泉的历史,综合利用牛河梁、东山嘴等红山文化遗迹,注意文化元素对温泉旅游品牌效应的提升作用,在对牛河梁红山文化严格保护利用的同时,联动开发创新旅游主题概念,创新休闲娱乐等产品	大黑山山温泉改扩建项目
葫芦岛	定位为"古城之泉",依托古色明朝文化,打造古色海滨温泉旅游	一是依托古城特色,挖掘古城旅游内涵,通过温泉文化内涵,增加温泉古城旅游景观。二是在温泉文化遗产中对兴败的古城的历史事件,结合文化园,传统工艺,民风习俗等文化遗产进行开发利用,同时完善旅游功能。三是依托温泉故居等,饮食文化、商贸、旅游功能	首山温泉主题公园、北国之春温泉城、临海温泉假日酒店、汤上温泉示范区

（二）辽宁温泉旅游重点项目

表 3-3　辽宁温泉旅游重点项目一览

项目名称	项目所在地	项目定位	项目内容
蒲河温泉小市镇	沈阳于洪区光辉乡	依托温泉资源，大力发展温泉旅游、观光农业，打造辽宁省重要的温泉旅游集聚区	八园：九龙河现代农业示范园、民俗风情体验园、永安历史文化体验园、文化湿地物语园、现代雕塑文化园、影视动漫产业园、游乐园、全运公园 五区：生态湿地休闲区、乡村度假体验区、民族风情展示区、休闲产业集聚区、蒲河湿地生态园区
俭汤温泉度假区	大连安波镇	以高端商务会议、运动养生度假为主要功能，打造东方达沃斯温泉小镇	一河：温泉河景区 七区：庄园度假区、野奢温泉区、SPA养生区、养老度假区、冰雪度假区、山地运动度假区、民汤社区
汤岗温泉城温泉度假区	鞍山汤岗温泉城	行政中心、高档商务中心及温泉旅游休闲度假区	两带：东、西鞍山城市休闲生活带和汤岗子—东四温泉度假旅游带，主要项目有凤凰小镇、康体理疗中心、希尔顿酒店、滑雪场、高尔夫球场、葡萄山庄、国际会展中心、老年家园、凤凰小镇露天温泉
本溪水洞温泉旅游度假区	本溪水洞景区和温泉寺景区	整合水洞和温泉寺景区，打造集观光休闲、度假养生、户外运动、水上娱乐于一体的东北亚知名休闲度假旅游胜地	七区地质文化园：户外休闲区、康复养生区、乡村旅游区（前河沿）、拓展运动区（迎水寺）、地质科普区（水洞景区）、皇子山度假区（皇子山）、中华地质文化产业园区（谢家崴子）建设希尔顿温泉中心、温泉酒店、五星级酒店和会议中心、风情商业街、度假住宅等项目
五龙背国际温泉度假村	丹东振安区五龙背镇新建村	开发优质温泉资源，打造温泉地产、温泉养生和商务会展中心	丹东宇龙国际温泉酒店项目、辽宁五龙国际温泉养生城项目、丹东市软件信息网络产业园项目、辽宁圣泉旅游开发项目、天沐温泉度假村项目
大有温泉风情小镇	凌海市大凌河入海口处	以温泉洗浴、疗养为主，打造集原生态、多功能、渔家小镇、海景风情于一体的温泉小镇	高尔夫球场、多功能高级儿童乐园、白洋淀式芦苇荡、高中低档海鲜酒店、车辆会展中心、威尼斯水上乐园住宅小区
双台花果山生态温泉城	营口双台温泉度假区	打造集温泉度假、商务会议、乡村体验于一体的北方特色休闲小镇	星级酒店、温泉文化中心、SPA景区、国际级会展中心、商务会议中心、高尔夫练习场、水上乐园、跑马场、滑雪滑草场、花园式酒店、名士俱乐部等
阜新温泉旅游新城	阜新阜蒙县东梁镇	集旅游目的地、工农业生产、产学研于一体的低碳节能环保绿色新城	天水谷温泉度假村、金石温泉疗养康复中心、春成温泉体育公园、宏运国际健康养生温泉城、其他项目
弓长岭汤河新城	辽阳市弓长岭区	开发休闲、康健、度假、旅游等功能，打造绿色、环保、生态、和谐的山水新城	民风汤宿区、欢乐嘉年华、地方特色商业区、三官住宅区、时代酒店、温泉旅游综合体、辽宁金澜温泉度假村等项目

续表

项目名称	项目所在地	项目定位	项目内容
尚阳湖温泉小镇	铁岭市清河区	开发温泉、乡村旅游资源，打造辽北生态温泉小镇	建设主体温泉文化广场、温泉五星级酒店、温泉垂钓场、温泉生态园等项目
湿地温泉度假区	盘锦大洼县赵圈河镇	依托温泉、红海滩等资源，打造具有湿地文化特色，生态型、四季型国家旅游度假区	突出温泉养生、休闲度假和生态宜居特色，建设红海滩湿地温泉度假小镇。主要项目有湿地博物馆、温泉主题公园、游艇码头、别墅、SPA疗养中心、接待中心、会展中心、体育中心和多功能广场
北国之春温泉城	兴城四家子办事处邴家村第三浴场	建设滨海温泉新城，打造休闲、养生、度假多功能温泉度假区	温泉别墅、中国古典式别墅宾馆、温泉健身中心、露天连体环流浴场、温泉水上乐园

（三）辽宁温泉旅游精品线路

（1）满族风情，温泉体验——世界遗产温泉游线。该游线起于沈阳，经过抚顺、本溪和鞍山，止于葫芦岛，以"满族风情，温泉体验"为主题，整合沈阳故宫、福陵、昭陵，抚顺永陵，本溪五女山山城和葫芦岛九门口长城以及各地的温泉资源，打造富有满族风情、民族文化、自然观光和温泉体验的辽宁世界文化遗产温泉旅游线路。

（2）滨海廊道，海洋温泉——滨海休闲度假游线。该游线起于葫芦岛，途经锦州、盘锦和营口，止于大连，以"滨海廊道，海洋温泉"为线路主题，整合五市旅游精品和临海的优势，发展滨海度假休闲旅游，借助兴城温泉的品牌优势，打造东北地区别具风格的滨海温泉休闲旅游线路。

（3）激情冰雪，浪漫温泉——东北冰雪温泉游线。该游线起于铁岭，经沈阳、辽阳、鞍山、营口，止于大连，该游线以"激情冰雪，浪漫温泉"为主题，利用沿途各市的旅游资源与冰雪旅游项目，打造四季浪漫温泉、冬季激情冰雪的冰雪温泉旅游线路，为游客提供玩冰雪、泡温泉的激情体验。

（4）生态观光，休闲养生——温泉休闲养生游线。该游线起于沈阳，经本溪，止于丹东，以"生态观光，休闲养生"为主题，依托山林、果园、农庄、温泉、雪场、高尔夫等休闲度假旅游资源，推进温泉旅游开发，突出生态观光主题特色，打造独具特色的温泉休闲、康体养生、观光体验旅游线路。

（5）边境风光，品质体验——边境山水风情游线。依托秀丽的山水风光和独具特色的边境风情，串联沈阳、本溪和丹东三市，积极培育神秘边境村落、快乐休闲农庄等旅游项目，整合开发集边境风情、生态山水、温泉滑雪、海滨海岛、满族民俗等于一体的旅游产品，打造辽宁中部城市群休闲地和东北亚地区旅游观光目的地，打造中国最大的边境山水风情旅游线路。

六、主要设施建设和近期行动计划

（一）主要设施建设

（1）旅游咨询服务中心建设。根据客流情况在沈阳、大连以及主要旅游城市的机场、车站、高速公路出口、主要景区、商业中心等设立温泉旅游咨询服务中心。向旅游者提供各温泉景区的介绍、收费情况、开放时间、交通方式等信息，并构建人工、平面宣传册、触摸式多媒体信息服务系统、114通信服务台等多渠道立体服务模式。完善旅游集散（分）中心、客运中心等具有多种交通方式之间的快速换乘功能、旅游购物功能、餐饮功能、商业功能等，形成多种旅游功能相结合的复合型功能，改善主要旅游区内交通主干道路周围的环境氛围，使之与旅游区的主题相互协调，提高交通信息服务的综合水平。

（2）交通基础设施建设。首先，要完善省内温泉旅游交通网络，包括公路、铁路和航空设施网络。在公路设施建设方面，以高速公路网络为主要依托，对外强化进关出海、连接周边省区的对外通道建设；对内实现辽宁中部城市群"一小时交通圈"，重点建设辽宁中部环线、沈阳—抚顺—梅河口（辽宁段）、海城—丹东等高速公路项目。在铁路设施建设方面，重点建设哈大客运专线，加快干线铁路电气化和提速改造，提高现有线路的运输能力，加快建设纵贯东北东部地区的铁路通道。在民航设施建设方面，重点推进大连地区机场扩建及新建项目，启动年吞吐旅客1200人次大连新机场建设；沈阳桃仙国际机场扩建项目，新增1000万人次的吞吐能力，完善沈阳区域性枢纽机场功能。其次，分层次解决温泉旅游的交通障碍。在区外旅游交通上，以自驾车、旅游大巴为主，完善交通标志指引和交通信息引导；辅以旅游专线，提高温泉景区的直达率；充分利用原有城际、城郊公交快线，实现客源地到温泉区的快速通达。在区内旅游交通上，开发区内旅游专线，配套高标准硬件设施；对于客流不成规模、基础设施短时间内难以改善的景点，利用辅助交通方式（电瓶车、自行车、游览观光车）进行接驳。

（3）服务接待设施建设。在旅游住宿设施方面，根据不同温泉旅游区产品、不同市场定位，形成各具特色的主题和风格。各市滑雪旅游接待地的住宿设施应采取多种经营模式，在科学规划的前提下鼓励私人建造和经营滑雪地旅馆，发挥私营的优势。滑雪场附近的村庄民居亦可开辟成农家乐，提供餐饮、住宿、娱乐、购物等一条龙服务，但必须经相关部门批准，确保安全、舒适、卫生，完善冲水厕所和淋浴等必备设施。以海洋为特色，建设山海度假休闲中心，在交通相对便利的地区，要有大型海滩，有较大的沙滩腹地。海滨度假中心通常要有很好的综合性，能提供各种类型的度假住宿，能满足不同类型游客的需要。在旅游餐饮设施方面，重点构造几大特色美食体系：海鲜美食、温泉地方名吃、温泉养生菜系。在大型温泉度假区、游乐区和游客集散地建设海鲜美食街、温泉地方名吃街，集中布局，提高吸引力；在温泉养生度假区内开发温泉养生菜系，集中布局特色酒店、餐馆，提高服务质量。

（4）公共设施建设。强化隐患排查治理主体责任制，落实隐患监控措施和安全责任制，规范旅游保险和旅游合同。进一步完善旅游企业安全质量规范和应急预案。强化对旅游安全生产的日常管理和安全检查。加强生态建设和环境保护，合理利用和节约资源，做好规划和建设项目环境影响评价，建立健全节能减排指标体系、监测体系。大力发展循环经济和低碳经济，加强温泉水资源开发利用和保护管理，落实水资源论证和取水许可制度；严格落实排污许可证和污染物总量控制制度，改善生态环境，促进可持续发展。鼓励温泉旅游企业组织健康向上的文化娱乐活动，丰富温泉旅游文化内涵，促进温泉旅游健康快速发展。

（5）旅游信息设施建设。由政府主导，建设辽宁温泉旅游信息库，由温泉旅游景区数据库（旅游景点、景区、度假区名称、分类、等级、景点特征、开发时间、所在行政区域、邻近城市、与邻近城市交通）、城市地理库、城市风景图片库、交通数据库（机场、铁路、水运、长途汽车站点的空间和属性信息，路段代号、起讫城市代号和名称、与相邻城市距离）组成，并与辽宁温泉信息网实现数据联网与同步更新。加强辽宁温泉旅游的商务信息网络建设。提高目前已有的"辽宁温泉旅游网"的综合服务功能。完善各温泉景区基础信息资料，提供温泉旅游的信息发布、宣传促销、行业管理、咨询服务功能，同时着力打造在线旅游线路预订、温泉酒店客房预订、电子结算和出售旅游商品以及招商引资功能。加强温泉景区的通信设施建设，使其完全覆盖无线通信信号，提高通信质量。

（6）旅游标识解说系统建设。在旅游标识系统建设上，入口处、交叉路口和服务场所应设置指示标识和导引标识。入口处还应设置全景图和线路图。公共信息图形符号标志按 GB/T 10001.1、GB/T 10001.2 和 GB 2894 的规定设置。无人值守的危险地段，警示标志应有夜间照明。室内项目应有醒目的出、入口标志。各种标志应满足中外游客的需要，使用规范、布局合理、位置醒目，设计要与景区环境相协调。在旅游解说系统建设上，在各温泉景区内设立温泉旅游解说系统。帮助旅游者较深入地了解温泉文化、温泉形成的过程、意义及价值，提高旅游者对温泉文化、温泉知识的认识；同时对旅游者的行为进行以教育为基础的管理，在享受温泉的同时，不对资源和设施造成浪费污染等过度利用或破坏，唤起公众的文明泡汤意识。

（7）其他配套设施建设。包括防灾救援体系的完善与提升，污水处理设施建设，安全设施建设，给水工程、电力供应设施和通信设施的建设与完善，以满足旅游业发展的需要。

（二）近期行动计划

（1）完成温泉旅游规划的编制。全省合力制定发展规划，实施政府主导发展计划，抓定位提升，提出定位口号，保护辽宁温泉资源，提出未来五年辽宁温泉旅游发展路径，大力发展温泉旅游，打造享誉国内外的知名品牌，建设富有辽宁特色、具有国际一流水平的辽宁温泉旅游，使温泉旅游成为辽宁省旅游产业跨越式发展的突破口和产业结构调整新的增长极，推动全省旅游业又好又快发展，促进旅游业成为人民群众更加满意的现代服务业。

（2）推动温泉旅游聚集区建设，构筑整合优势。引入国际化标准体系，全面提升服务质量，引进应用高新技术和产品，推动温泉旅游创新化、科技化和环境保护。抓龙头企业，推进汤岗子、安波等温泉龙头企业建设，使龙头企业占辽宁温泉旅游收入的40%，起到示范带动作用。辽宁温泉旅游发展，要实施温泉旅游聚集发展战略，构建和培育辽宁十大温泉旅游聚集区：沈阳棋盘山温泉旅游聚集区、大连安波温泉旅游聚集区、鞍山汤岗子温泉旅游聚集区、本溪水洞温泉旅游集聚区、丹东五龙背温泉旅游聚集区、营口鲅鱼圈温泉旅游聚集区、葫芦岛兴城温泉旅游聚集区、辽阳弓长岭温泉旅游聚集区、盘锦湿地温泉旅游聚集区、朝阜温泉旅游聚集区，通过聚集，向消费者提供高质量的温泉休闲旅游体验，提高运行效率和综合效益，增强辽宁温泉旅游的整体竞争力。

（3）促进市场开发，推动旅游客源的全面增长。实施品牌差异化市场策略，将现有单体温泉项目的"点"营销连接为"线"，进而拓展为"面"，从而完成大营销整体观念和大营销系统网络的构建。通过"涟漪效应"将一定的资金投入转化为倍增的市场收益。一方面，尽可能将辽宁温泉旅游中已开发成熟的重点温泉旅游项目进行整体性的梳理与调整；另一方面，营销并非意味着要实现"给每一位消费者一份独特的产品"，从而忽略产品品牌的其他诉求，恰恰相反，辽宁温泉旅游的整合营销应更注意从营销渠道选择、促销方式突破以及公共关系发展等多角度，实现对大众休闲度假市场消费观念的全面把握与积极引导。

（4）改善旅游服务设施，推进公共服务与质量提升。通过前期的工作准备，使所有的温泉聚集区及重点企业通信、道路等公共服务水平有明显改善，使温泉所有配套产业落实到位。逐步建立以各项旅游国家标准、行业标准和地方标准为基础的科学的旅游服务质量评价体系，通过行政管理部门、专家评估机构、新闻媒体、网络调查等多种渠道，深入调查旅游服务质量，全面了解旅游目的地质量、旅游企业服务、旅游行业服务、旅游者满意度以及旅游公共服务等状况，采取定性评价与定量分析相结合、专业评价与公众评价相结合的方法，科学、客观地评价旅游服务质量状况，帮助旅游目的地和旅游企业准确把握服务现状与存在问题，明确改进方向，增强自我调控能力，不断提高服务质量。

（5）建立温泉旅游标准体系，推进旅游标准实施。辽宁温泉旅游服务标准化和国际质量认证，邀请专家编制与辽宁温泉旅游现状相衔接的温泉行业标准，并尽快颁布，监督各部门、各温泉企业严格按照标准实施管理；根据辽宁省温泉旅游行业标准尽快将辽宁省的各种温泉企业划分星级，按不同等级的要求规范辽宁温泉旅游企业；设立监督管理部门，加强对各企业的监督，制定细化方案和具体措施，确保辽宁温泉旅游行业标准的有效实施；规范辽宁温泉旅游市场，严格执行温泉行业标准，温泉旅游企业要按照颁布的温泉行业标准来建设和运营管理。

（6）抓人才建设，推进旅游人力资源开发。高质量的温泉产业发展前景，需要有强大的温泉技术人才支持。辽宁可以制定吸引优秀的温泉技术人才的政策，疏通温泉产业人才需要通道，也可以直接到温泉产业发达国家和地区招募，为辽宁温泉产业发展提供技术人才支持。温泉管理人才培养，增加温泉旅游管理专业，培养温泉旅游方面的专业人才，在引进人才的同时，重视本地人才的培育。目前，我国的旅游人才培养中尚无温泉旅游专业，为适应未来温泉产业发展需要，辽宁可以依托省内重点旅游院校、培训机构和骨干温泉企业开设温泉旅游管理专业和实训基地，加大温泉专业管理人才培养，加大人才储备，形成合理的人才梯度，为打造温泉旅游大省奠定人才基础。重视对温泉旅游景区、项目在职人员的职业培训，搞好温泉旅游从业人员上岗和在岗培训，提高从业人员素质，保证温泉旅游服务的水准。培育适合本土企业、熟悉地方文化的实用人才。要加强对温泉旅游发展新业态、新领域的调查研究，做好温泉旅游和市场的统计调研工作，创新旅游发展理念和发展模式，提高服务质量。

（三）资源环境保护

（1）风景名胜保护。辽宁温泉旅游发展应充分考虑全省风景名胜区的旅游发展，在严格保护的前提下，合理利用风景名胜资源，促进旅游业发展。温泉旅游项目涉及风景名胜区的，应充分考虑风景名胜保护的相关要求，严格按照《风景名胜条例》等有关规定执行。加大温泉度假区内污水处理等环保基础设施建设，创造与自然融合的温泉旅游区生态环境。

（2）水环境保护。强化温泉水的管理保护。开发利用温泉水资源，必须进行水资源论证，由水资源行政主管部门按照规定办理取水许可证，确定开采限量，并按期足额缴纳水资源费。严格执行温泉开发设计中的开采量标准，严禁超量开采；防止水位进一步下降，避免水温降低、水量减少、水质发生改变导致地热水环境遭到进一步破坏，失去开发价值。温泉项目要配套建设节水系统与污水处理设施；室内卫生应采用污水、废水分流系统，排水系统均设置专用管道；污水、废水一并排入城市污水管网或专门处理后排放。循环利用温泉资源，开发温泉废水的创新性利用，如温泉余热的回收使用、温泉大棚蔬菜和花卉种植等，提高相关服务人员的节水意识。

（3）固体废弃物防治。固体废弃物的治理要做到"无害化、减量化、资源化"。具体可通过下列措施进行：设立标志牌提醒，设置方便的分类垃圾桶，及时将固体垃圾清运出景区；鼓励游客使用污染最少且无毒的产品；尽可能使用耐用消费品和当地产品，减少运输、贮存环节与包装垃圾。

（4）大气环境保护。限制温泉旅游核心区进入的机动车数量，防止汽车尾气污染，核心区内部一律使用生态电瓶车；改变各度假酒店、餐馆的燃料结构，推广电力、煤气、沼气等清洁能源，严格控制烟尘排放；仅限乡村温泉休闲度假村庄使用原生态的燃料能源；旅游区内车行道及游道两侧增加绿色植物数量以净化空气。

（5）温泉旅游项目建设中的环境保护。在温泉建设施工现场，建材的堆放和混凝土搅拌应定点、定位。施工期间尽量选用烟气量较少的机械和车辆，减少尾气污染。地块周围树立高3米的简易屏障，减少施工机械噪声污染，建筑垃圾需及时处理。进出工地的车辆限制行驶路线及速度，施工中不能产生超标准的空气污染。建设过程进度要与相应的环保措施同步。

第四章 辽西北沙地生态恢复与开发

一、国外生态恢复与开发的实践

欧美发达国家在最初的生态恢复研究中主要集中在开矿地的植被恢复重建。此后，生态恢复研究对象逐渐扩展到其他类型的退化生态系统，包括河流、湖泊、湿地、森林、草地等。进入21世纪以来，国外的生态恢复实践已经覆盖了陆地表层多数生态系统以及开展部分海洋的污染治理，包含了城市、海岸、荒漠等生态敏感区域。草地生态系统是恢复生态学最早的研究对象。早在20世纪30年代，北美已经开展草地植被恢复的工作。在草地恢复方面，澳大利亚和新西兰位于世界前列。目前，这些国家通过土壤物理化学处理增加营养元素以及优良牧草种植与科学放牧管理，成功地解决了草畜矛盾，较好地恢复了生态环境。草地恢复的相关问题、措施及其影响因素的研究工作也开展得十分广泛，例如，种子入侵、畜牧草地恢复、沙地治理、采矿地恢复等。

森林植被的恢复以及植树造林植被恢复方式对陆地生态系统生态恢复意义重大。森林生态系统是地球上最大的陆地生态系统，在生物生产力、多样性保护、全球气候变化等方面具有重大影响。欧美国家主要集中在北方阔叶林、针叶林以及混交林方面，深入研究了退化生态系统的生态学过程与结构、功能的时空变化特征、植被恢复技术以及相关管理措施。大量研究关注森林野火对森林生态系统的影响以及如何在森林景观规划与土地利用途径方面控制森林野火。部分学者也研究了在景观规划基础上进行植树造林生态恢复工程。湿地恢复方面，美国在20世纪90年代便提出了庞大的湿地恢复计划以及加利福尼亚州南部城市湿地的恢复问题。其他方面，在涉及河流、城市生态环境的恢复上，英国、日本等国家均开展了积极的湖泊生态系统恢复研究。

（一）美国

根据美国矿务局调查，美国平均每年采矿占用土地 4500 公顷，被占用土地已有 47% 的矿山废弃地恢复了生态环境，1970 年以来生态恢复率为 70% 左右。美国环境法要求工业建设破坏的土地必须恢复到原来的形态，农田恢复到农田的状态，森林恢复到森林状态。由于国家法律的强制作用及科研工作的进展，美国的矿区环境保护和治理成绩显著。在矿区种植作物、矸石山植树、造林和利用电厂粉煤灰改良土壤等方面做了很多工作，积累了大量经验。美国弗吉尼亚煤矿采煤造成的沉陷区是用煤矸石填入进行生态恢复的。生态恢复工程措施是用机械将矸石分层压实充填采煤塌陷生态恢复地，达到适宜种植目的。

（二）英国

英国政府对采矿造成的地表破坏十分重视。在 1970 年英国有矿山废弃土地 7.1 万公顷，其中每年煤矿露采占地 2100 公顷，由于各级政府的重视，通过法律、经济等措施，生态恢复效果显著，1974~1982 年，因采矿废弃土地 19362 公顷，生态恢复面积达 16952 公顷，恢复率达 87.6%，到 1993 年露天采矿占用地已恢复 5.4 万公顷。英国井工开采的煤矿，过去排矸都是堆成矸石山，对老矸石山的生态恢复使用机械设备就地推平，保持一定标高后先种草，然后植树造林绿化矸石堆。为了减少矸石占地和污染环境，改用排矸系统与生态恢复技术相结合，不起矸石山，直接排到矸石场或排入采煤沉陷区。排矸场的建立是先把表土和次表土取出分别堆放，然后用矸石围成堤坝，四周边坡矸石覆土种草植树护坡，防止水土流失。在围堤内排矸，排矸场的面积、取土量和堆置高度是根据当地环保要求和用途设计的。矸石堆满至标高后推平、压实。矸石压实的好处是承载力高，增强矸石的化学稳定性，消除矸石自燃的危险性及硫化物氧化引起的污染。压实后在上面覆土，覆土厚度依用途而定，农业用地先覆次表土 30 厘米，再覆耕作层的表土 25 厘米；对环境绿化的覆土厚度为 15 厘米。矿山生态恢复后的土地作农用时，如果矸石酸性很强，在矸石推平、压实后要翻松一下，以使表层疏松、透气，有利于作物生长。在覆土前，每公顷土地需施石灰 20 吨中和酸性，由于矸石中不含磷肥，而且施的磷肥也不利于吸收和保护。所以，农业用地要加大磷肥用量。造林时也可直接在矸石上栽种树苗，根据酸性程度适当加些石灰，树木能很好地生长。对于刚刚生态恢复的土地，先选用适应性强的种植，前 3 年种草，以改良土壤、培肥地力，为种植农作物创造良好的环境条件。

（三）德国

德国是世界上重要的采煤国家，年产煤量达 2 亿吨，以露采为主。德国政府对矿山废弃地的生态恢复、保持农林面积、恢复生态平衡十分重视。莱茵地区露天开采时，将剥离的黏土单独存放作为覆盖表土，把沙、石和电厂的粉煤灰等废料直接回填到采煤坑，填至标高，上面覆盖表土 1 米厚。多施肥料，首先过渡性地种植苜蓿草，苜蓿根系发达且入土很深，可活化土层改良土壤，经过 2~3 年将苜蓿翻种后，土壤中留下了大量的腐殖质和氮素养分，最好再多施一些厩肥，然后再种植小麦、黑麦、甜菜。经过过渡性生态恢复后的各种作物均达到或超过当地原地的收获水平。此外，为了使生态恢复区的风景和周围环境协调一致，还进行了绿化、美化，为居民提供适宜的疗养和休息场。莱茵褐煤有限公司下设林业部，专门负责矿区的林业生态恢复工作。管辖 6 个林区，每个林区设有林业公司负责林业事务工作，将剥离的沙砾土推平后进行植树造林。莱茵褐煤矿区的林业生态恢复，从 20 世纪 20 年代开始已有 60 多年的经验。所以，其发展过程大致经过三个阶段：实验阶段（1920~1950 年），此阶段对各种树木在采矿废弃地的适应性进行了研究，系统地绿化，选出了赤杨和白杨作为先锋树种，增强土壤的肥力；综合种植阶段（1951~1958 年），突出了树种的多样性和树种的混交；分阶段种植阶段（1959 年以后），根据不同的采矿废弃地分类种植恢复。由于机构健全、严格执法、资金渠道稳定，德国的生态恢复工作取得了很大成绩。到 1996 年，全国煤矿采矿破坏土地 15.34 万公顷，已经完成的生态恢复的面积有 8.23 万公顷，恢复率达 53.5%。

（四）澳大利亚

在澳大利亚，采矿业是该国的主导产业，矿山生态恢复已经取得长足进展和令人瞩目的成绩，被认为是世界上先进而且成功地处理扰动土地的国家，生态恢复已经成为开采工艺的一部分。矿山生态恢复作为一种行业，像冶金、采矿业等一样，正在发挥其独特的作用。对过去开采遗留下来的已封闭的矿区，生态恢复工作由政府出资进行。新开矿区有法律规定，由矿主出资进行恢复。澳大利亚矿山生态恢复的显著特点之一是采用综合模式进行。矿山生态恢复工程设计是周密的，不仅限于合理安排土地恢复功能，而且注重防止矿山废弃物的浸滤对地下水系影响。在生态恢复工程中排水工程的设计上，除必须防止对地表水系的污染外，尚强调排水管网系统"构成一个合理排水模式"，"最终排泄径流的位置是依适宜于矿山周围当地水系河道而定"。防止矿山废弃物对空气的污染，也是生态恢复工程中重要内容之一。恢复动植物栖息地，恢复生态环境，也是生态恢复工程中精心设计的内容。一个矿山的生态恢复工程完成，实现了土地、环境和生态的综合恢复，克服了单项治理带来的弊端。多专业联合投入是澳大利亚矿区生态恢复的另一个特点。矿区开发带来的影响是多方面的，它的解决远非矿业自身能够完成。因此，矿区生态恢复涉及地质、矿冶、测量、物理、化学、环境、生态、农艺、经济学，甚至医学、社会学等多学科多专业，正是这些多专业的联合投入，使得复杂的、综合性强的矿区生态恢复工作得以成功地发展。其精良的设计依据的基础正是各专业的研究成果。高科技指导和支持也是澳大利亚矿区生态恢复的一个显著特点。高科技成果为矿区生态恢复提供了各类食品、设备，使生态恢复工程实施得以加速、顺利进行。

（五）俄罗斯

俄罗斯十分重视矿区的生态恢复工作。在俄罗斯，生态恢复这一概念是随着被破坏土地的恢复工作而发展产生的。生态恢复就是在受工业影响的土地上，采取旨在有计划地创建和加速形成具有高生产力、高经济价值、最佳人工景观的采矿、生物、工程、土壤改良及生态学综合技术措施，恢复土地。生态恢复工作的效益在很大程度上取决于土地开发方向及其利用种类的选择。解决生态恢复方向的问题常采用生物学和经济技术两个标准。生物学标准从消除对环境的有害影响及创立生物群落的恢复条件角度，来评价被破坏土地的生态恢复和开发种类；经济技术标准则从先进工艺的决策和投资高效性等方面，来论证生态恢复的利用种类。这时应注意地质、地理条件、经济和社会因素、地区发展前景、土壤破坏特点、被破坏土地的岩土成分和性质等多种因素。

俄罗斯整个生态恢复工程包括工程技术恢复和生物技术恢复两个基本阶段。工程技术恢复就是针对被破坏土地的开发种类而进行整地。这包括场地平整、坡地改造、用于农田的沃地覆盖、土壤改良、道路建设等。生物技术恢复包括一系列恢复被破坏土地的肥力，造林绿化，并将其返回农、林，创立适宜于人类生存活动的综合措施。农业、林业生态恢复的实践在俄罗斯是最普遍的，把被破坏土地开发为最经济、最可靠的林业生态的恢复越来越得到广泛的应用。尤其是在那些土地开发需要不高且土地贫瘠的地区，林业生态恢复成为主要方向。根据林业生态恢复的目的，一般在被破坏土地上营造水土保持林、用材林、农田保防护林和建立森林公园。与其他生态恢复方向相比，林业生态恢复对需要恢复的土地要求不太严格，仅需要较小的投资。林业生态恢复的基本原理在于，在被破坏土地上不采用覆土措施，通过施用少量肥料和土壤改良剂，即可促进林业生长，营造人工林。俄罗斯林业生态恢复的特点是，除气候条件外，极力利用自然条件进行人工林营造，这使他们极大地降低了营造高生产力、高生态效益的人工林的劳动、资金投入。

二、国内生态恢复与开发的概况

从 20 世纪 50 年代开始，我国就开始了退化环境的长期定位观测试验和综合整治工作。20 世纪 50 年代末，在华南地区退化坡地上开展了荒山绿化、植被恢复。20 世纪 70 年代"三北"地区的防护林工程建设、20 世纪 80 年代长江中上游地区的防护林工程建设、水土流失工程治理等一系列的生态恢复工程。在 20 世纪 80 年代末，在农牧交错区、风蚀水蚀交错区、干旱荒漠区、丘陵山地、干热河谷和湿地等也进行了大量退化或脆弱生态环境及恢复重建工作。我国近 40 年来的生态恢复重建研究主要表现出如下特点：①试验实践重于基础理论研究，即注重生态恢复重建的试验与示范研究；②注重人工重建研究，特别注重恢复有效的植物群落试验，相对忽视自然恢复过程的研究；③大量集中于研究砍伐破坏后的森林和放牧干扰下的草地生态系统退化后的生物途径恢复，尤其是森林植被的人工重建研究；④注重恢复重建的快速性和短期性；⑤注重恢复过程中的植物多样性和小气候变化研究，相对忽视对动物、土壤生物（尤其是微生物）的研究；⑥对恢复重建的生态效益及评价研究较多，特别是人工林重建效益，还缺乏对生态恢复重建的生态功能和结构的综合评价；⑦近年来开始加强恢复重建的生态学过程的研究。

三、辽西北沙地生态恢复与开发现状基本研判

（一）区域总体沙化情况

辽宁现有沙化土地 123.68 万公顷，占全省总土地面积的 8.49%，其范围涉及沈阳、大连、鞍山、锦州、阜新、铁岭、朝阳、盘锦、葫芦岛 9 个市 18 个县（市）197 个乡（镇）。其中，流动沙丘（地）2700 公顷，半固定沙丘（地）2.7 万公顷，固定沙丘（地）29.58 万公顷，沙质耕地 87.80 万公顷、闽田 2500 公顷、重盐碱地 3.08 万公顷。辽宁沙化土地按沙区类型可分为科尔沁沙地、沿河沙地和沿海沙地。科尔沁沙地主要分布在彰武、昌图、法库、阜新、朝阳县，面积约63.45 万公顷，占全省沙化土地的 51.3%；沿河沙地是指辽河、凌河水系现代河流

冲积沙地，主要分布在法库、新民、辽中等县，总面积约 51.8 万公顷，占全省沙化土地的 41.9%；沿海沙地是指辽宁东部区域湾沿海沙地，主要分布在凌海、兴城、盘山等县，总面积约 8.4 万公顷，占全省沙化土地的 6.8%。地处科尔沁沙地南部的彰武、康平两县是全省危害最严重、受害人口最多的地区。这两县有流动、半流动沙地 2.36 万公顷，占全省流动和半流动沙地面积的 79.3%。土地沙化程度以土壤风蚀、土质粗化和局部地表复沙的沙化为主。彰武县每年约有 2 万公顷的农田遭受风剥沙压危害，章古台镇大一间房村曾因流沙驱赶被迫三次迁移。柳河沿途侵蚀模数高达 5000~8000t/(km²·a)，年输沙量为 2000 万吨，其中大部分淤积在柳河及辽河干流的河道内，使 100 多千米的河道成为地上悬河。因河床抬高，辽河两岸大堤的防洪及泄洪能力逐年减低，双台河闸泄洪量较原设计能力降低了 46.6%。康平县沿内蒙古边界有 22 处风口，有流动及半固定沙地 1.42 万公顷，这些沙地在季风的作用下，每年向东南和东北方向移动，大风夹带沙尘直接污染沈阳等地的空气质量。全省每年因沙化造成的经济损失约合 2.6 亿元。

（二）区域行业生态恢复现状基本研判

1. 农业

农业的不合理耕作和农村经济结构不合理，农业经济增长和植被建设之间的矛盾日益突出。荒山、荒沟、荒坡、荒滩多，受眼前经济利益驱使开荒、开大荒，甚至 25 度以上坡地仍被开垦，边治理边破坏现象极其严重。尤其是大范围种植花生等无茬作物，致使新沙化土地的重新生成，农民增收水平与全省平均线差距较大。对坡耕地恢复治理没有相应的补偿政策。缺少设施，农业产业化水平不高。农业和农村已有基础设施保护不够，不仅设施建设投入不足，而且新的节水设施（措施）推广应用不足，倡导不够。因此，抗灾能力极差。同时，市场化程度低，各类服务体系不够健全，龙头企业和地方特色产品在规模、数量、专业方面与现代农业的要求还有很大差距，已满足不了现代生产发展的需要。农产品质量安全问题日益突出，农民对化肥、农药、饲料添加剂等的过分依赖已经危及到了人类的健康和生态安全。

2. 水利

缺少总体的科学规划，大多数水土保持项目未完全走基本建设程序，或已建设的项目成果后期没有得到较好的保护，成果巩固难、一事一议落实难。一些开发建设项目为了片面追求眼前效益，乱挖、乱采、乱排、乱放问题突出，与水土资源保护矛盾突出。水资源短缺，水土流失呈逐年严重趋势。

3. 畜牧业

对草业的认识存在误区，草地生态功能的不可替代性还没有完全被接受，对种草恢复植被重视不够，表现在轻投入、重索取及重林轻草等问题。粗放经营、超载过牧等不合理利用，以及随意开垦、轮荒耕种等不科学的管理方式，导致区域原来比较发达的草甸草原形成盐渍化土壤。受种粮补贴政策的影响，个别地方出现了毁草种粮现象。沙质草地是抵御沙漠化扩张的天然生态屏障，但草地沙化、退化、盐渍化严重，草地面积正在锐减。虽有封山禁牧政策，但缺少畜牧舍饲养圈的引导措施。草业还没有真正形成产业化，仍处于种植业从属地位。草业生产环节多，影响了草业的健康发展。

4. 林业

植被建设长期得不到足够的重视。阜新现有沙化及有明显沙化趋势的土地达42.4万公顷，占全市总土地面积的41%。其中沙化土地22.39万公顷，占全市总土地面积的21.6%。此外，有2.19万公顷荒山亟待恢复。对现有植被保护不够。在沙区，经济不发达，生产方式落后，合理实施载畜难度较大，长期存在放牧、樵采、无林地开垦、毁林开垦等人为活动，导致植被面积迅速减少。森林资源总体质量较低。阜新林分蓄积量平均仅为32.4立方米/公顷；林分结构不合理、稳定性差，特点是纯林多、混交林少；从林龄结构看，中幼林占74.6%、近熟林占6.7%、成过熟林占18.7%，与合理的结构比例有较大差距，生态建设投入不足。由于阜新市、县财政困难，地方配套资金投入严重不足。加之，当前造林地块多为高山、远山和荒沙荒滩，劳动力价格攀升，使植被建设难度及建设成本不断加大。生态建设科技含量低。缺少优良种苗，抗逆性植物材料不足，植被重建、恢复和保护综合技术未能完全突破，以及节水配套技术、生态监测与评价技术不成熟，等等，致使科技含量低。对林业产业认识有待提高。近几年，林业投资几乎全部投向第一产业，投入第二、第三产业严重不足，导致整个林业产业发展滞后。同时，因为经济林经营水平低，果品产量较低、质量较差、价格较廉，所以，农民参与林业产业的积极性不高。

四、辽西北沙地生态恢复与开发的基本对策

近10年来，气候变化特别是持续干旱少雨，多数县（市）的年降水量不足350毫米等自然因素以及人为不合理经济活动的综合作用，使已被林草固定的沙地大多又重新成为流沙地，农田新的风蚀沙化，作物减产绝产，少数草场消失或大多数草原退化，有些草甸被沙压或开垦为水田，草地植物分布面积和种群数量明显减少，加之河流长时间、大面积断流，水土流失不断加剧，等等，形成了新

的沙源地。目前,固定沙丘群中零星、片状分布的流沙以及中重度沙丘活化显著的沙化面积占沙地总面积的 5%~10%;因此,要科学恢复、建设和经营沙区人工与天然植被。主要对策包括有效预防、科学恢复、提高建设水平、提升经营水平四个方面。

(一) 有效预防

制止"六滥",转变生产方式。政府要下大力气抓预防,重点解决滥垦、滥用水资源、滥樵、滥牧、滥挖、滥采和不合理开发沙地资源。要通过改进落后耕作技术、粗放管理及禁止轮荒耕作和在不适宜的地区播种如花生等无茬作物,达到恢复稳定植被的目的。严于执法,推进立法和新机制的执行力。严格执行《辽宁省防沙治沙条例》、辽宁省封山禁牧相关规定等;将草原恢复纳入规划,加快制定封山禁牧细则;推进辽宁省人大常委会在"十二五"期间对生态公益林、林地经营、森林公园立法;认真督导植被恢复目标考核责任机制并建立追究制度。增加省市级预防工作资金的投入。多渠道筹集补贴资金,把增加的资金直接补偿林农或牧农从事第三产业,以减少对资源的获取量,使沙化预防工作步入正轨。

(二) 科学恢复

采取恢复天然植被或建设人工植被等措施构建辽西北地区樟子松二代林。章古台沙地樟子松人工林建设被人们视为科尔沁沙地植被恢复的模式之一,但通过地带性顶极植被分析,认为作为大面积沙地植被恢复的样板——章古台沙地樟子松人工林以密集的森林景观出现是不符合地带性植被自然演替规律的。因此,樟子松二代林恢复与构建应同时考虑:第一,拟定并实施天然植被恢复方案,其优点是可缩短实现植物覆盖所需的时间,保护珍稀物种和增加林分的稳定性,投资小、效益高。第二,考虑适度造林并实施集约经营的技术规程和操作规范,适度造林的精要在于根据土壤水分的供给能力、地下水位变化调节造林密度,完全体现疏林灌草且具有较高的生产力。采取滚带更新恢复衰退农田防护林。辽西北地区现有林带树种单一,行数过多,树木个体分化严重,基本上是近、成熟林。近10年来的连续干旱又使40%林带不同程度出现干梢现象,防护林作用显著降低。过去50多年,农田林网虽然一般经过二次人工恢复,但恢复速度缓慢、技术落后。针对这些情况,首要的恢复途径是采取滚带更新,可是滚带更新占用的农田一般都涉及农民所承包的几十年不变的土地,需要政府统一协调。其次是伐除老林带,在林带之间重新栽植新林带,适当增加新树种和针叶树数量。在林带生长初期,要允许农民在林带间种豆科类作物,让农民参与到农田林网的恢复更新中来,新林带栽植 2~3 年后伐除老林带。第三,原带更新。要全面细致整地、施肥、栽大苗，确保谁栽谁有，使农民拥有林权。采取保护、补植和抚育等增加低质低效林的防护效能，如阜新市彰武县重点就是科学制定恢复现有低质、低效林生产力规划，提高其利用效率。对于生态林，可通过补植、抚育措施，形成乔、灌、草立体结构，提高林分稳定性，实现生态功能最优化；对于商品林，可通过高投入、高产出、定向培育、营造速生林等，提高林分生产力，实现经济效益最大化。

（三）提高建设水平

树立全社会科学建设植被的理念。第一，要重视自然生态平衡。辽西北地区的自然条件蕴藏着植被恢复的先天条件，只要人为活动不超过自然载力，就能保持很好的生态平衡。第二，要把治沙与治穷相结合且必须很好地结合，沙化土地才会得到真正的恢复；否则，沙化就会加重。第三，倡导保护植被就是保护生产力，建设植被就是发展生产力，优化配置植被就是促进生产力的现代生态文明观，不断提高全社会参与建设植被的自觉性。提高生态建设和生态经济水平。尽量少破土，减少水土流失：在平缓沙地可采用机械开沟植苗、深松插干、根际微灌、覆膜套袋、植苗覆盖、喷洒抗蒸腾剂、混拌保水保肥剂和应用生根粉等技术造林；在水土流失区优先保持其原生植被，并利用植物天然下种和萌芽、萌蘗更新形成适宜林分；在树种选择上除尽可能选择当地乡土、生态经济型树种外，要重点发展辽宁省固沙造林研究所多年选育和引种驯化的樟子松优系、彰武松、沙地红松、斑克松、平榛和美国皂角等良种；要选用无纺布菌根化容器苗，采用直接集水技术，形成乔、灌、草、空留相结合模式。在农田、草场和庭院营造经济型防护林：在农田建设以杨树良种、彰武松、刺槐为主的速生林，在草场和庭院建设以平榛、沙地红松、山杏、大扁杏、大枣、沙棘、树莓、葡萄、大果榛子为主的特色经济林。探索植被建设的新模式：一是生态移民。例如，可以考虑围绕沈彰新城或优美小城镇建设，将彰武县北甸子村整体移民，以此作为全省实施生态恢复的创新试点。二是建立健全植被建设全过程招标制、与干部使用结合的目标考核责任机制和违规使用资金造成植被质量事故的责任追究制度。三是探索社区参与式发展模式——在尊重本地农牧民发展意愿的基础上，选择若干风沙危害严重、发展相对滞后的乡镇作为社区，探索参与式的植被建设方法。

（四）提升经营水平

加大宣传力度，切实加强新造林地的经营管护。把每一块地、每一棵树落实到有关责任人。同时，要实施植被恢复工程资金与验收、经营挂钩的办法，即在省级验收造林合格后拨付总资金的70%，待基本成林后再付全额。正确评价现有人工植被，找出科学合理的经营方法，加快集约经营步伐。加强经营体制改革和制度创新。要制定适合林木个体的植被经营作业新规程，建立资源采伐限额分配制度；要建立国有、集体和私有林共同发展的经营机制；要建立造林、经营和管护统一的机制；要制定和实施优惠政策，增强植被经营的融资能力。

五、旅游开发与生态恢复相融合的基本对策

（一）加快生态恢复步伐，为生态旅游开发打好基础

明确生态修复利在当代，造福子孙。加快辽西北产业结构调整，利用科学措施，着力解决环境污染、生态破坏等问题，按照"谁治理，谁受益"的原则，积极引导社会力量参与生态环境治理，加快生态恢复步伐，为辽西北发展生态旅游创造良好的条件。比如，加强采煤沉陷区治理，加大废弃土地整理复垦力度；治理废弃的露天矿坑、矸石山等重大地质灾害隐患，积极开发煤矸石、矿井水、煤层气、瓦斯等的综合利用等。生态修复让人们有了可以散步和游览自然风景的地方，有了发展绿色旅游和增加这一地区游客数量的机会。让昔日生态破坏、污染严重的资源型城市重生，这个过程本身就是一个生态恢复、环境治理的奇迹，可以成为辽西北打造生态旅游品牌的一个很好的选择。

（二）政府加大投入，推动项目集聚发展

增加投入，加快基础设施建设，特别是与生态旅游业相配套的交通、住宿、餐饮、娱乐、购物等设施的建设。提升景区可进入性，有效延长客人的停留时间，提高消费水平。正确处理政府和市场的关系，在加大政府扶持、规划和监管的同时，重视发挥市场的作用。充分发挥旅游业的带动作用，使其成为辽西北经济发展的重要一级。重视生态旅游开发所需的专业人才的引进和培养，在管理、技术、服务方面建立合理的人才梯队，形成有效的人力资源优势。引导、支持大型工商企业和实力强大的景区、饭店、旅行社、旅游运输企业以资本为纽带组建大型旅游企业集团，或者通过"捆绑"组建跨部门、跨行业、跨所有制的大型旅游企业集团，整合产业链关键要素，建设旅游精品线路，航空、铁路、公路、旅行社和景区景点实现一条龙服务，促进产业集聚和升级。

（三）城市发展与生态旅游开发同步，城市和旅游整体发展

旅游依托城市发展，城市建设体现旅游功能，把城市作为旅游吸引物整体打造，将城市旅游变为旅游城市。以全新的城市形象定位为基础，树立品牌意识，通过一系列的营销推广措施，使生态城市形象深入人心，形成有效的旅游吸引。应加强旅游业与商贸、金融、科技、港口、工业等功能的整合，将生态旅游功能设施纳入城市建设的范畴，坚持以文化融入的原则指导城市生态旅游体系的建设，浓缩文化内涵，培育城市文化个性。以创新性思维打造城市生态旅游结构，强化城市生态旅游功能，培育生态旅游产业龙头，努力建设成高标准的城市生态旅游目的地。

（四）挖掘生态旅游资源特色，优化组合旅游资源

挖掘和打造生态旅游资源特色，能够有的放矢地进行生态旅游开发，对于生态旅游竞争力的形成具有重要意义。辽西有优美的自然风光、深厚的工业历史文化底蕴和雄厚的现代工业基础以及丰富多彩的民俗资源，区内山、水（海、湿地）、岛、工业、文化旅游资源齐聚。生态旅游开发应充分利用山、河、湖、海、泉、湿地等资源，以历史文化为主脉，针对不同区域的资源特色和资源类型进行合理的生态旅游资源整合。一个景点的吸引力可能不足以吸引大量游客，但是若干景点的有效组合，则会更有效地提升区域生态旅游竞争力。辽西北地域辽阔，旅游资源类型丰富。从宏观来说，北部山前带以长城为核心的自然观光、辽西的生态修复体验和以工业文明展示为核心的工业文化体验以及滨海观光度假各具特色，应该加以整体组合和优化，提升区域旅游竞争力。从微观来说，辽西北景点数量多，散布于各地，这些景点更应该挖掘自身特色，比如，区域内具有丰富的温泉旅游资源，所以应该着力开发与各类温泉相关的旅游、休闲、度假、康体产品，形成核心竞争力。

（五）丰富生态旅游产品，构建生态旅游支撑体系

生态旅游的开发离不开各式各样的生态旅游产品和项目，因此丰富而且具有异质性的生态旅游产品，对于生态旅游产业的形成至关重要。生态旅游产品不是一成不变的，需要持续进行开发和挖掘，以此构建生态旅游发展的支撑体系。因此，应该不断丰富生态旅游产品，通过生态旅游产品的开发，构建起辽西北的生态旅游产品体系。通过对生态旅游资源的梳理，积极构建辽西的生态观光、生态休闲度假等生态旅游产品体系。塑造好"生态"、"都市"、"海洋"、"文化"四大品牌，对生态旅游产品深度包装组合，形成多元化、个性化的产品组合，从而构

建起辽西的生态旅游支撑体系。

（六）挖掘历史文化，塑造文化品牌

做好地方民俗和历史传说故事的情感体验转化，以魅力、故事、娱乐为主题。魅力是随着故事场景变换获取的情感体验，娱乐是围绕故事情节递进展开的游憩方式，而故事则是内核，成功的旅游必定有属于自身的故事。要规划以文化为主题的公园项目，构建观赏非物质文化遗产的文化大舞台，设计以明、清文化为主题的观赏、购物、手工艺品制作项目，提供学跳秧歌等民俗体验等，以此铸就辽西旅游的文化骨架，推动体验式旅游，通过载体（包括建筑、传说、景区、展演、美食等形式）实现文化赏心悦目的阅读，提升了旅游的品格和情调，合成旅游的核心竞争力。辽西北文化资源丰富，应充分利用和整合工业文化、休闲文化、地域特色文化、红色文化、历史文化和名人文化六大文化产业链为旅游所用。加强旅游产品的文化内涵与深度开发，并制定各种激励文化产业发展的开放性政策，为文化产业的发展创造一个宽松的政策环境。

（七）打造生态旅游精品，塑造生态旅游品牌

辽西北要发展生态旅游，不能仅仅依靠恢复的生态资源，同时必须充分挖掘和利用其他特色生态旅游资源，进行有机整合，连点成线，由线及面，互为补充，取长补短，丰富生态旅游资源内容，深化生态旅游资源内涵，提升生态旅游的资源品质。即不仅要打造生态旅游产品，更要打造有影响力的生态旅游精品。通过对本地区旅游资源的整合开发利用，选择影响力大、品质优良、特色鲜明的旅游景点进行深度开发、科学整合，打造具有代表性的、差异性的旅游精品，提升本地区的整体旅游形象。如在科学发展理念的指导下，将生态旅游与绿色工业相结合，开发生态工业旅游，提升旅游活动的科学价值，使旅游者获得好的旅游体验的同时践行生态环保理念。同时打造生态工业旅游产品还可以将新型工业同传统工业有机结合，将工业文明的发展以缩影的形式较为完整地呈现出来，既有鲜明的新旧对比，又有完整的发展进程，提升生态工业旅游的完整性和科学价值，打造别具一格、富有地方特色的生态旅游精品。此外，突出辽西北特点，将南部海滨度假与北部长城观光度假、中部城市文化体验三大主题功能区有效衔接，共同打造辽西北旅游品牌。以辽西北旅游大品牌为依托，用一系列的具体工作来落实，打造辽西北度假之地。利用各类国际国内旅游交易会、博览会扩大宣传力度，同时加强与北戴河、南戴河、黄金海岸的旅游合作与整合。突出异质、挖掘自身特点，形成差异化经营、特色化竞争，使其成为环渤海旅游链条的重要一环。

（八）积极培育和优化生态旅游产业链

加强生态旅游产业链的横向拓展，善于寻找生态旅游产业链与其他产业链的对接。例如，可以把生态旅游产业与工业对接，积极发展工业生态游；把生态旅游产业与农业对接，以农业生态观光园和农家乐为依托，大力发展农业生态观光游；通过开发当地土特产，拉长旅游商品链；把生态旅游产业与商务会展对接，以大型商务会展活动为媒介，努力推进生态旅游和商务会展的融合和互动。

加强生态旅游产业链的纵向延伸。通过推进旅游产品向生态休闲业态的转型，形成传统旅游产品和现代旅游资源的开发利用并行的局面，用新的理念来经营生态旅游，树立旅游市场资源的区域观，变地方性发展为区域性发展。旅游管理部门将协调景区、旅行社、宾馆饭店形成紧密有力的协作关系，与周边旅游城市形成资源整合、区域合作关系，实现产品共享、市场同拓。

第五章　辽宁乡村与沟域旅游发展集聚化

一、辽宁自然地理与旅游资源状况

辽宁省是一个多山的省份。山地面积 8.8 万平方千米，主要分布在辽宁东部区域、辽西和辽南地区，占全省土地总面积的 59.5%。全省有 32 个县（市）分布在以山地为主的区域，其中辽宁东部区域山区有 18 个县（市）、辽西山区有 11 个县（市），辽南山区有 3 个县（市）。山区县（市）土地大部分为 25°坡度，不宜耕种，适于发展农林业生产性沟域经济。辽宁省境内有中小河流大约 423 条，其中中型河流 45 条，总长约 16 万千米。主要有辽河、浑河、大凌河、太子河、绕阳河以及中华人民共和国、朝鲜民主主义人民共和国两国共有的界河鸭绿江等，境内大部分河流自东、西、北三个方向往中南部汇集流入渤海。

辽宁省是旅游资源丰富的大省，从类型结构方面分析，自然类和人文类旅游资源均各具特色，丰富多彩。按照国家《旅游资源分类、调查与评价》标准，通过调查与统计分析，辽宁省旅游资源类型主要包括 8 主类，27 亚类，106 个基本类型。辽宁省拥有全部 155 个基本类型中 68.4% 的种类。其中自然旅游资源有名山、岩溶地貌、海滨、温泉等，地文景观类旅游资源有 86 处，水域风光类、生物景观类旅游资源分别为 72 处、53 处。辽宁省的人文旅游资源也非常突出，文物古迹建筑类旅游资源近 300 处。辽宁旅游资源总体呈区、带、廊的板块式分布，整体上形成了大沈阳经济区、沿海旅游带的分布格局。辽宁省旅游资源分布广泛，名山、秀水、奇石、异洞等自然类旅游资源遍布全省；历史文化和民族民俗文化丰富，普遍分布与相对集中相结合。

空间分布上总体呈现出五大特征：一是以山与水、大森林与大农业、大城市与大边界相结合，形成资源集聚区；二是旅游资源密集区中景点的组合合理，便于集中开发；三是以城市为核心，形成重大城市为依托的旅游资源区；四是区域资源分布相对集中，各类旅游资源绝对丰度较大的地区为沈阳、大连等市，且各类旅游资源彼此重叠度较高；五是景区之间、景城之间、城城之间交通通畅性好，便于整合、联动开发。截至 2011 年，全省共有 A 级景区 217 处，其中有 149 处位于山区，占全省 A 级景区总量的 68.7%。

二、辽宁乡村与沟域旅游资源的独特条件

（一）辽宁沟域旅游资源的种类齐全

辽宁拥有坡地、林地、耕地、果菜地、牧草地、水域等多种资源，在旅游吸引物设计、旅游体验创新等方面具有极大的发展潜力。

（二）辽宁沟域旅游资源的气候组合丰富

全省年平均气温为 7~11℃，最高气温 30℃的天数年均不超过 40 天，湿度及温度适中，空气质量良好，适宜发展休闲型沟域旅游及相关联动产业。

（三）辽宁沟域旅游资源的生态组合平衡

全省森林覆盖率达 38.47%，森林景观的差异明显：东部山区林木观赏景观区以长白针、阔叶混交林区的柞树、桦树、杨树、柳树、椴树、油松、落叶松、红松等为主；西部山区植被主要以山脊或阳坡上分布的油松、刺槐林和柞树的混交林为主；东部山地的沟域分布比较集中，资源组合度高，药用资源如人参、党参、五味子、天麻、龙胆等，珍贵树种如紫杉、银杏、刺楸、水曲柳、黄菠萝、天女木兰等，保护物种如蝮蛇、爪鲵、赤狐等多样化构成了辽宁沟域旅游资源生态平衡的良好组合。

（四）辽宁沟域旅游资源空间分布广阔

目前，辽宁省沟域旅游资源覆盖全省 14 个市，与各区域中心城市距离适中。据统计全省初具开发建设规模的典型沟域旅游资源达 407 处，其中已开发并具有较高知名度的 A 类 43 处，有较高开发价值的 B 类 253 处，待开发的 C 类 111 处。规划组调研统计数据显示：沟域旅游资源覆盖辽宁省 14 个市，具体分布为沈阳市 23 处、大连市 35 处、鞍山市 26 处、抚顺市 72 处、本溪市 40 处、丹东市 30 处、锦州市 22 处、营口市 15 处、阜新市 21 处、辽阳市 28 处、盘锦市 9 处、铁岭市

42处、朝阳市14处和葫芦岛市30处。

辽宁省100个市县区中，具有沟域旅游资源的市县区共82个，各市县区具体分布数量见表5-1，各市的沟域资源分布比率如图5-1所示。

表5-1　辽宁省各市县区沟域旅游资源数量分布

单位：个

城市	县	区	县级市	分布数量	总数	镇	乡	村	分布总数	总数
沈阳市	2	4	1	7		3		2	12	
大连市	1	4	3	8				11	19	
鞍山市	2	2	1	5		4		5	14	
抚顺市	3	3		6		1	3	18	28	
本溪市	2	5		7			1	10	18	
丹东市	1	4	2	7	82	2	1	10	20	217
锦州市	2		2	4		1	2	4	11	
营口市		1	2	3		1		1	5	
阜新市	2	4		6			3	9	18	
辽阳市	1	3	1	5				1	6	
盘锦市	2	1		3					3	
铁岭市	3	4	2	9		12	6	1	28	
朝阳市	3	2	2	7				1	8	
葫芦岛市	2	2	1	5		1	16		22	

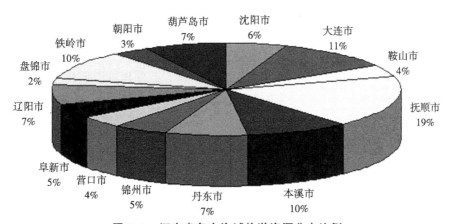

图5-1　辽宁省各市沟域旅游资源分布比例

全省82个具有沟域旅游资源的市县区中，县26个、县级市17个、区39个，市、县、区分别占20%、32%、48%。

（五）辽宁沟域特产丰富，提高旅游资源的附加值

提高沟域旅游收益，增加沟域旅游者满意度的关键环节之一就是将农产品及其加工品商品化。沟域地理环境中生产的农林牧果蔬等初级产品及其加工品是颇具代表性的吸引物，具有较高的商业价值。辽宁沟域旅游资源中可供开发的新产品和纪念品十分独特，种植加工基础良好，典型代表有沈阳的寒富苹果、大连的樱桃、鞍山的南果梨、本溪的野生菌、锦州北镇的鸭梨、辽阳的香水梨、盘锦的河蟹、铁岭的榛子、铁岭开原的大葱等。

辽宁省沟域旅游示范区目前正在评定中，其中沈阳市的棋盘山和马耳山、大连市的冰峪沟和"紫云花汐"、抚顺市的红河谷、本溪市的汤沟、丹东市的青山沟与梨树沟和天桥沟、阜新市的大青沟、铁岭市的凡河生态旅游文化谷、朝阳市的清风岭、葫芦岛市西沟长城等沟域旅游景区颇具市场竞争力和吸引力。在大连、抚顺、本溪、丹东等城市沟域分布相对密集，例如，仅本溪市本溪县就有具备开发价值沟域数十条；铁岭市铁岭县境内凡河生态旅游文化谷沟域全长 102 千米，包含 5 个乡镇，具有大甸子羊汤老街和当铺屯农家两大省级沟域旅游知名品牌。各地沟域旅游发展已具有一定的规模，经过科学系统的引导、培育可以形成知名沟域带动潜力沟域、大型沟域联动小型沟域的波浪式集群发展。

三、辽宁乡村与沟域旅游市场的上升趋势

全省实施乡村旅游"百、千、万"工程以来，共创建旅游强县（区）28 个，其中全国旅游强县 1 个，全国休闲农业与乡村旅游示范县 3 个。此外，全国休闲农业与乡村旅游示范点 6 个，全国特色旅游名镇 1 个，省级旅游特色乡镇 179 个，旅游专业村 600 个，农（渔）家乐 7934 个。全省涉农国家 A 级旅游景区 149 家。2011 年，全省乡村旅游收入 436.98 亿元，接待游客人数达到 1.09 亿人次，如图 5-2 至图 5-7 所示。

辽宁乡村基础设施建设较好，根据辽宁"十二五"规划纲要中社会主义新农村建设目标的要求，将逐步建立和完善乡村基础设施体系。

2011~2015 年，沟域旅游收入分别占全省旅游总收入的 4.1%、4.8%、5.6%、7.2% 和 7.7%（如图 5-8 所示），沟域旅游收入年递增 38.6%（如图 5-9 所示）。

2011~2015 年，沟域旅游人数占全省旅游总人数的比例分别为 9.8%、12%、14.2%、17.2% 和 20.7%（如图 5-10 所示）。

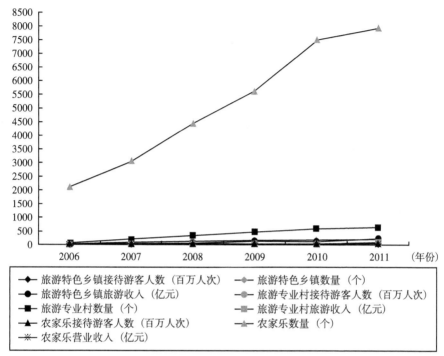

图 5-2 辽宁省乡村旅游情况汇总

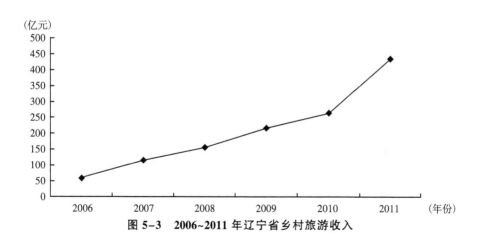

图 5-3 2006~2011 年辽宁省乡村旅游收入

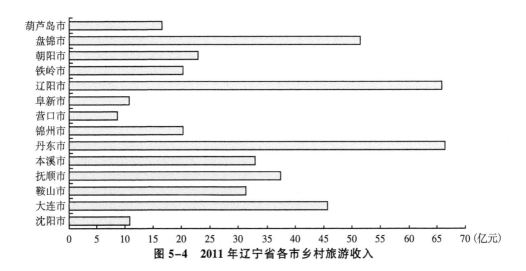

图 5-4　2011 年辽宁省各市乡村旅游收入

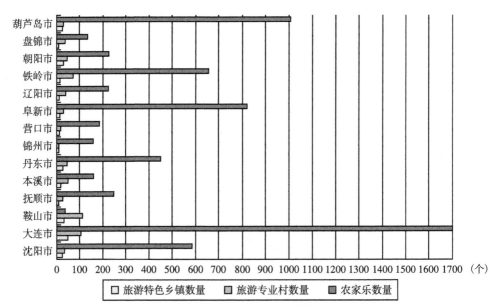

图 5-5　辽宁省各市旅游特色乡镇、旅游专业村、农家乐数量

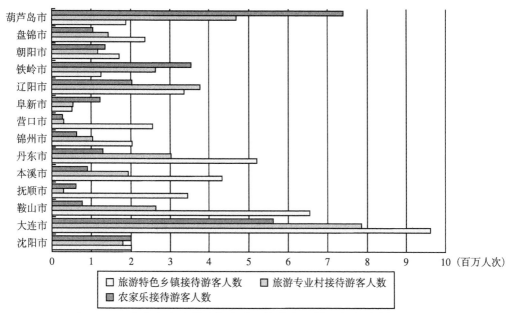

图5-6　辽宁省各市旅游特色乡镇、旅游专业村、农家乐接待人数

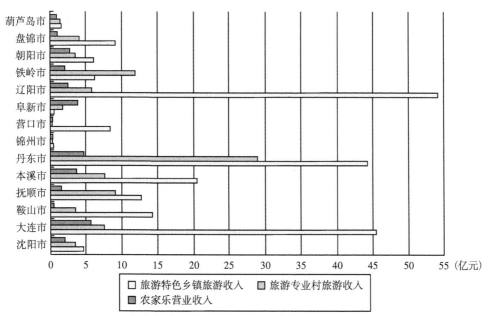

图5-7　辽宁省各市旅游特色乡镇、旅游专业村、农家乐旅游收入

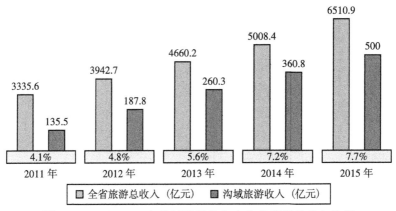

图 5-8 2011~2015 年沟域旅游收入占全省旅游总收入比例

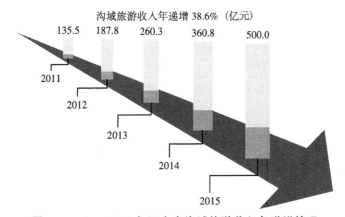

图 5-9 2011~2015 年辽宁省沟域旅游收入年递增情况

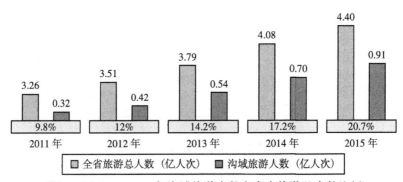

图 5-10 2011~2015 年沟域旅游人数占全省旅游总人数比例

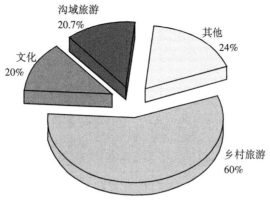

图 5-11 2015 年辽宁省旅游人数组成预测

四、辽宁乡村与沟域旅游产品现状

辽宁省乡村旅游为了能满足大众对乡村旅游品牌的多样性、内容的丰富性和体验的差异性的需求，已经形成了由全国休闲农业与乡村旅游示范点、观光农业示范园、省级农家乐休闲旅游特色乡镇、乡村景区、民俗旅游村、休闲度假村及乡村节事构成的乡村旅游重点项目及产品体系。

（一）涉农 A 级旅游景区

辽宁乡村旅游景点数量众多、类型丰富，覆盖全省。从分布看，近郊乡村景区相对较少，中远郊乡村景区较多。目前辽宁省共有 197 个 A 级景区，其中涉农市（县）区 A 级景区 144 处（5A 级 2 处、4A 级 34 处、3A 级 49 处、2A 级 52处、1A 级 7 处），占全省 A 级景区总量的 2/3（72.1%）（见表2）。

表 5-2 辽宁省乡村 A 级景区

等级	景区名称	市区县
5A	沈阳市植物园	沈阳市东陵区
	大连金石滩国家旅游度假区	大连市金马新区
4A	沈阳棋盘山国际风景旅游开发区	沈阳市东陵区
	沈阳绿岛旅游度假区	沈阳市苏家屯区
	沈阳市怪坡风景区	沈阳市北部新城子区
	沈阳三农博览园	新民市大柳屯镇长岗子村

续表

等级	景区名称	市区县
4A	大连冰峪省级旅游度假区	大连市庄河市仙人洞镇
	大连市关向应纪念馆	大连市金州区
	鞍山千山国家风景名胜区	鞍山市东南部
	抚顺赫图阿拉城	抚顺市新宾满族自治县
	新宾猴石国家森林公园	抚顺市新宾满族自治县
	清原红河峡谷漂流	抚顺市清原满族自治县
	抚顺市和睦国家森林公园	抚顺市新宾满族自治县
	本溪水洞国家风景名胜区	本溪市本溪满族自治县
	本溪关门山国家级森林公园	本溪市本溪满族自治县
	桓仁五女山风景区	本溪市桓仁满族自治县
	本溪关门山风景区	本溪市本溪满族自治县
	本溪大雅河漂流景区	本溪市桓仁满族自治县
	丹东鸭绿江国家风景名胜区	丹东市沿江开发区
	丹东五龙山风景区	丹东市西北部
	丹东凤凰山国家风景名胜区	丹东凤城市
	宽甸天桥沟国家森林公园	丹东市宽甸满族自治县
	宽甸天华山风景名胜区	丹东市宽甸满族自治县
	锦州笔架山旅游区	锦州市开发区
	锦州市北镇医巫闾山大芦花风景区	锦州北镇市
	锦州市义县奉国寺景区	锦州市义县
	营口市望儿山风景旅游区	营口市经济技术开发区
	阜新市海棠山风景区	阜新市阜蒙县大板镇
	铁岭清河省级旅游度假区	铁岭市清河区
	铁岭市蒸汽机车博物馆	铁岭市调兵山市晓南镇
	盘锦红海滩风景区	盘锦市赵圈河乡
	盘锦苇海鼎翔旅游度假区	盘锦市西郊
	兴城海滨国家风景名胜区	兴城市区东南 8 千米处
	兴城龙湾海滨风景区	葫芦岛市龙湾新区
	葫芦岛市葫芦山庄	葫芦岛市龙港区
	葫芦岛市绥中九门口水上长城	葫芦岛市绥中县
3A	沈阳仙子湖风景旅游度假区	沈阳新民市前当堡镇
	中华寺风景区	抚顺市抚顺县与沈阳市东陵区交界处
	沈阳白清寨滑雪场	沈阳市苏家屯区
	沈阳财湖旅游度假区	沈阳市法库县
	大连仙浴湾省级旅游度假区	大连瓦房店市仙浴湾镇
	大连安波温泉旅游度假区	大连普兰店市安波镇
	大连市金龙寺国家森林公园	大连市甘井子区

续表

等级	景区名称	市区县
	大连市大黑山风景区	大连市金州区
	大连长海县大长山岛镇风景区	大连市长海县
	鞍山汤岗子温泉旅游度假区	鞍山市千山区
	鞍山台安张学良故居风景区	鞍山市台安县
	鞍山千山区双龙山旅游景区	鞍山市千山区
	海城牛庄旅游风景区	鞍山海城市牛庄镇
	岫岩冰湖旅游度假区	鞍山市岫岩满族自治县
	抚顺市元帅林	抚顺市高丽营子村
	抚顺萨尔浒旅游度假区	抚顺市东洲区
	抚顺三块石国家森林公园	抚顺市抚顺县
	抚顺皇家海洋乐园	抚顺市高湾经济区
	本溪桓仁望天洞景区	本溪市桓仁满族自治县
	本溪观音阁水库景区	本溪市本溪满族自治县
	本溪汤沟森林公园	本溪市满族自治县
	丹东宽甸黄椅山森林公园	丹东市宽甸满族自治县
	丹东大孤山风景名胜区	丹东东港市
	丹东大鹿岛风景名胜区	丹东东港市
3A	丹东獐岛旅游景区	丹东东港市
	锦州凌海萧军纪念馆	锦州凌海市萧军公园
	锦州凌海吴楚庄园	锦州凌海市白台子乡
	锦州凌海岩井寺	锦州凌海市温滴楼满族乡
	营口月亮湖公园	营口市鲅鱼圈区
	阜新大清沟景区	阜新市彰武县
	辽阳葠窝水库景区	辽阳市弓长岭区
	辽阳龙峰山风景区	辽阳市辽阳县下达河乡
	辽阳弓长岭滑雪场	辽阳市弓长岭区
	辽阳龙石风景旅游区	辽阳市宏伟区
	铁岭冰砬山旅游风景区	铁岭市西丰县
	铁岭龙山高尔夫（辽宁职业学院）景区	铁岭市新城区
	铁岭西丰城子山省级森林公园	铁岭市西丰县
	铁岭调兵山风景区	铁岭调兵山市
	铁岭蟠龙山风景区	铁岭市经济开发区
	朝阳凤凰山国家森林公园	朝阳市城区东部
	朝阳大黑山国家级森林公园	朝阳北票市西北部
	朝阳建平天秀山旅游区	朝阳市建平县
	朝阳千佛洞旅游区	朝阳市朝阳县
	盘锦湖滨公园	盘锦市双台子区

等级	景区名称	市区县
3A	盘锦知青总部	盘锦市大洼县
	盘锦辽河绿水湾景区	盘锦市大洼县
	兴城菊花岛旅游风景区	葫芦岛兴城市
	白狼山风景区	葫芦岛市建昌县
	建昌龙潭大峡谷景区	葫芦岛市建昌县
2A	法库五龙山风景区	沈阳市法库县
	沈阳陨石科普基地旅游区	沈阳市东陵区
	沈阳水洞风景区	沈阳市苏家屯区
	辽宁三利生态农业观光园	沈阳市新城子区
	沈阳七星山旅游风景区	沈阳市沈北新区
	庄河市黑岛旅游度假区	大连庄河市黑岛镇
	庄河市蛤蜊岛旅游区	大连庄河市
	庄河市城山古城旅游区	大连庄河市
	长海县广鹿岛老铁山风景区	大连市长海县
	长海县獐子岛鹰嘴石风景区	大连市长海县
	大连万家岭老帽山旅游度假区	大连瓦房店市万家岭镇
	大连骆驼山海滨森林公园	大连瓦房店市驼山乡
	鞍山千山金湖旅游景区	鞍山市千山区
	海城白云山风景区	鞍山海城市的孤山镇
	岫岩龙潭湾风景区	鞍山市岫岩满族自治县
	海城九龙川自然保护区	鞍山海城市
	岫岩药山风景区	鞍山市岫岩满族自治县
	抚顺夏湖军旅生活旅游度假区	抚顺市清原满族自治县
	本溪铁刹山风景区	本溪市本溪满族自治县
	本溪湖公园	本溪市本溪满族自治县
	本溪东风湖旅游度假村	本溪市溪湖区
	本溪金海水晶宫旅游区	本溪市石桥子开发区
	本溪天龙洞风景区	本溪市本溪满族自治县
	本溪大冰沟森林公园	本溪市南芬区
	义县万佛堂石窟	锦州市义县
	义县宜州化石馆	锦州市义县
	阜新千佛山风景区	阜新市彰武县
	阜新瑞应寺风景区	阜新市阜新蒙古族自治县
	阜新三塔沟自然生态旅游区	阜新市阜新蒙古族自治县
	阜新乌兰木图山风景区	阜新市阜新蒙古族自治县
	阜新关山风景区	阜新市阜新蒙古族自治县
	辽阳汤河风景区	辽阳市弓长岭区

续表

等级	景区名称	市区县
2A	辽阳冷热地公园	辽阳市弓长岭区
	铁岭调兵山风景区	铁岭调兵山市
	铁岭县榛子岭旅游度假区	铁岭市铁岭县
	铁岭开原象牙山旅游景区	铁岭市开原市
	铁岭昌图太阳山风景区	铁岭市昌图县
	朝阳槐树洞风景区	朝阳市朝阳县
	朝阳阎王鼻子风景旅游区	朝阳市朝阳县
	朝阳清风岭风景区	朝阳市朝阳县
	朝阳白石水库风景区	朝阳北票市
	朝阳喀左天成观	朝阳市喀左蒙古族自治县
	朝阳桃花山风景区	朝阳北票市桃花吐镇
	朝阳市星源生态旅游区	朝阳市龙城区
	喀喇沁王陵景区	朝阳市建平县
	北票市惠宁寺	朝阳北票市下府蒙古族自治乡
	盘锦鑫安源绿色生态园	盘锦市陈家乡
	葫芦岛圣水寺	葫芦岛市杨家杖子镇
	葫芦岛市人文纪念公园	葫芦岛市连山区
	葫芦岛红螺山风景区	葫芦岛市钢屯镇
	葫芦岛乌云山生态休闲农庄景区	葫芦岛市连山区
	岫岩清凉山风景区	鞍山市岫岩满族自治县
1A	海城卧鹿山效圣寺旅游区	鞍山市岫岩满族自治县
	海城东四方台温泉度假区	鞍山海城市东四方台镇
	鞍山罗圈背风景区	鞍山市岫岩满族自治县
	阜新东郊湖风景区	阜新市新邱区
	本溪山河天然浴场旅游区	本溪市南芬区
	建平喇嘛山风景区	朝阳市建平县
	北票燕湖园风景区	朝阳北票市

(二) 示范点

全国农业旅游示范点、全国休闲农业与乡村旅游示范点（见表5-3、表5-4）。

表5-3　辽宁省全国农业旅游示范点（37家）

1	沈阳市中小学生农业实践基地（2004年）	5	辽宁樱桃谷现代农业园（2005年）
2	沈阳乐农庄园（2006年）	6	大连弘峰集团（2004年）
3	沈阳三山梅花鹿养殖基地（2005年）	7	大连石河少数民族经济发展区（2004年）
4	沈阳五龙山风景区（2005年）	8	大连金科生态园艺场（2004年）

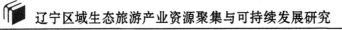

续表

9	旅顺盛莱农庄（2005年）	24	本溪市虹鳟鱼良种场（2004年）
10	大连甘井子区三兹和村（2005年）	25	本溪市明山绿色生态园（2004年）
11	大连甘井子区岔鞍村（2005年）	26	本溪思山岭乡三道河桃园度假村（2005年）
12	大连大魏家镇后石村（2005年）	27	凤城大梨树村生态农业观光旅游区（2004年）
13	大连石河镇东沟村（2005年）	28	北宁闾山农业旅游区（2004年）
14	大连向应镇兰花基地（2005年）	29	锦州松山生态园（2005年）
15	大连棒棰岛海参殖基地（2005年）	30	营口双台子温泉旅游度假区（2005年）
16	大连长青现代农业园（2005年）	31	西丰县冰砾山森林资源开发有限公司（2005年）
17	长海县大长山渔家海岛（2005年）	32	北票桃园山庄生态旅游区（2005年）
18	长海县哈仙岛渔家海岛（2005年）	33	葫芦岛宏业集团现代农业园区（2005年）
19	大连金石滩金贝广场（2005年）	34	盘锦鑫安源绿色生态园（2004年）
20	庄河海王九岛（2005年）	35	盘锦东盛园艺基地（2005年）
21	鞍山八木井双龙山景区（2005年）	36	盘锦鼎翔生态农业观光园（2006年）
22	鞍山网户屯村（2005年）	37	辽河兰丰绿水湾（2006年）
23	抚顺县三块石佟庄子农家乐（2005年）		

表5-4 全国休闲农业与乡村旅游示范点

全国休闲农业与乡村旅游示范县区	2010年	大连金州新区、抚顺清原满族自治县
全国特色景观旅游名镇	2009年	盘锦市大洼县王家镇
休闲农业旅游示范点	2010年	丹东大梨树生态农业观光旅游区
		阜新桃李园民族文化村有限公司
		葫芦岛葫芦山庄有限公司

（三）民俗旅游村

目前辽宁省共有578个村开展乡村旅游，28个民俗旅游村。从分布看，民俗村分布在文化丰富地区，地域分布成四大特征：一是沿山区分布的；二是沿丘陵区分布的；三是沿滨海分布的；四是沿中间平原分布的（见表5-5）。

表5-5 辽宁省乡村民俗旅游村

区县	乡镇	民俗村
沈阳市东陵区	李相镇	陨石山满族民俗村
沈阳市	新民	马家套农庄
沈阳苏家屯区	陈相镇	菲菲澳家新村
沈阳市	棋盘山风景区	花果山神秘谷风景区
沈阳市东陵区	浑河站朝鲜族乡	朝鲜族民俗村
大连市普兰店市	乐甲满族乡	乐甲村满族风情

续表

区县	乡镇	民俗村
大连金州区	石河街道	满族风情游
大连金州区	向应镇	红色经典游
大连市郊	刘家村	三兹和休闲农庄
大连市	旅顺口区	水师营小南村
鞍山岫岩满族自治县	岫岩镇	岫玉之乡游
抚顺市清原满族自治县	清原镇	农家小院游
抚顺市抚顺县	后安镇	抚顺高丽民俗村
抚顺市抚顺县	后安镇	三块石佟庄子民俗村
抚顺市新宾满族自治县	上夹河镇	根艺之乡游
抚顺新宾满族自治县	永陵镇	清前史迹游
本溪明山区	卧龙镇	同泉休闲民俗村
丹东市	宽甸县	朝鲜族民俗村
锦州凌海市	余镇	茶山民俗村
铁岭清河区	张相镇	满族风情游
锦州义县		契丹民俗村
铁岭市	开原	开原大戏院
盘锦市大洼县	田庄台镇	民俗商贸游
阜新市阜新蒙古族自治县	大板镇	敖包文化游
阜新市阜新蒙古族自治县	佛寺镇	蒙古族民俗
朝阳市喀左蒙古族自治县	南哨镇	蒙古族风情游
朝阳市喀左蒙古族自治县	南公营子镇	蒙古族风情游
葫芦岛市	葫芦岛	葫芦山庄

（四）休闲度假村

目前辽宁省已经形成一批休闲度假村，主要的依托资源有生态农业、温泉、森林、景区等，从分布情况看，休闲村主要分布在下列区域（见表5-6）。

表5-6　辽宁省休闲度假区/村

市区县	休闲度假区/村名称
沈阳苏家屯区	沈阳绿岛旅游度假区
沈阳市法库县	沈阳财湖旅游度假区
新民市当前堡镇	沈阳仙子湖风景旅游度假区
大连市金马新区	大连金石滩国家旅游度假区
大连市瓦房店市	大连仙浴湾省级旅游度假区
大连瓦房店市万家岭镇	大连万家岭老帽山旅游度假区
大连市普兰店市安波镇	大连安波温泉旅游度假区

续表

市区县	休闲度假区/村名称
大连市庄河市黑岛镇	大连庄河市黑岛旅游度假区
大连市庄河市仙人洞镇	大连冰峪省级旅游度假区
大连市长海县	大连长山群岛国际旅游度假区
鞍山市千山区	鞍山汤岗子温泉旅游度假区
鞍山市岫岩满族自治县	岫岩冰湖旅游度假区
本溪市本溪县	本溪水洞温泉旅游度假区
本溪市溪湖区	本溪东风湖旅游度假村
营口市熊岳镇	营口天沐温泉旅游度假村
盘锦市兴隆台区	盘锦苇海鼎翔生态旅游度假区
铁岭市清河区	铁岭清河省级旅游度假区
辽阳市弓长岭区	辽阳汤河温泉度假村
辽阳市弓长岭区	华表山森林度假村
抚顺市清原满族自治县	抚顺夏湖军旅生活旅游度假区
抚顺市东洲区	抚顺萨尔浒旅游度假区

（五）观光农业园

从分布看，各市区县已建成一批具有一定规模的观光农业园（见表5-7）。

表5-7　辽宁省观光农业园一览

市区县	观光农业园名称
沈阳市于洪区	小韩村农业休闲观光园
铁岭市银州区	柴河农业休闲观光园
朝阳凌源市	朝阳杏花川生态观光园
	朝阳凌源花卉生态观光园

（六）乡村节事节会

乡村节事旅游项目是推进市民到乡村的动力。目前，辽宁省已经发展出具有代表性的乡村节事旅游项目，总结节事类型及代表性项目如表5-8所示：

表5-8　辽宁省乡村节事/节会活动一览

市区县	乡村节事名称
沈阳市	乡村旅游采摘节
大连市	旅顺樱花节
	樱桃采摘节
	长山群岛国际钓鱼节

续表

市区县	乡村节事名称
鞍山市	鞍山海城国际民间艺术节
	南果梨采摘节
	鞍山民俗文化节
	鞍山宝玉石博览会
抚顺市	中国满族风情国际旅游节
	中国满族文化美食节
本溪市	国际枫叶节
丹东市	丹东桃花节
	丹东海鲜节
	丹东观鸟节
	丹东杜鹃花会
锦州市	锦州北镇梨花节
	锦州北普陀山采桑节
营口市	营口杜鹃花节（大石桥市）
	营口杏花节
	营口采摘节（盖州市）
铁岭市	铁岭国际民间艺术节
	铁岭最美乡村和特色山庄评选活动
	铁岭盛夏果实采摘大会
	铁岭生态休闲旅游发展论坛
盘锦市	红海滩观赏会
	中国最美湿地观鸟季
	中国盘锦国际湿地旅游周
	鑫安源荷花节
	休闲捕鱼节
	盘锦河蟹节
	乡村旅游采摘节（盘山县）
葫芦岛市	葫芦岛乡村垂钓节

（七）沟域旅游产品目前形成了三类典型代表

A 类：已开发的并已形成品牌的沟域旅游资源；B 类：已开发且有较高价值，有一定知名度的沟域旅游资源；C 类：一般性或待开发沟域旅游资源（见表 5-9）。

表5-9　辽宁省沟域旅游资源普查

序号	城市	县区	沟域名称	资源分类	资源特色	经济规模（亿元）
1	沈阳市	苏家屯区	白清寨街道广福寺	B	自然山水景观	10
2			白清寨街道鸡仙岭	B	自然山水景观	10
3			大沟街道东山口水库	C	自然山水林果种植	
4			姚千街道马耳山	B	果蔬采摘、自然山水	20
5		浑南新区	王滨街道疙瘩沟	B	远郊休闲农业	12
6			王兰寺沟	B		10
7			古陨石山沟域	B		10
8		沈北新区	马刚街道马泉沟	B	薰衣草庄园	40
9			马刚街道苇塘沟	B	休闲度假区	70
10			马刚街道中寺村	B	民俗风情	55
11			怪坡风景区梨花湖	B	休闲度假区	60
12		新民市	前当堡镇双水湖	B		55
13			蒲河廊道（兴隆堡镇）	B	温泉度假	10
14			兴隆堡镇温查牛村	B	民俗风情	10
15			柳河沟镇	C	棚菜种植	30
16			巴尔虎山	B	民族风情	30
17			财湖风景区	B	自然山水	60
18		辽中县	蒲河（辽中段）近海	B	生态度假区	10.5
19			蒲河（辽中段）湿地	B	国家公园	20
20			城郊镇	B	生态娱乐	
21			蒲河（辽中段）珍珠湖	B	生态观光	30
22		于洪区	蒲河生态廊道	A	休闲度假区	35
23		康平县	卧龙湖景区	B		15
24	大连市	甘井子区	棠梨沟	C		
25			营城子镇双台沟村	B		12
26		金州新区	石河镇东沟村	C		
27			大黑山	B	休闲度假区	200
28			向应街道土门子村	A	"紫云花汐"花田园	
29		瓦房店市	谢屯镇前进园	B		5
30			许屯镇腰屯村	B		5.4
31			星台镇大王山沟	B		10
32			齐福山	B		10
33			万家岭老帽山	C	自然山水	
34			冯沟村	C		
35			刘沟村	C		
36			潘家沟村	C		

续表

序号	城市	县区	沟域名称	资源分类	资源特色	经济规模（亿元）
37	大连市	普兰店市	东沟	A	民俗一条街	10
38			梨树沟	B	温泉度假	10
39			俭汤	A	休闲度假	20
40			老汀山大院	C		
41			矮沟村	C		
42			葡萄沟村	C		
43		庄河市	冰峪沟	A	自然山水	
44			歇马山庄	B		
45			金线沟	B	果蔬种植	
46			仙人洞镇玉泉河	B		
47			桂云花乡银月湾	B		
48			菜园村夹河	B		
49			金房水库	B		
50			城山村北姜水库	B		
51			马庙村老染房水库	B		
52			吉庆村冷屯果园	B		
53			恒利村盖屯水库	B		
54			步云山	A	温泉度假	39
55			石城岛乡	B		200
56			天一庄园	C	果树种植	
57			冰峪酒庄	C	葡萄种植、酿酒	
58			玉泉河庄园	C		
59		旅顺口区	铁山街道张家村	B		150
60			南天门山沟村	B		40
61			元宝山	B		41
62			小孤山	B		10.5
63			松树山	B	森林公园	10
64		长海县	小长山岛	B		33
65			大长山岛	B		50
66		保税区	亮甲店街道岔山村	B		30
67			亮甲店街道蚕场村	B		10
68	鞍山市	千山区	沟家寨村	C		
69		文旅区	太平古	B	养生休闲	2
70		海城市	南台镇茨沟村	B	国家农业观光园	12
71			白云山蟒沟	B	农业观光园	12
72			九龙川风景区	B		11
73			腾鳌镇	A	温泉度假	260

续表

序号	城市	县区	沟域名称	资源分类	资源特色	经济规模（亿元）
74	鞍山市	海城市	王沟村	C	养殖业	
75			岔沟镇	C		
76		岫岩满族自治县	玉龙山	B		15
77			玉皇山	B		10
78			哨子河乡哨子河村	B		30
79			汤沟镇	C		
80			苏子沟镇	C	千亩红松林、白天鹅	
81			岭沟村	C	草莓种植	
82		台安县	八角台	B		11
83			辽河生态观光园	B		5
84			大麦科	B	湿地观光	12
85	抚顺市	顺城区	上寺沟	B	风景区、水上旅游项目	15
86			台山村	B	健康养生	10
87			房身沟	B	民族风情	10
88			砖台沟	B	生态农业观光	15
89			高尔山	B	观光度假	14
90			太平水库	C		
91			公家水库	C		
92			上林园	C	农业采摘	
93		新抚区	千金乡窑财满族风情小镇	B	满族风情建筑群	0.1
94			千金乡影视基地	B	大唐文化影视基地	0.2
95		东洲区	万家沟	B	农家乐	
96			兰山乡紫花沟	B	风景区	0.5
97			果岭假日俱乐部	B	商务、会议中心	
98			石岭村	B	森林公园	
99		抚顺县	三块石森林公园	A	3A级旅游景区、国家级森林公园	0.72
100			青龙寺	A	宗教旅游	1.2
101			海林禅寺	B	宗教旅游	0.5
102			石文镇绿缘山庄	B	农业采摘	280万元
103			东沟水库生态旅游度假区	B	水上旅游项目、农业采摘	200万元
104			太平村小西岔度假村	B	农家乐、农业采摘	200万元
105			草盆方塘度假村	B	农业采摘	200万元
106			救兵乡朝阳寺	B	宗教旅游	200万元
107			海浪乡	B	农业采摘	420万元
108			乔木园山庄	B	茶园、体育休闲	950万元

续表

序号	城市	县区	沟域名称	资源分类	资源特色	经济规模（亿元）
109			兴国寺	B	宗教旅游	200万元
110			上马乡白鹭岛	B	风景区	300万元
111			村后山前沟	B	温泉生态	30
112			后安镇东道沟	B	民俗风情	10
113			郑家大背沟	B		28
114			老黑槽沟	B	滑雪场	10
115			后安镇王叉沟	B		10
116		抚顺县	温道林场	B		10
117			三块石国家森林公园温泉	C	温泉旅游	
118			柜子石风景区	C	风景区	
119			天女山	C	风景区	
120			太平大西岔	C	防空洞打造的度假村	
121			马圈子乡	C	沈抚县委旧址	
122			上马乡萨尔浒山	C	风景区	
123			后安镇佟庄子关东民俗村	C	关东民俗游	
124			长垄地沟	C	满族风情游	
125	抚顺市		红河沟域旅游集聚区	A	漂流、农家乐、农业采摘	
126			南口前王家堡	B	宗教旅游、百合种植基地	
127			北三家	B	水洞、荷花种植基地	
128			湾甸子	C	冬季滑雪	
129			南口前暖泉子村	C	农业采摘	
130			清源镇猴石沟村	C	农业采摘、红南果梨种植	
131			枸乃甸红石砬子村	C	探险、攀岩、红叶观赏	
132		清原满族自治县	夏家堡砬子山村	C	风景区	
133			英额门东砬门村	C	水上旅游项目	
134			红透山六家子村	C	农家乐	
135			南口前康家堡	C	农家乐	
136			大苏河乡	C	原始次生林	
137			大孤家种子园	C	农业采摘	
138			敖家堡台沟	C	农家乐	
139			南山城三间房	C	红色旅游	
140			枸乃甸筐子沟	C	红色旅游	
141			沟门口村	C		
142			罗圈沟村	C		

序号	城市	县区	沟域名称	资源分类	资源特色	经济规模（亿元）
143	抚顺市	新宾满族自治县	和睦森林公园	A	4A 级旅游景区、国家级森林公园	
144			妈妈沟	B	农家乐	0.8
145			鸦鹊关度假村	B	农家乐	11
146			龙岗山	B	风景区、农家乐	
147			四平乡大青沟	B	农家乐	
148			响水河乡错草沟	B	森林公园	10
149			神树、柜石哈达景区	B		10
150			木奇镇大房子村	B		11
151			赫图阿拉城	B		
152			哈塘沟	B		10
153			永陵镇下元村	B		10
154			长岭子村	B		11
155			古勒城	B		10
156			永陵镇嘉禾村	B		19
157	本溪市	南芬区	大冰沟	A	森林公园	10
158			郭家街道解放村大峡谷	B		12
159			下马塘村	B	生态观光	13
160			杨木沟	C		
161		平山区	转山沟	B		18
162		明山区	金坑村	B		15
163		溪湖区	三会厂南沟东风湖	B	温泉冰雪游	10
164			高程寨	B	生态采摘	5
165			怪石洞	B	户外运动	3
166		本溪水洞	水洞玉京山	B		6
167		高新区	高新区康体游乐园	B		40
168		本溪满族自治县	汤沟（绿石谷）	A	风景区、温泉	21
169			老边沟	A	森林、枫叶观赏	
170			羊湖沟	A	原始森林、枫叶观赏	4.5
171			铁刹山丫口	B	宗教文化	3.5
172			湖里村	B	森林公园	16
173			大错草沟	B	休闲度假	16
174			大福禄沟	B		12
175			鸡冠砬子沟	B		12
176			小市镇马平沟	B		5
177			黄柏峪	B		25
178			久才峪	B		15

续表

序号	城市	县区	沟域名称	资源分类	资源特色	经济规模（亿元）
179	本溪市	本溪满族自治县	城沟	C		
180			长春沟	C		
181			磙子沟	C		
182		桓仁满族自治县	大南沟	B	森林养生	
183			大川村	B	森林温泉	13.8
184			南边石哈达村	B		20
185			大甲砬子云峰峡	B		10
186			虎谷峡	B		11
187			和平林场	B		13
188			蜂蜜沟	B		10
189			瓦房村	B		10
190			铧尖子村	B		10
191			刘家沟村	B	高丽王城遗址	10
192			二棚甸子村	C	酿酒、林下参种植	
193			巨户沟	C		
194			横道川村	C		
195			四平村刀尖岭	C		
196			黑沟乡	C		
197	丹东市	振兴区	汤池镇	B	温泉度假	5
198			窑沟村	C	果树种植	
199		振安区	同兴村	B		30
200		元宝区	金山镇黑沟村水库	B		10
201		大孤山经济区	大孤山东山沟	B	风景区	10
202			大孤山湿地	B		10
203		东港市	黑沟镇	C		
204		凤城市	大梨树沟	A	风景区	2
205		宽甸满族自治县	青山沟风景名胜区	A	风景区	21
206			虎塘沟景区	A	风景区	
207			天桥沟国家森林公园	A	国家森林公园	
208			黄椅山（亮子沟）	B	风景区	17
209			通天沟	B		11
210			古城里	B		15
211			草河山东沟村	B	温泉度假	14
212			碑沟	B	边境风情	55
213			城厢村	B		3
214			拉古哨村水丰湖	B		45
215			大边沟	B		15

续表

序号	城市	县区	沟域名称	资源分类	资源特色	经济规模（亿元）
216	丹东市	宽甸满族自治县	河口断桥	C		
217			石湖沟乡	C		
218			安平河休闲度假区	B		
219			长岗子沟九水峡漂流景区	B		
220			三道湾乡村生态旅游	B		
221			大川头镇头道沟村	B	森林公园	
222			振江镇绿江村	B	文化产业	
223			宽甸满族自治县下露河朝鲜族乡通江村	B		
224			毛甸子镇宝石村	C		
225			杨木川镇白鹭村	C		
226			灌水镇团结村	C		
227	锦州市	凌海市	白台子乡荒地村	B	山庄农业	10
228			大有产业园区	B	温泉度假	20
229			沈家台沟	B	休闲度假	20
230			板石沟乡	C		
231		义县	福山万佛石窟	B	宗教文化	5.5
232			玉龙山	B	文化产业	17
233			奉国寺	B	文化产业	15
234			宝林楼	B	旅游度假区	11
235			老爷岭	B	旅游度假村	4.3
236			留龙沟满族乡	C		
237			大石湖	C		
238			瓦子峪镇	C		
239			八塔山	C		
240			前杨乡化石地质公园	C		
241			金刚山脉	C		
242		北镇市	闾山风景区	A	风景名胜区	10
243			常兴店镇沈屯鸽子洞沟	B		5
244			观音洞村	B	温泉度假	20
245			新立农场	B	湿地生态观光	10
246			常兴店镇观军场村	B		
247			龙岗村	B	农家乐休闲度假	
248		黑山县	太和镇龙湾	B	温泉度假	3.4
249	营口市	开发区	何家沟	A	冬季滑雪、CS训练场	30
250			橡山波尔多休闲度假村	B		10
251			双凤山	B		20

续表

序号	城市	县区	沟域名称	资源分类	资源特色	经济规模（亿元）
252	营口市	盖州市	万福圣水人家	B	农家乐休闲度假	
253			赤山沟域	B	省级风景名胜区	10
254			碧水天成农业观光园	B		10
255			雪帽山三道河	B	休闲度假	15
256			杨运镇	B	生态旅游	10
257			矿洞沟	C	自然风光	
258			贵子沟	C	自然风光	
259			陈屯	C	自然风光	
260		大石桥市	黄丫口	B	自然风光	10
261			周家镇碧森山庄	B		10
262			老轿顶	C	自然风光	
263			虎皮峪	C	度假村	
264	阜新市	太平区	水泉镇塔子沟	C	自然风光	
265		细河区	四合镇黄家沟村	A	近郊观光、休闲度假	15
266			太平沟村	C	花生种植	
267		海州区	韩家店镇东瓦村	C	水果采摘、农家餐饮	
268		新邱区	丁香湖旅游度假区	B	休闲度假	12
269		彰武县	大青沟	A	国家级旅游风景区	
270			小青沟	B	垂钓	
271			皇家牧场草原	B		60
272			大四家子乡胜利村	B	水果采摘、农家餐饮	
273			大冷乡程沟村	B	观光、休闲度假	
274			苇子沟蒙古族乡	C		
275		阜新蒙古族自治县	瑞应寺	B	温泉度假	50
276			海棠山	B	风景区	12
277			关山	B	风景区	12
278			七家子镇毛岭沟村	C		
279			国华乡两家子村、前进村	B	水果采摘、农家餐饮	
280			大巴镇车新村	C	观光度假、农家餐饮	
281			大板镇衙门村	C	民俗体验、水果采摘	
282			卧凤沟乡	C		
283			招束沟乡	C		
284			三塔沟	C	自然风光	
285	辽阳市	辽阳县	核伙沟森林公园	A	自然风光	10
286			龙峰山风景区	A	自然风光、宗教文化	10
287			首山风景区	B	自然风光、历史文化	
288			通明山风景区	B	自然风光	10

序号	城市	县区	沟域名称	资源分类	资源特色	经济规模（亿元）
289	辽阳市	辽阳县	八会华严寺风景区	B	自然风光宗教文化	10
290			甜水风景区（大黑山、摩天岭）	B	自然风光	10
291			鸡鸣寺风景区	B	自然风光	10
292			吉洞峪长寿沟生态农业观光园区	B	自然风光、农业生态	10
293			一担山沟	B	自然风光	10
294		灯塔市	燕州城风景区	B	自然风光、历史文化	
295			鸡冠山	B	自然风光	
296		文圣区	小屯野猫洞风景区	B	自然风光	
297			江官屯	B		16
298			小屯太河寺	C	自然风光、宗教文化	
299		宏伟区	石洞沟森林公园	A	森林公园	
300			龙石风景区	B		5
301		弓长岭区	汤河水库	A	自然风光	
302			参窝水库	A	自然风光	
303			弓长岭温泉滑雪场	A	自然风光、冰雪温泉	
304			华表山森林公园	B	自然风光	
305			汤河镇瓦子沟村	B	农业生态农家乐	
306			穆家坟	B	民俗风情	10
307			弓长新城	B		20
308			汤河新城	B		20
309			红花峪	B	滑雪	10
310			大溪沟	B		10
311			小道沟	B		10
312			庞家峪	B		
313	盘锦市	兴隆台区	鼎翔生态旅游度假区	A	乡村旅游示范区	
314		盘山县	鸳鸯沟	B	生态观鸟	12
315			三道沟	B	渔家风情	
316			东晟园艺基地	B		
317			马莲湖度假区	B		
318		大洼县	二界沟蛤蜊岗	B	国家级非物质文化保护地	13
319			辽河绿水湾风景区	B	国家3A级景区	10
320			振兴生态集团发展有限公司	C	生态农业	
321			鑫叶农业科技有限公司	C	生态农业	

续表

序号	城市	县区	沟域名称	资源分类	资源特色	经济规模（亿元）
322		银州区	七里屯铁锅炖餐饮一条街	B	特色餐饮	
323			柴河休闲旅游度假区	B		12
324		清河区	张相镇二台子村	B	朝鲜族文化	
325			渔港小镇	B		10
326			清河区旅游度假小镇	B		70
327		调兵山市	高丽沟	B	山水自然风光	
328			锁龙度假区	B		10
329		经济开发区	蟠龙山	B		20
330			帽峰山	B		12
331		铁岭新城	凡河都市沟域莲花湖	B	国家湿地公园	10
332	铁岭市	开原市	柴河旅游带（黄旗寨乡、靠山镇、马家寨乡）	A	白鹭洲自然保护区候鸟栖息地、湿地、柴河水上项目、靠山苗木花卉产业基地、龙泉寺宗教旅游项目	13
333			沙河旅游带（中固镇、松山镇）	A	象牙山《乡村爱情》农村题材影视基地、山岳型风景区、林果业	
334			辽河沟域旅游带（庆云镇、三家子乡、业民镇）	A	草原风光、锡伯族民俗、辽海湿地、辽河水上项目	
335			寇河旅游带（城东乡、威远镇、莲花镇）	A	叶赫湖水域风光、叶赫那拉氏祖地、龙潭寺宗教旅游、镇北关万里长城最北端、赵家大院	
336			清河旅游带（八棵树镇、李家台乡）	A	砬子山山岳型风景区、宗教名山	
337			百里画廊旅游带	B		50
338			辽河草原旅游区	B		50
339			丝关御路旅游带	B		30
340			开原古城	B		100
341			本山影视基地	B		20
342			辽河温泉小镇	B		20
343			砬子山	B		30
344		铁岭县	凡河生态旅游文化谷（鸡冠山、白旗寨大甸子、李千户、凡河镇）	A	山地运动、休闲渔业、羊汤美食、草坪花卉、都市休闲	200
345			十里花溪	B		15

续表

序号	城市	县区	沟域名称	资源分类	资源特色	经济规模（亿元）
346		铁岭县	长寨沟	B		30
347			滚马岭	B		10
348			大甸子青龙山沟	B		15
349			熊官屯	B	葡萄餐饮	
350			横道河子	B	满族文化	13
351			种畜场	B	生态休闲	
352		昌图县	昌图镇泉头镇	B	以种植农业为主的生态园	
353			辽河源	B	风景区	30
354	铁岭市		太阳山	B	风景区	25
355		西丰县	城子山沟	A	古城观光、民俗展示	20
356			寇河（冰砬山、诚信湖）	A	休闲度假、森林观光、垂钓	150
357			乾德湖	B		12
358			解放沟	B		6
359			石人沟河	B	养老度假	
360			乌鲁河	B	梅花鹿观赏	
361			营厂乡	B	湿地风光	
362			成平沟	B	现代农业观光	5
363			东辽河、艾清河	C	现代农业观光湿地风光	
364		双塔区	梨树沟	A	看瀑布、赏梨花	50
365			生态农业观光园	B		
366		龙城区	大平房镇燕山湖庙子沟	B	滑雪、农业观光	20
367		北票市	王子山	B		11.8
368		凌源市	田家沟红山文化考古	A	红山文化	
369			大河北乡青龙河	B	休闲度假	10.5
370	朝阳市	朝阳县	南双庙乡槐树洞风景区	B	自然山水宗教文化	
371			南双庙乡千佛洞风景区	B	自然山水宗教文化	
372			长在营子乡清风岭景区	A	省级自然保护区	
373			尚志乡云蒙山	B	自然风光	
374			古山子乡劈山沟	B	自然风光	
375		喀喇沁左翼蒙古族自治县	凌河谷	B	生态旅游	
376			羊角沟乡	C		
377		建平县	小平房沟	A		30
378	葫芦岛市	南票区	张相公生态旅游度假区	B		23.5
379			苇子沟街道	C		

续表

序号	城市	县区	沟域名称	资源分类	资源特色	经济规模 （亿元）
380	葫芦岛市	南票区	邱皮沟街道	C		
381			板石沟	C	红枣种植	
382		连山区	虹螺山	B	风景区	20
383			卧龙沟公园	C		
384		兴城市	郭家沟	B	板栗种植	
385			三道沟满族乡	C	果树种植、流域治理	10
386		绥中县	跳石沟	A	自然风光、原始次森林	
387			西沟长城	B	文物古迹、自然风光	
388			范家乡	B	风景区	30
389			秋子沟乡	C	自然风光、果树采摘、蔬菜大棚	
390		建昌县	白狼山	B	自然保护区	12
391			要路沟乡	B	自然山水、杂粮种植	
392			老大杖子乡	C	自然山水、杂粮种植	
393			魏家岭乡	C	自然山水、杂粮种植	
394			忙牛营子	C	自然山水、杂粮种植	
395			石佛乡	C	自然山水、果蔬采摘、杂粮种植	
396			喇嘛洞乡	C	杂粮种植	
397			王宝营子乡	C	自然山水、杂粮种植	
398			碱厂乡	C	自然山水、杂粮种植	
399			新开岭乡	C	自然山水、果蔬采摘	
400			贺杖子乡	C	自然山水、果蔬采摘	
401			和尚房子乡	C	自然山水、果蔬采摘	
402			养马甸子乡	C	自然山水、果蔬采摘	
403			大屯镇	C	自然山水	
404			杨树湾乡	C	自然山水、果蔬采摘	
405			黑山科	C	自然山水、果蔬采摘	
406			药王庙乡	C	养生度假、粮棉种植	
407			谷杖子	C	自然资源	

五、辽宁乡村与沟域旅游发展战略与重点项目

（一）辽宁乡村与沟域旅游发展战略

辽宁省乡村旅游的发展要运用"五方五韵一工程、百乡百色惠万农"的战略，努力通过省内区域协调整合、立足鲜明特色、农户共同参与、乡村遍地开花的模式，实现乡村旅游的跨越式发展和超常规成长，推动辽宁省旅游业可持续发展，使旅游业成为辽宁省国民经济又好又快发展的重要推动力和新增长点，使辽宁省成为中国最具魅力的乡村旅游省份。

"五方"就是将辽宁省乡村旅游划分为 5 个区域，分别体现出不同的功能与特色。

"五韵"就是努力打造出不同地域各自的独特性，这种特色不仅能够吸引省内旅游者，还能够在国内市场以及国际市场中具有较强的品牌效应。

"一工程"即开展辽宁省乡村旅游"金农工程"。评出辽宁省"金农"示范户 10000 户，并给予一定的资金奖励扶持发展。

"百乡百色惠万农"就是大力建设 300~400 个具有较高知名度的乡村旅游特色乡镇及乡村旅游示范区，精心培育和努力打造 10000 个乡村旅游特色服务项目以及与之相配套的 15000~20000 个乡村旅游服务农户，使乡村旅游发展真正体现惠及千万农民。

1. 重点建设 300~400 个具有较高知名度的乡村农业旅游示范区

在重点打造具有较高知名度的乡村旅游强县区的基础上，到 2015 年，辽宁省还要加速培养出 300~400 个乡村农业旅游示范区，并形成一定的区域聚集效应，对周边的乡村旅游具有一定的连带效应。这 300~400 个乡村农业旅游示范区要能够吸引较多的省内旅游者，并可以带动当地农业的发展，为当地农民增加收入的来源。对于这 300~400 个乡村农业旅游示范区的选择，也要充分考虑现有乡村旅游发展的情况，同时还要考虑当地农业的特点以及农业能够对旅游业的支持力度，实现旅游业与农业之间的良性互动，形成彼此共同协调发展的局面。

2. 重点建设 30 个具有较高知名度的乡村旅游强县区

从辽宁省乡村旅游资源、相关要素和市场在地理空间上集中的趋向看，到 2015 年，辽宁省要初步形成 20 个规模较大且具有竞争力的乡村旅游强县区，并形成在较大区域内具有较高知名度的品牌。这 20 个乡村旅游强县区要具有显著

的牵动效应，能够吸引更多的来自于省外的旅游者，并对周边地区乡村旅游的发展具有明显的拉动作用。这20个乡村旅游强县区的选择，要充分考虑现有乡村旅游发展的情况，既要考虑经济发展的情况以及资源特色，也要在很大程度上确保省内5个地区的均衡分布。

3. 加速培养200个乡村农业旅游示范区

在重点打造20个具有较高知名度的乡村旅游强县区的基础上，到2015年，辽宁省还要加速培养出200个乡村农业旅游示范区，并形成一定的区域聚集效应，对周边的乡村旅游具有一定的连带效应。这200个乡村农业旅游示范区要能够吸引较多省内的旅游者，并可以带动当地农业的发展，成为当地农民增加收入的来源。这200个乡村农业旅游示范区的选择，也要充分考虑现有乡村旅游发展的情况，同时还要考虑当地农业的特点以及农业能够对旅游业的支持力度，实现旅游业与农业之间的良性互动，形成彼此共同协调发展的局面。

4. 努力打造10000个乡村旅游特色服务项目

辽宁省乡村旅游还要实行差异化发展的思路，鼓励各地利用、结合当地人文、历史、自然生态以及农业等特色，积极设计和开发出10000个乡村旅游特色服务项目。这10000个乡村旅游特色服务项目，既体现了乡村旅游中的创意与策划，能够尽最大可能展现出当地的特色，还能够很好地满足旅游者的需求。10000个乡村旅游特色服务项目，是上述旅游强县区和示范区的根本，只有形成了具有知名度和吸引力的旅游项目，才能够让旅游者口碑相传，增加当地乡村旅游发展的可持续性。

5. 精心培育15000~20000个乡村旅游服务农户

辽宁省乡村旅游的发展，既要充分发挥大型企业的作用，也离不开当地旅游服务农户的积极参与，这就需要充分调动当地农民的积极性和主动性，让他们也参与到乡村旅游的发展过程中。要推动农户提供高质量和有特色的旅游服务，为乡村旅游提供配套设施，从而使乡村旅游产业与当地农民增收紧密地结合起来。

（二）辽宁各市沟域旅游重点发展方向与相关产业联动

辽宁沟域旅游整体发展，要依据14个市的经济发展程度、资源禀赋、地理交通区位条件、产业发展水平和环境条件分步实施，明确具有市域特色的沟域旅游重点发展方向与相关产业联动。

1. 沈阳市

（1）重点发展方向。依托现代交通运输方式的变化，作为旅游的中心母港城市，沈阳可凭借其经济、政治和区位的优势，大力开发近郊、远郊的休闲型沟域旅游产品，打造环沈阳1小时休闲农业旅游圈，满足一日游、自驾游等旅游者的需求。

提高东北中心城市的旅游综合服务功能，充分利用中心城市的硬件和相关有利条件，全面推进旅游综合服务功能及配套设施建设；进一步完善东北旅游集散中心、总部基地、服务区域一体化等功能，全面提升沈阳经济区核心城市的整合力，成为东北亚国际旅游枢纽和重要旅游目的地，促进城市旅游与沟域休闲旅游相互带动，形成以中心城市为核心、沟域旅游全面开花的格局。

（2）沟域产业联动发展。在辽宁省建设"温泉第一大省"的大环境下，利用沈阳新民市"沈阳兴隆温泉旅游度假区"独特的温泉资源，建立温泉产业链，提升温泉旅游品位，增强温泉旅游的竞争力，以此综合利用周边丰富的沟域资源，积极开发富有运动气息、休闲享受、乡村风情、民族特色的沟域温泉组合模式。

2. 大连市

（1）重点发展方向。依托海滨、森林、农庄、温泉、雪场、高尔夫等休闲度假旅游资源，优化沟域旅游产品结构，提高产品质量和服务品质，全面提升旅游产业整体素质，丰富沟域旅游产品和项目，高标准打造一批独具特色的区域性沟域旅游产品和集聚区。充分发挥大连在东北亚区域的旅游枢纽功能和辽宁沿海经济带的核心作用，促进沟域旅游产业转型升级，打造中国北方滨海沟域旅游休闲度假中心。进一步发挥都市对乡村的辐射效应，加快旅游基础设施和服务设施建设，加大渔村的文化演出、土特产商品、特色海鲜餐饮的比重，全面创新、丰富和完善沟域旅游产业。

（2）休闲度假产业联动发展。结合大连市滨海、浪漫的特点，以"休闲"为核心，将旅顺口区的"琥珀湾旅游度假区综合项目"所涉及的旅游业和渔业捆绑，推动水产业的发展。普兰店、瓦房店应推进沟域与温泉度假产业联动，在庄河石城岛、大黑山等地建设综合休闲度假区，联动庄河的水果产业，通过蓝莓品牌文化节等活动，深度延伸相关产业链。

3. 鞍山市

（1）重点发展方向。依托鞍山汤岗子温泉、千山温泉和岫岩满族风情等资源优势，建设以温泉休闲、康体养生为特色的小型温泉山庄和民俗村落，并辅以养生、保健农产品的种植、加工等活动，增强参与性，依托养生文化，充分发挥沈阳经济区节点城市的优势，打造闲适游乐的沟域旅游产品。进一步完善中心旅游区的交通、信息、商务、购物、住宿、餐饮等综合旅游服务功能，提升沟域旅游的接待能力。

（2）温泉旅游产业和玉石文化产业联动发展。以"腾鳌温泉旅游度假区"为例，利用当地得天独厚的温泉自然环境资源，打造出富有玉石文化特色的温泉产业，形成集温泉药材、温泉玉石为一体的沟域旅游特产销售链条。通过"中国岫岩玉文化艺术节"和玉石相关会展吸引游客,将温泉产业链和玉石产业链相结合,完成相关产业的联动发展。

4. 抚顺市

(1) 重点发展方向。依托当地文化和乡土风情,深入发掘满族民俗文化底蕴,积极推进沟域民俗文化的独特表现形式,推进世界文化遗产——永陵和一批非物质文化遗产保护、开发工作。以红河谷漂流、森林公园等为主,拓展沟域旅游系列产品,并配套开发具有民族特色的工艺品,增加现有沟域旅游产品的文化附加值,打造自然生态沟域之旅。

(2) 森林生态产业联动发展。抚顺市新宾满族自治县等地的自然资源优越、历史文化深厚,如"妈妈沟旅游生态度假村"、"嘉禾沟域"等自然生态度假村的发展潜力巨大,将自然生态度假区与满族文化相结合,作为相关产业联动发展的发源点,使产业联动范围更加广大。

5. 本溪市

(1) 重点发展方向。依托良好的山水自然资源,紧扣本溪"地质博物馆"的称号,围绕休闲度假、满族文化、生态文化和地质科普等优势,坚持生态环境保护与沟域旅游开发并举,在加强保护自然生态环境的同时,积极开发建设以当地文化特色为重点、以采摘山珍野味为延伸的多种类型的沟域旅游集聚区,打造独具民族和地方特色的沟域旅游目的地。

(2) 运动养生产业联动发展。本溪是辽宁省内森林覆盖率最高的地级市,利用中国"枫叶之都"、"中国药都"等品牌优势,发展真正的绿色养生产业,如"汤沟"、"老边沟"、"本溪康体旅游"等项目,并注重提升其"绿色养生"知名度;同时依托其优越的自然资源优势,发展建设运动游乐主题公园,如"动感世界主题游乐园"项目,带动相关产业发展。

6. 丹东市

(1) 重点发展方向。依托秀丽的山水风光和独具特色的边境风情,积极培育神秘边境村落、快乐休闲农庄等沟域旅游项目,整合乡村旅游示范村,开发集边境风情、生态山水、温泉滑雪、海滨海岛、满族民俗等于一体的系列沟域旅游产品,打造中国最大的边境沟域旅游休闲度假区。

(2) 中朝文化产业联动发展。依托丹东市的特殊地理位置,在宽甸县域内开发"碑沟'中朝风情'文化旅游小镇"、"绿江艺术部落综合开发项目"等项目。这一地域文化优势可作为相关产业联动发展的支撑点,将其融入在交通、信息、商务、购物、住宿、餐饮等方面,协同温泉产业和林业产业,扩大联动范围。

7. 锦州市

(1) 重点发展方向。依托辽宁滨海大道、红色旅游、宗教文化等产品优势和锦州世界园艺博览会主题活动，开发建设滨海旅游大道和闾山梨花大道，并辅助以果类采摘等项目，整合发展多种类型的沟域旅游项目，提高沟域休闲旅游活动的多样性，扩大沟域旅游品牌的影响力。

（2）文化产业和温泉产业联动发展。以2013年中国锦州世界园林博览会为契机，以"城市与海、和谐未来"为主题，利用独特的文化优势和宗教特色吸引游客，与锦州"闾山林海"、"万佛石刻"等具有中国古代神话特色的诸多景点相融合，形成联动景区，推出各种商品服务项目，更好地促进整个地区的经济发展。依托凌海市现有的温泉资源，形成凌海市的温泉度假村和凌海沈家台沟峪旅游度假村，推出具有佛教色彩的温泉商品，形成整体的联动效应。

8. 营口市

（1）重点发展方向。依托港口城市多元文化和北方温泉旅游重镇，大力发展滨海沟域旅游项目，以鲅鱼圈区、盖州市的近港乡村地区为核心，辐射两翼站前区、西市区、老边区与大石桥市。打造具有多元文化特色的集港口观光、温泉洗浴、水果采摘、山庄休闲、海韵美食于一体的沟域旅游产业集聚带。

（2）民俗温泉产业联动发展。以冰雪温泉、魅力滨海温泉为发展定位，以熊岳温泉、海滨温泉和思拉堡温泉三个重点区域为牵动，以冰雪旅游、山水观光、休闲疗养、海滨度假为核心，做好中国（营口）国际海滨温泉旅游节。发挥何家沟旅游区民俗特色五星酒店、国防教育基地等项目优势，形成特色产业链条，实现由资源优势向产业优势、由单一开发向综合开发利用、由低端产品向高端产业的转变，全力打造中国北方最佳山水温泉城市，从而带动周边温泉产业、水果产业的发展。

9. 阜新市

（1）重点发展方向。依托藏传佛教、蒙古族民俗风情和温泉旅游等特色资源，将沟域旅游与蒙古族民俗文化相融合，大力发展民族村落旅游，积极开发拓展玛瑙工艺品、绿色食品（粮食、肉类、果蔬深加工）、藏传佛教工艺品等一系列旅游商品品牌，培育东北旅游商品加工和交易基地。同时，加大力度开发温泉度假村等项目。

（2）玛瑙产业和少数民族特色牧草产业联动发展。阜新作为世界玛瑙之都，应注重与少数民族特色食品产业链联动发展，如在彰武县的"皇家牧场草原风情度假区"建设中应结合民族民俗风情，融民居、服饰、饮食、节日等丰富的非物质文化遗产到工艺类产品中以延长产业链，利用与蒙古族相近的风俗，发展绿色的少数民族食品。并将"瑞应寺禅修温泉旅游度假区"的宗教文化与阜新的玛瑙产业相结合，以瑞应寺禅修温泉旅游度假区为载体，创新联动发展相关产业，以区别于省内其他地区。

10. 辽阳市

（1）重点发展方向。依托历史文化、新兴温泉滑雪和特色商品集散地等优势资源，打造一批区位较好、交通便利、富有特色的沟域旅游中心，并在此基础上举办定期的节事活动，让农特产品交易成为吸引游客积极参与的旅游活动，让农特产品逐步成为具有核心竞争力的旅游产品。

（2）滑雪产业和皮革制品产业联动发展。滑雪旅游对人们的吸引力越来越大，利用辽阳弓长岭区的"汤河新城双泉乐园旅游综合"等项目将滑雪旅游与温泉旅游相结合，吸引游客到达辽阳众多的沟域风景区，通过联动结合形成更高的旅游价值。联动发展佟二堡的皮革制品产业，巩固作为中国北方裘皮旅游商品集散地的地位，吸引沟域旅游的游客在佟二堡购买皮货旅游商品。

11. 盘锦市

（1）重点发展方向。依托生态湿地，紧扣湿地旅游休闲基地这一发展核心，深度开发湿地休闲旅游项目，做大做强红海滩旅游品牌。依托湿地生态资源，打造红海滩文化特色的湿地沟域旅游，形成生态稻田景观观赏区、苇海景观观赏区、蟹田娱乐休闲区与红海滩风景区联动呼应的高层次旅游产业集聚区。

（2）大米产业和河蟹产业联动发展。盘锦自古就有"鱼米之乡"的称号，拥有的气候条件极适合大米生长，生产的大米外观好、味道好。要推动河蟹产业链的发展，将其与"二界沟蛤蜊岗金滩"等景区相结合，提升盘锦的中国十大名蟹知名度，使河蟹成为重点推广的旅游产品。

12. 铁岭市

（1）重点发展方向。依托特色的历史、民俗和地域乡土文化以及得天独厚的农业旅游资源优势，深度开发中国北方黑土地幽默文化，挖掘其作为"小品艺术之乡"的艺术魅力，将民间艺术表现形式融合到沟域旅游产品中，并辅之以采摘和多样化的休闲活动。充分利用名人效应、沟域题材影视作品效应，提升其沟域旅游产品在全国的知名度。

（2）民俗文化产业和温泉滑雪产业联动发展。依托特色二人转等民间艺术，形成富有乡土气息和关东民俗民风的沟域旅游产品，挖掘开原古城文化和寇河沟域盛京皇家狩猎场度假区、冰碪山国际冰雪欢乐谷、欢喜岭温泉旅游小镇的寇河沟域的狩猎文化，带动凡河生态旅游文化谷等温泉生态旅游景区发展，提升滑雪、温泉产业的知名度。

13. 朝阳市

（1）重点发展方向。依托设施农业、历史文化旅游名城和世界古生物化石宝库等优势资源，积极开发沟域旅游精品项目。积极保护、有效利用古生物化石珍贵资源，申报古生物化石国家地质公园和世界地质公园项目。

（2）生态农业、农业采摘业联动发展。发展农业采摘业，以双塔区沟域生态农业观光旅游区项目为中心，以特色采摘体验游的方式吸引游客，通过鑫峰现代农业观光园向游客传达现代农业知识，品尝科技农业成果。如凌源的梦幻玫瑰与朝阳的三燕古都的产品结合，将沟域旅游与考古、科普、寻根、祭祖等文化元素有机融合，从中发掘经济利益。

14. 葫芦岛市

（1）重点发展方向。依托兴城古城、九门口长城及海滨、海岛特色资源和区位优势，深入发掘历史文化和海洋文化内涵，大力发展滨海沟域旅游休闲度假产品，充分体现历史风物、饮食文化、传统民间工艺、民风习俗等特色，保持传统乡村小镇的风貌，培育打造"滨海休闲沟域"旅游目的地。充分发挥葫芦岛作为京津地区休闲度假的后花园、引客入辽的桥头堡的地理位置优势。

（2）文化产业和泳装产业联动发展。如"永安长城景区"和"三山景区旅游基础设施建设项目"等均是文化产业发展的重要基地，将古城文化、海洋文化和沟域旅游业有机结合，和谐发展。利用葫芦岛的滨海优势，发展泳装产业，以泳装文化博览会等形式吸引游客，与温泉产业相结合，形成温泉及泳装产业的大协同之势。

第六章　辽宁冰雪旅游融合与创新发展

冰雪旅游是冬季旅游的重要组成部分，是以冰雪资源为主要的旅游吸引物，以冰雪文化为内涵，以冰雪观光、冰雪运动、冰雪度假、冰雪节庆、冰雪娱乐等为外在表现形式的体验性旅游活动。冰雪旅游极具参与性、体验性和刺激性，大多数冰雪旅游产品具有较长的逗留时间、较高的旅游消费和较高的重游率等特点。近几年，辽宁冰雪旅游发展较快，探讨辽宁冰雪旅游融合与创新发展的新路径可以破解困扰多年的冬季旅游淡季难题，并旨在推进辽宁省冰雪旅游更加科学、有序、健康地发展。

一、冰雪旅游与冰雪旅游产品

（一）冰雪旅游特点

冰雪旅游属于生态旅游范畴，是以冰雪气候旅游资源为主要的旅游吸引物，体验冰雪文化内涵的所有旅游活动形式的总称，是一种重要的冬季旅游产品，具有较高参与性、体验性、刺激性和观赏性。

（1）参与性高。冰雪旅游具有较高的参与性：一方面由冰雪旅游的起源决定，冰雪资源的开发利用最早源自古老民族的日常活动；另一方面由游客的旅游需求决定，游客们更期望能够参与到冰雪运动中，参与冰雪娱乐活动。

（2）体验性好。在冬季，旅游者在观赏到北国风光、千里冰封、万里雪飘的大自然美丽壮观景色的同时，还要融入到白雪之间，体验冰雪旅游真谛，享受冰情雪韵，体验大自然银白世界的神韵。

（3）重游率高。滑雪运动拥有较高的重游率，游客每年多次往返于滑雪场，反复体验。

（4）消费较高。参与各种冰雪活动项目需要一定支出，如参与滑雪运动需要在装备等方面付出一定的成本。项目越多，时间越长，花费越高。另外，在餐饮、住宿方面也要费用。

（5）依赖性强。要具备寒冷的气候条件和适宜的地形条件，每年要有足够的降雪量，积雪期长：一是在地理位置上，其冰雪旅游区应处于寒温带或中温带，每年的 12 月份至翌年的 2 月份的平均气温为-30~-18℃；二是在地理条件上，有广阔的林地面积，山地面积多于平地，坡度平缓。

（二）冰雪旅游资源

狭义理解冰雪旅游资源包括冰和雪两个部分，从时间上划分包含常年性冻结冰与永久性积雪、季节性结冰与季节性积雪两大部分。除了降雪和冰冻外，冰雪资源还包括雾凇、雨凇、高山冰川、冰溶等景观形态。广义理解冰雪旅游资源，是指凡能激发旅游者的旅游动机，对旅游者产生吸引力，为冰雪旅游业所开发利用，并由此可产生经济效益与综合社会效益的各种事物现象和因素，均可称为冰雪旅游资源。

冰雪资源特点包括：

（1）具有地域性。冰雪资源形成于特定的地理环境中，受到气候条件的制约，主要形成于寒冷地区。从世界范围看，冰雪景观主要集中在中高纬度的部分国家和地区。

（2）具有周期性（季节性）。冰雪的形成与季节更替变化密切相关。一般情况下，只有在冬季才会出现大范围、大幅度的降雪。季节的变化，造成了冰雪资源具有明显的季节性和周期性。

（3）具有生态性。体现在自然生态性和社会生态性两个方面。冬季降雪对于改善空气质量、农作物的耕种和人们身体健康十分有益，降雪量不足，会引发农作物干旱、病虫害，人类易患流感、呼吸道等疾病。

（三）冰雪旅游产品类型

（1）观光类冰雪旅游产品。主要是指冰雪艺术景观、冰雪自然风光景观。如观赏雪景、雾凇、雪凇、冰河、冰溶景观、林海雪原、冰雪园艺等。

（2）体育休闲类冰雪旅游产品。主要是指在参加体育健身运动的同时，兼有休闲娱乐功能。如滑雪体育旅游、冬季森林探险体育旅游、冰雪游戏、攀冰等冰雪运动旅游。

（3）节庆类冰雪旅游产品。主要是指包含特定节庆因素，如体育节、地方特色的体育盛事、大众体育比赛等具有体育冰雪旅游特色的活动或非日常发生的体育冰雪旅游特殊事件等。如：哈尔滨国际滑雪节、沈阳国际冰雪节等。

（4）赛事类冰雪旅游产品。主要是指组织各项体育赛事的观众前往比赛举办地进行观摩并参加各种节庆的旅游产品。如冬季奥运会、世界锦标赛等有影响的国际比赛。

（5）民俗游乐类冰雪旅游产品。主要是指具有浓厚的民族特色的旅游产品，与当地的风俗人情、生活习惯、宗教信仰等密切相关。如满族人喜欢的冬季滑冰车、拉爬犁，赫哲族的狗拉雪橇等。

（四）冰雪旅游历史沿革

冰雪旅游历史悠久，源远流长。据考证，世界上最古老的滑雪板是公元前2500年左右制作的。冰雪旅游的产生最早源于寒地民族的生存与发展，是一项充满了浪漫与刺激的古老运动。我国唐朝李延寿在《北史》中写道，"气候严寒，雪深没马，地高积雪……骑木而行"，意思为了防止行走时脚陷入雪中，人们脚下踩着木板走路。《新唐书》《山海经》中也有我国东北和西北等地区的少数民族借助雪上滑行从事狩猎和生产劳动的记载。滑雪是我国满族、赫哲族、鄂温克族、鄂伦春族等北方渔猎民族喜爱的传统体育项目。滑雪板是他们冬季使用的滑雪、狩猎工具，古称"木马"，又称"踏板"。满族猎手射猎时喜欢穿有包皮的滑雪板，爬山时不向后滑。清朝时，每逢冬季年节，皇家经常组织与冰雪有关的娱乐活动。

1733年，挪威人卡皮特詹斯·埃姆豪森编著了最早的《滑雪指南》。最早的滑雪学校是1879年在挪威的克瑞斯地阿尼亚创立的。最早的滑雪俱乐部是1861年在挪威的翠汉尔成立的。1907年，英国成立了"阿尔卑斯山滑雪者俱乐部"，这是世界上最早的高山滑雪组织。滑雪已成为世界上四大高消费运动项目之一。目前，全球共有标准滑雪场6000多个，滑雪人口有4.5亿人。滑雪产业年收入达600亿美元以上。欧洲、北美有10%以上的人喜欢滑雪运动。目前，美国滑雪旅游每年达5000万人次。亚洲地区滑雪运动普及较好的国家是日本和韩国。日本有近600所滑雪场（约占全球总量的10%），目前年接待量在4500万人次的水平上下。韩国有近100所滑雪场，年接待量近2000万人次。

我国雪源地区广大，东北、华北、西北和西南等地区都有可开发的滑雪资源。20世纪30年代，现代滑雪技术从俄罗斯传入我国东北地区。旅居黑龙江的俄罗斯人在哈尔滨市玉泉山北建了中国第一个滑雪场，用于冬季室外健身和娱乐。其后日本人于20世纪40年代接手经营，主要为日本占领军和日本在黑龙江的铁路员工服务。新中国从20世纪60年代起，陆续修建了黑龙江尚志乌吉密滑雪场、延寿长山滑雪场、吉林北大湖滑雪场，主要用于运动员训练。1981年国际雪联接纳我国为正式会员。1984年7月中国滑雪协会正式成立。1991年，哈尔滨玉泉狩猎场推出了旅游滑雪。作为我国第一个对游人开放的旅游滑雪场，当时只是把滑雪作为狩猎的一个配套项目。1996年和1998年，黑龙江省相继举行亚冬会和中国黑龙江国际滑雪节，极大地促进了滑雪产业的发展，标志着我国滑雪旅游进入产业发展阶段。

二、国内外冰雪旅游发展现状

（一）国外冰雪旅游发展现状

在一些冰雪旅游资源大国，冰雪产业已经具有相当大的规模。美国、加拿大、澳大利亚、奥地利、瑞士、法国、日本、韩国等国家的冰雪旅游已经形成了完善的产业体系。其特点如下：

（1）国外冰雪旅游发达，雪场建设规模大、质量高。滑雪旅游为冰雪旅游的主要产品。在欧洲，冰雪旅游的效益主要来源于滑雪旅游。一些国家滑雪旅游甚至成为国民经济的支柱产业。如瑞士，其滑雪旅游收入占国民生产总值的30%，占瑞士旅游收入的60%。瑞士的总人口只有700多万，而其每年接待的滑雪旅游人数却高达1500万人次，创汇70亿美元。欧洲的滑雪场建设不仅规模大，而且质量和档次均较高。欧洲人心目中的滑雪天堂是法国的拉普拉涅滑雪场，每年冬季来自世界各地的游客都会来到这里享受他们的假期。一些错落有致的旅馆和度假村分布在拉普拉涅滑雪场盘山道的两侧。拉普拉涅雪场滑雪面积达10000公顷，拥有各种难易雪道（包括10条黑道、34条红道、79条蓝道和11条绿道）共计134条，最高海拔3250米，最低海拔1250米，最长雪道可达15千米，雪道总长度225千米。

（2）冰雪旅游已经成为人们的重要生活内容。在欧洲，滑雪是普通百姓最普及的冬季户外运动，也是大多数家庭集体参与的项目。在雪场，上至六七十岁的老人，下至四五岁的小孩，各个年龄段的人都有。国外十分重视儿童的滑雪教育，很多小孩甚至从4岁就开始学习滑雪，为孩童以后成为真正的滑雪爱好者打下良好的基础。

（3）冰雪旅游产品发育成熟。滑雪运动产品主要有高山滑雪、远距离滑雪、雪地远足、单板滑雪、极限滑雪、雪橇运动、雪地自行车、雪地马拉松和雪地赛马等。从产品生命周期分析，目前欧美国家冰雪旅游已处于成熟期。冰雪旅游产品是一个整体产品的概念，食、住、行、游、购、娱六大要素缺一不可。欧洲的冰雪旅游在这方面体现得非常充分。以法国的拉普拉涅滑雪场住宿设施为例，青年旅社、度假村、俱乐部、饭店、酒店式公寓、出租公寓、旅行拖车、木屋等，从奢华到简朴，不一而足。据统计，这里的饭店仅有 1024 个床位，而公寓却有 17210 个床位，俱乐部和旅行社有 13000 多个。

（4）滑雪旅游者相关情况分析。从滑雪旅游者类型分析，在国外，滑雪旅游者散客人数所占比例较大，团队滑雪旅游者所占比例较小；以家庭为主，出行比例较高；过夜滑雪者较多，且居留天数较长。

（二）国内冰雪旅游发展现状

目前，我国已经建成了近 200 家滑雪场和冰雪训练基地。

北京市自延庆石京龙滑雪场 1999 年开业以来，陆续建设了南山滑雪场、怀北滑雪场、云居滑雪场、军都山滑雪场、渔阳滑雪场、八达岭滑雪场、莲花山滑雪场、云佛山滑雪场、塞北滑雪场和雪世界滑雪场等 14 家滑雪场。

河北有万龙滑雪场（国内规模最大的滑雪场）、长城岭滑雪场、木兰滑雪场、多乐美地滑雪场、秦皇古道滑雪场和清凉山滑雪场。

东北三省有滑雪场 120 多家。黑龙江有亚布力大青山滑雪场、亚布力雅旺斯滑雪场、亚布力新体委滑雪场、二龙山龙珠滑雪场、长寿山吉华滑雪场、帽儿山滑雪场、乌吉密滑雪场、玉泉玉峰滑雪场、玉泉狩猎场滑雪场、黑河远东滑雪场、加格达奇映山红滑雪场、满洲里滑雪场和绥芬河森林公园滑雪场。拥有 S 级滑雪场 29 家，其中 5S 级 4 家、3S 级 8 家、2S 级 10 家、1S 级 7 家；各类雪道 150 多条（总长度近 15 万延长米）；各种索道 120 多条；雪具 3.5 万余副；滑雪场直接用于接待滑雪旅游者的床位万余张，年接待滑雪旅游人数已近 200 万人次；滑雪旅游收入已占全省冬季旅游收入的 20%。

毗邻辽宁省的吉林省现已建有长春净月潭、吉林北大湖、吉林松花湖、吉林北山冰雪大世界、吉林龙潭山公园、通化金场、长白山高原冰雪训练基地等 12 处滑雪场。

目前，在新疆、内蒙古、宁夏和四川一些省区也建有部分滑雪场。中国滑雪旅游人数占旅游总人数的 0.13%，这从一个侧面反映出中国滑雪旅游还处于起步阶段，有着巨大的增长空间。未来，滑雪旅游将会成为家庭冬季休闲度假的重要生活内容。

三、辽宁冰雪旅游发展现状

（一）地理与气候适宜

辽宁省位于我国东北地区南部，地理坐标介于东经 118°53′至 125°46′，北纬 38°43′至 43°26′。地处中纬度的南半部，欧亚大陆东岸，属温带大陆性季风气候。冬季具有积雪分布广，稳定季节性积雪的特点。每年的大量积雪时间主要集中在 12 月份至来年的 2 月份。冬季辽宁省平均降雪量在 20 毫米以上。平均每年滑雪期可达 120 天以上。具有降雪量补给充足、雪质松软厚实和冬季温度比哈尔滨与长春要暖的自然环境，银装素裹的妖娆景致，适宜开展冰雪旅游。

（二）交通往返便捷

（1）公路方面。辽宁高速公路目前通车里程已达 3924 千米，密度为 2.67 千米/百平方千米，省际高速公路大通道已全部打通。全省 97%陆地县通高速公路，基本达到了发达国家的高速路网水平。

（2）铁路方面。哈尔滨至大连方向动车高铁客运专线已经开通；北京至沈阳客运专线、沈阳至丹东客运专线和秦皇岛至沈阳客运专线正在建设；目前，规划建设有 5 条城际铁路，分别为沈阳至抚顺、沈阳至铁岭、沈阳至本溪、沈阳至辽阳至鞍山和沈阳至彰武城际铁路。

（3）民航方面。有沈阳桃仙国际机场、大连周水子国际机场。其中沈阳桃仙国际机场，位于辽宁省中部，同时为辽宁中部沈阳、抚顺、本溪、鞍山、铁岭、辽阳等大中城市的共用机场。开有航线 119 条，拥有国内航线 70 余条，国际和地区航线 40 余条。通航城市 81 座，其中国内城市 50 座，国际和地区城市 30 余座。每天有 220 多架次飞机起降，已形成了覆盖东北亚地区的航线网络。大连周水子国际机场现已开通航线 145 条，其中国内航线 98 条，国际和特别行政区航线 47 条，与 15 个国家、96 个国内外城市通航，与地区通航城市 39 个。2012 年大连机场完成旅客吞吐量 1333.7 万人次（全国第 15 位），连续 15 年居东北各大机场首位。

（三）旅游滑雪场形成规模

截至 2013 年，辽宁省已建成接待游客的滑雪场有 24 家。其中，沈阳 4 家：棋盘山冰雪大世界、东北亚滑雪场、白清寨滑雪场、怪坡国际滑雪场；大连 5 家：

安波滑雪场、铭湖滑雪场、林海滑雪场、欢乐雪世界滑雪场、劳动公园滑雪场；鞍山 1 家：千山温泉滑雪场；本溪 2 家：本溪东风湖冰雪大世界、本溪同泉高山滑雪场；丹东 2 家：丹东五龙高尔夫滑雪场、丹东天桥沟滑雪场；营口 4 家：营口何家沟滑雪场、虹溪谷滑雪场、思拉堡滑雪场、大石桥滑雪场；阜新 1 家：纵横温泉滑雪场（阜新孙家湾滑雪场）；辽阳 1 家：弓长岭温泉滑雪场；铁岭 2 家：绿园小马驹滑雪场、铁岭金峰滑雪场；朝阳 1 家：庙子沟滑雪场；葫芦岛 1 家：龙湾海滨滑雪场。

全省滑雪场总面积达到 947 万平方米（雪道总面积 213 万平方米）；拥有各类雪道 92 条（雪道总长度 5.18 万延长米）；各种索道 86 条（架空索道 29 条，专用拖牵索道 57 条）；58 条（架空索道 16 条，拖牵索道 42 条）；雪具约 3.94 万套/副。2012 年，全省 19 家滑雪场综合营业收入达到 2.6 亿元，接待国内外游客超过 572 万人次。

滑雪价格方面，总体上差别不大，其中周一至周五，均价两小时 80 元，半天 120 元，全天 150 元，夜晚 100 元。周六、周日上调 20~30 元。

（四）接待滑雪旅游者相关情况分析

辽宁省每年接待滑雪旅游者构成：省内居民占比为 86%，外省居民占比为 24%；随旅行社组团参加滑雪旅游者占比为 24%，单位集体组织出游人数占比为 11%，亲朋好友结伴出行游客占比为 26%，家庭出游人数占比为 13%，商务客户人数占比为 17%，其他占比为 9%。滑雪旅游者年龄构成：15~24 岁占比为 64%，25~35 岁占比为 22%，其他占比为 14%。滑雪旅游者类型构成：过夜滑雪者占比为 71%，两日游人数占比为 41%。此外，自驾游游客占比为 76%，自带滑雪板的游客占比为 18%。

（五）辽宁冰雪旅游亮点

（1）定期组织冰雪旅游节活动。到目前为止，已连续举办了七届。每届都有不同的主题内容和系列活动。如 2013 年 1 月在第七届辽宁冰雪温泉旅游节期间，组织开展了东北高铁（3+11）旅游合作（营口）高峰论坛和专家学者讲座，推出"滑冰雪、泡温泉、享都市、品海鲜"浪漫冬之旅，辽宁冰雪之旅教育论坛，圣诞节雪地狂欢及冬韵温泉冰雪摄影大赛等一系列活动。

（2）积极开展冰雪温泉旅游。2012 年 12 月推出了"冰雪温泉季、欢乐嘉年华"主题活动，策划编写《辽宁省温泉滑雪好去处出行宝典》（出行指南）。辽宁冰雪温泉旅游协会推出了"辽宁温泉护照"，温泉护照包括"辽宁温泉分布图、温泉寻踪影、温泉典故、温泉入浴法、温泉礼仪、禁忌、温泉玩乐指引、温泉问答、辽宁温泉企业名录、签证"九项内容，图文并茂地呈现出温泉常识等内容和特色旅游线路，让游客从中受益，有力地促进了辽宁冰雪旅游的发展。

（3）重视培养潜在旅游滑雪爱好者。大连劳动公园滑雪场 2012 年推出"孩子们的冰雪节"主题，将冰雪乐园升级为儿童大众滑雪普及乐园，新设了最适合学习的滑雪。滑雪场分初级道和练习场，为儿童和初学者练习带板步行和体验滑行提供专用教学训练场地。标准初级雪道 150 米长、50 米宽，适合 5 岁以上滑雪普及人群。这里是滑雪初学者们的乐园，也是滑雪健将们的摇篮。

沈阳怪坡国际滑雪场，从 2009 年开始建立滑雪学校，为沈城培养滑雪人才。聘请在国家级、省级滑雪赛事中获奖的专业运动员，组成了专业的教练员队伍，精心培养青少年滑雪爱好者。滑雪学校选取国际上最先进的滑雪技术，融合中国青少年的身心特点，独家首次创编了全套"少年滑雪培训理论"，针对儿童制定了系统教学方案，滑雪教学实行一对一指导，帮助青少年滑雪爱好者快速掌握基本滑雪技术和提高竞技水平，取得了显著成效。

（4）尝试组织举办冰雪赛事。2005 年 12 月沈阳白清寨滑雪场承办国际自由式滑雪空中技巧冠军赛中国分站赛、2009 年承办"辽宁省高山滑雪青少年锦标赛"、2013 年首届大学生高山滑雪竞技大赛；大连林海滑雪场 2006 年 1 月承办了"雪中飞"杯全国高山、单板滑雪系列赛分区赛，2012 年大连铭湖滑雪场举办了"铭湖温泉杯"市民雪雕大赛、市民滑雪大赛。

综上所述，辽宁冰雪旅游处于初期发展阶段，地理位置优越、交通便捷、客源市场充足，未来有着巨大的开发潜力，提升拓展空间能力，打造我国东北关外冰雪旅游第一站指日可待。

（六）辽宁冰雪旅游存在的问题

辽宁冰雪旅游存在的问题主要有：滑雪场档次偏低；举办大型冰雪旅游赛事偏少；冰雪旅游住宿接待能力不足；冰雪旅游服务标准不规范。

四、发展辽宁冰雪旅游的建议

（一）打造有知名度影响力的高端滑雪场

（1）加快对现有滑雪场的改扩建。用 2~3 年着力打造 4 个在国内外有知名度的高端、规范、标准的滑雪场。其中沈阳市重点打造白清寨滑雪场、东北亚滑雪场，大连重点打造安波滑雪场、铭湖滑雪场。

（2）建设辽宁冰雪旅游集散地。两个冰雪旅游集散地分别建在沈阳、大连两市。依托沈阳桃仙国际机场、大连周水子国际机场和哈尔滨至大连方向动车高铁客运专线、北京至沈阳动车高铁客运专线、沈阳至丹东客运专线、秦皇岛至沈阳客运专线便捷交通条件及充足的住宿接待能力，建设辽宁冰雪旅游集散地。

（3）控制数量，突出特色。对现有的 24 家滑雪场分类指导，努力形成具有各自特色的滑雪场，形成 12 个滑雪目的地、20 个滑雪度假村、4 个滑雪运动教学基地（中心）。

（4）积极争取举办大型冰雪旅游赛事。加强与体育运动管理部门和社会各界的联系，拓展商业市场运作能力，争取举办由企业冠名的各种大型冰雪旅游赛事活动，不断提高辽宁冰雪旅游项目的知名度影响力。

（5）增加现代滑雪运动项目。如高山滑雪、跳台滑雪内容，修建竞技滑雪道、越野滑雪道，开展登山滑雪、定向滑雪等体育旅游项目，打造知名品牌冰雪旅游高端产品，提高辽宁省冰雪产品的档次。

（二）加强冰雪旅游宣传力度

（1）加强冰雪旅游网络宣传。开辟新的冰雪旅游专项网页。增设滑雪旅游综合、滑雪旅游新闻、滑雪旅游线路、滑雪技术、滑雪教程、滑雪常识、滑雪装备、滑雪体验、滑雪场简介、滑雪门票、滑雪娱乐、滑雪安全、滑雪论坛、滑雪精美图片、滑雪旅游团购、团队服务预订、滑雪网报名热线、滑雪旅游会员登录、滑雪旅游博客 19 个窗口，为滑雪旅游爱好者提供动态信息服务，以满足游客各种需求。总之，更好地为游客提供全方位、细致周到的人性化真诚服务。

（2）加强与新闻媒体合作。积极开辟新的冰雪旅游相关专栏，图文并茂介绍辽宁冰雪旅游动态信息，报道游客冰雪旅游随笔和感想。不断丰富冰雪旅游内涵和文化元素，提升冰雪旅游魅力，吸引更多的冰雪旅游爱好者加入体验冰雪旅游时尚休闲度假行列。

（三）提高冰雪旅游住宿设施接待能力

（1）提高农家乐住宿设施接待能力。充分利用现有农家乐家庭住宿的接待能力，满足家庭出游和亲朋好友结伴出行游客住宿需求。为了给滑雪旅游者提供舒适周到的服务，建议在每个滑雪场周围至少提供 200 处农家乐家庭住宿条件。

（2）在滑雪场周围建住宿设施。以滑雪场为中心，在周围 1000 米范围内，修建各类可提供有较高消费支付能力游客的度假村、饭店或酒店式公寓，以满足不同人群的住宿需求。

（3）提高温泉、疗养住宿设施接待能力。温泉、疗养住宿是滑雪运动之后的最佳休息之处。为此，应提高在大连、鞍山、本溪、丹东、营口、辽阳等市温泉、疗养住宿设施接待能力，完善相关服务配套设施，尽可能多提供有特色、档次高端的住宿设施接待。建议在每个滑雪场周围至少提供2处有特色、档次高端住宿设施，客房不少于100间。

（四）积极培育辽宁冰雪旅游客源市场

目前，辽宁冰雪旅游客源市场还不成熟，每年参加冰雪旅游活动的旅游者人数不多，具有较大的市场潜力与发展空间。积极培育辽宁冰雪旅游客源市场，是当前和今后一个时期的一项重要工作。政府相关部门和旅游企业单位应加强协作，共同培育冰雪旅游客源市场。

（1）培育省内本地和周边客源市场。积极在大众中培育冬季户外健身运动理念，树立滑雪是一项贴近自然、贴近生活的运动的理念。循序渐进地增加群众基础，营造一种新型时尚活动氛围，使之成为社会公众特别是中青年冬季热点话题。

（2）积极培育青年学生群体客源市场。针对喜爱运动的大学、高中、初中等特殊学生群体，利用他们冬季寒假户外体验动感生活的强烈欲望及对滑雪表现出的浓厚的兴趣，培育普及滑雪运动概念，使之由产生滑雪动机逐步发展成为冰雪旅游市场的客源主体。

（3）培育拓展省外客源市场。特别是面向华东、华南东南沿海地区市场和周边国家市场，主动出击，介绍辽宁冰雪旅游的独特神韵和争奇斗艳的北国冰雪旅游风光，采用多种灵活方式，有针对性地开展辽宁是"东北冰雪旅游第一站"的优势宣传，形成冬季旅游市场态势。

（五）政府主导、市场运作、社会参与发展冰雪旅游

（1）政府进一步加大主导作用。提高对冰雪旅游产业的认识，制定扶持冰雪旅游产业相关政策，指导冰雪旅游产业健康、持续发展；发挥优势，努力发展观光—滑雪、滑雪—购物、滑雪—保健、滑雪—度假等多元化的复合型旅游产品，进一步开发游客参与、趣味性强的旅游项目，全力打造"健康休闲"的市场形象，增加吸引力，提高消费水平。

（2）进一步完善基础设施和配套设施。广泛吸引社会资金，投资开发旅游资源和旅游基础设施建设，加大滑雪旅游配套基础设施建设，不断完善滑雪场功能，把现有的滑雪场建成功能齐全、设备先进、适应专业滑雪和旅游滑雪、与国际接轨的世界级滑雪场，培育开发以滑雪旅游为中心的，集娱乐、观光、休闲于

一体的多功能滑雪旅游产品体系。

（3）尽快制定《辽宁省滑雪场质量等级评定标准》。进一步促进辽宁省滑雪场的建设，规范滑雪场各类服务项目的标准，推进提高服务水平，开展规范文明服务。

（4）加快建立滑雪人才培训基地。目前辽宁省的滑雪培训主要依托滑雪场本身。通过组建滑雪会员俱乐部，聘请著名教练授课，为滑雪会员提供滑雪理论知识和多种滑雪技能，培育更多的滑雪旅游爱好者和发烧友。

（5）延伸冰雪旅游产业链。开发冰雪活动设施（索道、造雪机、压雪机）、物具、用品、服饰（滑雪服、滑雪板、滑雪鞋等），打造冰雪产品名牌，形成真正的冰雪旅游经济产业。

第七章 辽河生态文明示范区旅游带发展机遇与挑战

围绕建设"中国一流的国民休闲旅游基地，中国 5A 级河流型生态文明示范区"，以生态休闲、康体养生为核心，充分利用辽河独有的生态自然条件、丰富的历史文化以及周边城镇的特色，建设一个现代国民旅游休闲基地、一个中国河流型 5A 级旅游景区和一个辽河特色生态休闲度假旅游产业体系，打造辽河福源生态圈、三江卧龙生态圈、九曲开元生态圈、红楼文化生态圈、皇家都市生态圈、国际风情生态圈、休闲庄园生态圈、琥珀台安生态圈、盘山闸生态圈和辽河德汇生态圈 10 个生态旅游圈，发展 100 个滨河特色农业、农场及农业庄园，完成行政村的环境综合整治工作，推动辽河生态文明示范区的可持续发展，使辽河生态文明示范区的生态旅游成为辽宁省旅游产业跨越式发展的突破口和产业结构调整的新增长点，将辽河流域打造成为全国著名的生态旅游带，全面提升辽宁省生态旅游新形象，为建成美丽辽宁做出新贡献（见图 7-1）。

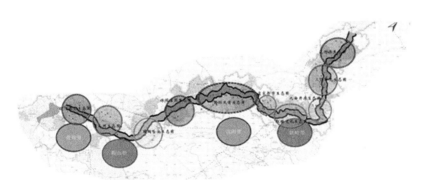

图 7-1 辽河十大生态旅游圈

一、研究背景和辽河生态文明示范区资源现状

（一）研究背景

　　旅游业是当今世界经济增长最快的产业之一，而生态旅游已成为世界旅游业发展的主要方向。作为生态旅游的一种形式，河流旅游正逐渐发展成为当前旅游界的一个热门话题，也是 21 世纪一个极为重要的旅游经济增长点。河流旅游是依托河流发展起来的一种旅游形式，是一种正在迅速发展的新兴的旅游形式，是发达国家颇为流行的户外活动之一。现在国际河流的生态旅游开发已经取得比较迅速的发展，国际界河的生态旅游开发也早已成为人们比较关注的领域。随着河流水资源的不断开发和利用，河流两岸的自然风貌、人文景观也都成为世界著名的旅游胜地。

　　中共十八大提出了"转变发展方式，建设美丽中国"的宗旨，建设美丽中国，核心就是建设生态文明社会。辽宁作为全国旅游产业和旅游发展的重要省份，生态旅游产业已成为辽宁生态大省建设生态效益型经济体系的一个重要组成部分，不仅有利于发挥辽宁生态资源优势，提高资源利用率，而且极大地促进了辽宁旅游产业结构的调整与升级换代，从而推动旅游业的可持续发展。

　　辽河干流流经铁岭、沈阳、鞍山和盘锦四个城市，该区域拥有 1 个国家 5A 级景区和 20 个国家 4A 级景区，旅游资源类型丰富。依托辽宁省旅游业的大发展，拉动辽河干流旅游产业的发展，实现辽河干流生态、经济和社会效益相统一，实现河流经济的良性互动。辽河干流旅游带的开发建设可唤醒民众关爱自然、保护生态的意识，有助于倡导生态旅游，引导绿色消费。辽河干流应依托绿色健康的生态带，深入挖掘辽河人文、古迹、历史等文化底蕴，全力打造生态休闲文化产业体系，开发辽河特色旅游产品，建设具有地方特色的新农村，突出开发生态休闲旅游、促进经济结构转型，在巩固阶段治理成果的基础上，将辽河流域打造成为全国著名的辽河生态文明示范区旅游带。

（二）资源基础

　　（1）总体资源数量大、分布均衡。辽河流经辽宁省境内 500 余千米，两岸管理路建成了 500 余千米的生态廊道，两侧围栏 1036 千米，河道总长 167.3 千米。按照国家《旅游资源分类、调查与评价》（GB/T18972~2003）统计标准，辽河干流

拥有 6 主类，17 亚类，29 个基本类型，资源单体 104 个，已开发的生态旅游资源 37 个，待开发的生态旅游资源 103 个，旅游资源体量丰富，开发潜力大。此外，旅游资源分布均衡，铁岭段以紫色文化生态为主题资源，沈阳段以金色都市生态为主题资源，鞍山段以绿色乡村生态为主题资源，盘锦段以红色湿地生态为主题资源，各区段特色鲜明，呈现差异化发展格局。

（2）自然生态资源种类多、数量大、特色突出。辽河干流自然生态资源种类多，包括湿地生态自然资源、农村农业自然资源、河流水产自然资源和滩地草原自然资源。辽河干流湿地广泛分布于辽河干流沿岸，从辽河源头福德店一直到辽河入海口都有湿地资源，并且由于气候的差异，各地区的湿地景观的差异性也比较显著。辽河干流具有丰富的农业自然资源，流经的地区大都为农村，经济发展水平较低，环境优美。辽河流域水资源总量约 214 亿立方米，盛产鱼、虾、蟹及莲藕、芦苇等水生生物。辽河干流依托生态带形成了 410 平方千米的滩地草原，有助于建立景观带，形成河道—河岸缓冲带—堤围生态保护带组成的水陆有机连接的健康河流生态系统。

（3）历史文化古迹多、历史悠久、脉络清晰。辽河干流所经区域拥有悠久的历史文化和众多历史文化资源。辽河干流的福德店、昌图的通江口镇、台安的琥珀湾等，都曾经是辽河沿岸重要通商渡口，大量的历史文字记载中可以发掘出数百年间辽河文化的历史演变。辽河沿岸还是多民族聚居的地区，包括锡伯族、蒙古族和朝鲜族等少数民族在内的多民族文化在这里都有充分体现。此外，辽河沿岸还有大量历史古迹，包括辽代古塔如辽宾塔、宗教寺庙等。辽河干流的多民族文化与悠久的历史，形成了众多具有特色的民俗活动，这些文化资源都是旅游带吸引游客的核心因素。传统的民族手工艺品因市场需求的扩大得到发展，传统的民族音乐、舞蹈、戏剧等受到重视和发掘，长期濒临消亡的民族历史建筑得到修缮和管理等。辽河干流的锡伯民俗村在辽河生态文明示范区规划建设期间，以本民族独有的民俗特色吸引外来游客，锡伯族特色饭馆、特色服饰等都是辽河干流旅游带上的重要旅游要素。

（三）发展现状

（1）取得的成就：一是辽河两岸生态环境逐年好转，新建生态蓄水工程 16 座，石佛寺水库由滞洪功能调整为生态蓄水，河道水量可常年保持在 1.4 亿立方米；形成了 500 余千米的生态廊道，新增湿地 8 万亩，"一张湿地网"基本形成；辽河保护区植被覆盖率由 13.7%提高到 63%，410 平方千米的滩地"草原"已初步形成；据气象部门统计，辽河保护区沿岸的大气降尘由 2009 年的 22.4 吨/平方千米到 2011 年的 8.7 吨/平方千米，减少了 61.2%。二是沿河城市段景观化和生态带格局基本形成,在铁岭银州区、盘锦双台子区的基础上,新增沈北新区、新民市、铁岭新城区等新的城区段景观,目前沿河14个县(市、区)均有行洪安全、生态宜人、景观优美的辽河风光,辽河生态带格局基本形成,生态廊道已基本建成。

(2)存在的问题:一是辽河生态旅游带开发建设资金不足,严重制约了旅游基础设施的建设;二是目前开发的辽河生态旅游产品融合度较低,结构单一,档次较低,难以满足高端旅游消费者的需求;三是辽河生态旅游产业经济规模较小,不利于旅游产业的聚集融合发展;四是为避免雷同发展,辽河生态旅游示范区的发展模式亟待创新;五是辽河虽具有一定的知名度,但其在国内的知名度不足,尚需打造。

二、国内外河流旅游案例研究及借鉴

(一)泰晤士河

(1)发展概况。泰晤士河(Thames River)是英国南部最重要的河流,发源于英格兰西南部的科茨沃尔德丘陵,经牛津、伦敦等城市,东流注入北海。全长336千米,流域面积1.5万平方千米。通航里程280千米,流经英国最发达地区。伦敦塔桥以下河段,是世界上最繁忙的航道之一。泰晤士河穿过大伦敦市中心一段,两岸筑有坚固的防护堤,有许多公路和铁路桥横跨河上,沿岸有一系列码头、泊位、隧道、客轮、通渡轮等,并有运河同其他河流相通。

(2)空间结构。泰晤士河从伦敦市中心穿城而过,是伦敦整个城市景观、环境、交通及经济结构和功能的重要组成部分,在发展中规划了四区的空间结构:一是时尚滨水区,泰晤士河两岸,用创意艺术手法打造出伦敦眼、千禧桥、新千年广场等景点,并且通过文化创意产业的植入,改造河南岸的老工业区和旧城区,使其变成城市的新亮点。二是伦敦码头区,该区是20世纪80年代后期伦敦中心区最大规模的房地产项目之一,包含商业、住宅、办公等复合功能。历时17年,将一个22平方千米近似废弃的老工业区改造成英国乃至欧洲最繁忙、最重要的商业、商务区,改变了伦敦市金融和商业中心的格局,巩固了伦敦世界金融中心的地位。三是伦敦泰晤士河通路区,这一区约有5000家制造企业,主要以中小企业为主,一些产业部门与伦敦本地市场有着紧密联系,如印刷与出版、服装和食品加工业。四是休憩区,泰晤士河滨河地带超过100处开放空间得到整治和改善，且少有私人住宅，使滨河空间真正成为市民的免费公园、公益性的开放式旅游景区，还河于民，营造伦敦市民的休憩空间。

（3）功能定位：一是水利功能，包括作为伦敦的水源地、排水通道和调节泰晤士河洪水期的功能，这一功能的认定对保证整个城市的水资源供给，减少洪涝灾害起到重要的指导作用；二是水路运输功能，泰晤士河是伦敦货物运输的一条重要通道，特别是承担着建筑用沙石和城市垃圾等大宗货物的运输同时也具有一定的客运功能，主要供游人沿河观光娱乐，这一功能的认定对城市交通建设与经济发展有一定的指导意义；三是旅游娱乐功能，泰晤士河是伦敦绿地框架中的一条脊梁，被广泛地用于体育与娱乐活动，旅游娱乐功能的认定，保护了伦敦这一重要的旅游资源，为发展旅游经济提供了基础，改善了人们的生活质量；四是城市形象功能，泰晤士河以及两岸景观成为伦敦的标志，这一形象功能的认定对伦敦作为国际大都市具有不可估量的经济和社会意义；五是自然生态保护功能，泰晤士河里的物种、群落和生态系统具有特殊的科研和教育价值。

（4）借鉴启示：一是严格的规划建设控制措施，伦敦地区对市中心区的规划建设控制十分严格，泰晤士河边上的建筑高度不得超过 25 米，商业设施面积在 3000 平方米以上的，必须经市政府审批；二是清晰的规划思路——将人们的生活引向河岸，大多数泰晤士通路区的房屋都建在河岸两旁，市民临河而居，散布在泰晤士河、利河、梅德韦河以及斯威尔河一带，这些河流构成了交通和社会交往的重要资源，同时也美化了周围的环境；三是工业遗迹的保护与再生，泰晤士河南岸地区是 19 世纪末一个以发电厂为主的旧工业区，占地 110 平方千米，现已开发成为全国最好的艺术、文化中心，世界最大的艺术中心所在地，发电厂的开发既有利于保护工业遗迹，又促进了城市建设的发展；四是重视河流污染的治理，英国政府治理河流的措施有严格控制"三废"污染排放、建设大型污水处理厂、采取河内人工充气措施等。

（二）莱茵河

（1）发展概况。莱茵河发源于瑞士境内的阿尔卑斯山北麓，西北流经列支敦士登、奥地利、法国、德国和荷兰，最后在荷兰的鹿特丹附近注入北海。全流域流经 6 个国家，全长 1320 千米。莱茵河漫长的流域里程、各具特色的地貌类型和优厚的自然禀赋，使莱茵河旅游产业发展成为瑞士、奥地利、法国和德国重要的经济来源之一，旅游业在德国莱茵河流域经济中更是仅次于制造业的第二大产业。

（2）空间结构。随着发展的深入，莱茵河形成了上游、中游、下游三级格局的旅游产业空间结构：一是上游湖泊休闲度假区，以高山、亚高山、中低山地貌为主，其间遍布大量的湖泊，成为莱茵河上游冬季滑雪旅游、夏季避暑旅游以及各种形式观光旅游的主要资源，形成了上游休闲度假旅游的空间布局。二是中游历史文化遗产旅游区，以低山峡谷地貌为主，以"莱茵中上游河谷"世界文化遗产为核心，依托中世纪的古堡景观、上千年的葡萄耕作文化、葡萄酒酿造技术及沿河古镇、峡谷自然景观等资源，开展游轮旅游、山地徒步旅行、山地自行车等多种旅游形式，形成中游历史文化遗产旅游的空间特征。三是下游工业遗产旅游区，以现代工业及工业革命以后莱茵河及其支流鲁尔河流域形成的德国鲁尔工业区工业遗产为主要旅游资源，通过对鲁尔区产业结构的多样化与轻型化调整，支持轻纺、汽车、电子、高新技术产业的发展；对煤炭开采和钢铁两个支柱产业进行集中化和合理化为目标的再调整和重新布局，大力发展教育、文化和第三产业。这些措施使产业结构得到了优化，并形成了莱茵河旅游产业的工业遗产旅游区。

（3）旅游产品。基于旅游产业的三级空间结构，莱茵河从水、陆、空和城市旅游四个方面开发出了具有其整体性的旅游产品：一是水上旅游产品，除上游湖泊的帆船、帆板、短途环湖游船等旅游产品外，莱茵河还开发了不同游程长短和水陆相结合的游轮旅游产品；二是陆上旅游产品，除常规的团队观光产品外，还有以自行车运动、徒步旅行和小镇葡萄酒文化体验游为主的散客度假旅游，交通工具以汽车和火车为主，同时包括自行车等休闲交通工具；三是空中旅游产品，莱茵河开发了以直升机为主要运载工具，依托重点旅游城镇的短时空中观赏旅游活动；四是城市旅游产品，莱茵河开发了城市观光游与莱茵河短途游轮游产品和以交通、金融、商业、物流为主要依托的大中型城市商务、会展旅游。

（4）交通网络。交通是旅游产业发展的基础，从莱茵河的源头到入海口，构建了莱茵河沿岸及周边城镇多元化、连接通畅、方便快捷、运动健康的水陆空立体交通网络。一是航空交通方面，从上游到下游分别以苏黎世、法兰克福、阿姆斯特丹等国际著名空港实现了莱茵河地区与全球各地的空中连接与区域内的便捷中转；二是水上交通方面，构建了从瑞士巴塞尔到荷兰鹿特丹和阿姆斯特丹的水上客货运系统，并成为黄金旅游水道；三是陆上交通方面，莱茵河沿岸全程形成了从铁路、高速公路到与城市和小城镇及旅游景点交通的便捷连接，许多陆上交通方式都是沿河修建，不但构建了客流、物流通道，同时也成为景观通道；四是休闲交通方面，为了更加充分地展示莱茵河沿岸的自然文化旅游资源，满足运动和休闲度假旅游者的需求，同时也避免沿岸小城镇可能在快速交通方式下的旅游屏蔽效应，构建了沿江的全流域自行车道系统和徒步旅游道系统，是具有莱茵河特色的特殊交通方式。

（5）案例启示。一是非官方的行政管理模式，在西方国家小政府的行政管理模式下，莱茵河旅游产业的管理以官方和半官方的形式实现；二是注重旅游目的地营销，如黑森促进局每年会将 180 万欧元用于目的地营销；三是从整体角度开发旅游目的地，整个莱茵河流域是一个综合型、开放式的旅游目的地，当地政府通过发展旅游产业来获取税收和为当地提供就业机会；四是及时更新公共服务信息，职能部门通过展会和网络为投资商、运营商和旅游者提供与旅游目的地有关的资讯信息。

（三）渭河

（1）发展概况。渭河古称渭水，是黄河的最大支流，发源于今甘肃省定西市渭源县鸟鼠山，流经陕西省的宝鸡、咸阳、西安、渭南等地，至渭南市潼关县汇入黄河，全长 818 千米，流域面积 13.43 万平方千米。渭河坚持以人为本，以治水为中心，以恢复生态系统为目标，追求人与自然、城市与河流的和谐、互动共生。未来渭河将打造以景观为主线，以城市文脉和城市生态为核心的城市滨河生态景观廊道。

（2）空间布局。依托渭河的资源现状及产业现状，适宜发展的产业类型有高新技术产业、文化旅游产业、都市休闲产业及生态农业产业等无污染、低能耗、易于与周边环境融合的生态型产业。以渭河良好的生态环境为依托，以中心景观轴和外围景观轴为纽带，形成北部旅游、中部产业、南部休闲的空间布局结构，整体上构建北部人文生态景观、中部工业居住城市景观、南部渭河滨水生态景观三区，形成较为紧凑的城河景观系统。渭河将是西安都市圈的重要产业组团，未来渭河都市区的东北部中心将建成集高新产业、文化旅游、都市休闲、生态度假等为一体的滨水特色生态产业带。

（3）功能分区。依托渭河沿岸的资源，以"突出休憩、水上运动"为主题，打造六个各具特色的景观功能区：一是现代风情水岸景观区，位于银武高速至渭河入口，现为生态林带及河滩地，场地较为平整，将保持河道原貌，营造"野趣"景观。二是自然活水展示区，位于渭河入口至机场高速公路，现为河滩地及成片鱼塘，场地坡度平缓，将注重生态与文化、技术与艺术的结合，凸现休憩主题。三是运动露营游戏区，位于机场高速至西铜高速公路，现为河滩地，将以运动为主题，倡导水上运动。四是渭河原生态景观区，位于西铜高速公路至泾渭大桥，现为河滩地，高架铁路沿西北—东南方向穿过，将以自然水面为中心，营造充满时尚情趣的滨水景观空间。五是湿地自然景观区，位于灞河与渭河交汇处，现有部分湿地景观，其余多为河滩地，未来将重点恢复原生植被，吸引野生动物栖息，维持生态平衡。六是郊野休闲活动区，位于灞河入渭河交汇口以东，现为自然湿地，地势较为平坦，将集中体现自然生态概念，建立湿地展示区。

（4）案例启示。一是区域通力合作，力争谋求区域"共赢"发展；二是统筹协调，推进城市和农村一体化发展；三是追求河流环境与生活质量的和谐发展，统筹经济社会发展与河流自身生存的要求，实现人与河流和谐共生；四是水体治理，改善河流沿岸生态景观环境。

三、辽河生态旅游示范区发展的机遇和挑战

（一）发展机遇

（1）建设"美丽中国"的政策机遇。中共"十八大"首次提出"努力建设美丽中国，实现中华民族永续发展"，而生态文明是推进"美丽中国"建设的重要载体。发展生态旅游对于经济、社会、文化发展具有重要的意义，辽宁省政府提出全面推进"生态省"建设，2011 年启动的青山工程是生态旅游发展的助推器。而举全省之力治理辽河更是生态旅游发展的大手笔，辽河的生态旅游建设成为拉动沿岸经济发展、提高居民生活幸福指数、促进城镇化和经济转型的重要路径。辽宁省政府高度重视辽河干流"生态带、旅游带、城镇带"的开发建设，为辽河干流旅游带提供了优良的政策支持和开发空间，辽河生态旅游发展面临前所未有的历史机遇。

（2）国民休闲时代引领的市场机遇。中国大部分城市已进入休闲时代，人们已开始追求高品位的休闲旅游、生态型高档住宅、绿色健康饮食等高品质的生活方式，特别是随着都市人群工作压力的增大，亚健康人群壮大，愉悦身心、康体健身的旅游在都市人日益关心自身健康的趋势下将受到青睐，旅游市场需求广阔。国家推行国民旅游休闲计划，通过制定有关扶持政策并采取各种激励措施进一步提升国民的生活质量、生命质量和幸福指数，调动全社会参与旅游休闲活动的积极性，使旅游休闲真正成为广大群众日常的生活方式和健康消费行为，刺激消费、拉动内需，带动众多行业的发展。辽河干流旅游带客源市场涵盖了辽、京、津、冀、晋、蒙、黑、吉在内的众多省份，具有得天独厚的市场优势，国民休闲时代给辽河生态旅游的发展提供了广阔的市场空间。

（3）区位和资源牵引下的后发机遇。辽河干流自东北向西南贯穿辽宁全境，沿线流经 4 市、14 个县区、70 个乡镇。对外交通流畅，旅游、建设开发的可进入性强，具有明显的区位优势。辽河干流沿线人文历史悠久，物产资源丰富，自然风光秀丽，生态环境良好，干流沿线城市有许多著名的旅游景区，借助周边旅游

资源及游客资源，通过资源组合，可以更好更快地带动辽河干流旅游带的开发，后发优势明显。

（4）经济转型带来的产业融合机遇。通过生态旅游产业体系的构建，引领辽河旅游产业实现绿色发展的战略转型与产业优化升级，打造生态旅游理念主导下的全新社会旅游经济发展模式。此外，通过生态旅游产品、生态旅游产业和生态旅游目的地建设，促成旅游与相关产业融合共创生态文明发展之路，形成后工业社会以绿色为主线的新型辽河区域生态发展道路。

（二）面临挑战

（1）资金和基础设施建设问题。辽河生态旅游的运营发展需要大量的资金支持。目前，辽河生态旅游项目的开发运营缺少资金支持，导致未开发的生态旅游项目搁浅，已开发的生态旅游项目缺少配套的基础设施。建议政府相关部门制定有利于辽河生态旅游发展的优惠政策，在资金扶持方面给予相应的倾斜，放宽相关贷款政策和招商引资准入条件等，为辽河生态旅游的发展提供充足的资金保障。

（2）旅游产品结构问题。辽河生态旅游产品融合度较低，在功能结构上比较单一，不能满足游客多方位的旅游需求。规模较小，档次较低，很难满足一些高端旅游消费者的需求。因此，辽河生态旅游产品的升级换代迫在眉睫。提升辽河生态旅游的竞争力，需要围绕优势辽河旅游资源，充分挖掘辽河深厚的文化底蕴，形成生态旅游聚集体，包括生态旅游企业、关联企业、生态行业协会等，塑造精品辽河生态旅游度假区。

（3）生态旅游开发模式问题。随着休闲度假时代的到来，辽河生态旅游的开发模式急需创新。具体有单一模式下的产品升级、复合模式下的产品升级、度假方式和度假资源相结合的生态旅游复合产品和主题模式下的产品升级。辽河生态旅游产业经济规模较小，应从单一生态旅游向生态综合产业经济方向进行转变。

（4）辽河生态旅游品牌知名度问题。辽河作为辽宁省的母亲河，具有较强的地域品牌知名度，相比之下，旅游品牌知名度的塑造力度稍显不足。在辽河生态旅游发展过程中，应致力于打造知名生态旅游目的地，塑造辽河绿色生态旅游的品牌形象，共同做大做强辽河生态旅游产业。

（三）总体趋势

辽河干流旅游资源丰富，分布广泛，以湿地、沙滩、海水等自然资源为主，河流沿线拥有丰富的文化资源，依托自然和文化资源开发的旅游项目具有广阔的发展前景和独特的地方特色，辽河有望通过高标准、高水平、大手笔的建设对辽河区域重点项目进行打造，以期未来将其打造成国民休闲生态旅游基地、国家河流型 5A 级旅游景区，不仅为辽河干流"旅游带"的规划建设提供物质基础，更为"生态带"和"城镇带"的规划建设提供基本保障。

（1）辽河流域环境状况良好，有助于打造休闲度假基地。辽河生态文明示范区所包含的旅游资源极其丰富，积极改善辽河干流国民旅游休闲环境，推进旅游休闲基础设施建设，加强旅游休闲产品开发与活动组织，完善旅游休闲公共服务，提升服务质量，将辽河生态文明示范区打造成为现代休闲旅游基地。

（2）辽河生态旅游特点突出，有利于建设生态文明示范区。辽河是辽宁的母亲河，可依照国家景区的标准进行严密筹划和精心建设，依托辽河保护区的原生态格局，以"梦想辽河"为主题建设河域旅游独特风景，打破行政区划界限，进行整体设计和旅游资源整合协同开发，形成一系列具有较大影响力的旅游精品线路和产品，积极拓展国内外中高端旅游市场，打造国家级辽河生态文明示范区。

（3）融合辽河流域多种产业，构建生态休闲旅游产品体系。辽河流域资源类型多样，以辽河原生态自然景观为基础，充分利用历史文化资源，发展滨河特色农业、农场、农业庄园和湿地公园，初步建成具有辽河特色的生态休闲度假旅游产品体系，利用 4~5 年时间，完善重点旅游区的食、住、行、游、购、娱等基本要素，完善辽河生态旅游服务功能。

（4）创新生态旅游发展模式，创建全国生态旅游品牌。辽河流域始终坚持辽河生态资源保护为第一要旨，在强化资源保护同时实现自然资源的科学开发和合理利用，通过生态环境恢复改善人类生活条件，利用旅游市场开发反哺生态保护，实现生态环境保护与满足人民物质文化生活需求间良性互动的生态经济发展新模式，争创全国河流生态旅游品牌。

四、辽河生态旅游示范区的目标、定位及战略

辽河生态文明示范区本着"以优势资源为基础，以重点项目为牵动，以力创精品为核心，以市场需求为导向，以绿色促销为手段，以科学管理为保证，以保护环境为前提，以可持续发展为目的"的开发思路，以生态休闲为主，依托辽河独特的旅游资源和丰富的历史文化内涵，面向旅游者，致力于建设享誉东北的国民休闲度假旅游基地。

（一）发展定位

辽河生态旅游的发展定位为国民休闲度假基地，河流型生态文明示范区。以"生态旅游、休闲度假、绿色发展"为理念，以"梦想辽河，生态旅游"为主题，以河域为核心，以休闲度假为主导，充分利用辽河独有的生态自然条件、丰富的历史文化以及周边城镇的特色，将生态与河域、自然和历史有机结合起来，促进辽河旅游与其他绿色产业的融合发展，建设生态和谐的辽河生态文明示范区生态旅游产业，扩大辽河生态旅游产业规模，实现旅游产业的可持续发展。

（1）建设国民休闲旅游目的地。以生态旅游为核心，依托辽河沿岸优美的自然风光，建设体现生态文化、独具东北特色的旅游观光、休闲度假基地，构造生态旅游产品体系以满足旅游者的需求，打造以生态旅游为核心的国民休闲度假旅游目的地。

（2）打造国家河流型5A级景区。依托辽河旅游区特色资源，以旅游产品的多样性为基础，拓宽旅游活动市场，根据客源市场与辽河城市交通的便捷程度、景观的差异性、距离的远近、客源容量大小以及经济因素等指标，打造具有较强市场辐射力的国家5A级河流型旅游景区。

（3）构建国家级河流型生态文明示范区。应积极整合资金，加大力度，在全面推进环境连片整治的基础上，对辽河流域及周边区域进行重点保护，构建以生态恢复和生态可持续发展为主题的河流型生态文明示范区，使辽河流域成为覆盖东北亚地区的重要休闲旅游度假目的地。

（二）总体目标

围绕"1234，十百千万"的空间布局，以辽河为主线，贯通辽河两条旅游大道，延伸生态带、旅游带和城镇带，通过5年的努力，建设10个初具规模和集群效应的生态圈，发展100个滨河特色农业、农场及农业庄园，完成1000个行政村（街道、场）的环境综合整治工作，扶植10000个辽河生态文明示范区的特色农户，全面完成辽河生态文明示范区基础项目和旅游项目的建设，争取到2017年，实现辽河生态文明示范区年接待旅游者1.06亿人次，年旅游总收入485亿元，最终形成旅游线路和产品体系丰富、旅游服务设施完善、具有较强国际市场影响力的辽河生态文明示范区。

（1）打造一个基地。在规划期内，积极改善辽河干流国民旅游休闲环境，推进基础设施建设，加强旅游休闲产品开发与活动组织，完善旅游休闲公共服务，提升服务质量，到规划期末将辽河生态文明示范区打造成与小康社会相适应的现代国民旅游休闲基地。

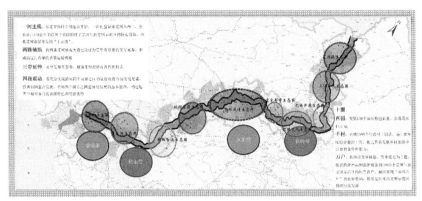

图 7-2　辽河生态文明示范区旅游产业发展总体布局

（2）建成一个景区。在规划期间内，按照国家 5A 级旅游景区的标准进行严密筹划和精心建设，依托辽河保护区的原生态格局，以"梦想辽河"为主题建设辽河旅游独特风景，打破行政区划界限，进行整体设计和旅游资源整合协同开发，形成一系列具有较大影响力的旅游精品线路和旅游产品，积极拓展国内外中高端旅游市场，到规划期末将辽河生态文明示范区建设成为中国河流型 5A 级旅游景区。

（3）发展一个体系。在规划期间内，以辽河原生态自然景观为基础，充分利用历史文化资源，发展滨河特色农业、农场、农业庄园和湿地公园，初步建成具有辽河特色的生态休闲度假旅游产业体系。到 2017 年，重点旅游区的食、住、行、游、购、娱要素基本具备，创造 5 万个就业机会。

（4）开创一个标杆。在规划期间内，始终坚持辽河生态资源保护为第一要旨，在强化资源保护同时实现自然资源的科学开发和合理利用，通过生态环境恢复改善人类生活条件，利用旅游市场开发反哺生态保护，实现生态环境保护与满足人民物质文化生活需求间良性互动的生态经济发展新模式，到规划期末使辽河生态文明示范区成为全国标杆的河流生态文明示范区。

（三）功能区划

（1）探秘幽谷文化生态综合旅游区。作为辽河源头的城市所在地，主要以具有文化历史内涵的旅游资源作为规划发展的重点。福德店作为辽河在辽宁省内的源头，承载着辽河这条母亲河的历史与文化；开原市的"九曲辽河"象征着辽河历史文化的源远流长；银州区作为辽河干流少有的城市景观带，以辽河的历史文化作为依托，强烈的都市现代感与辽河干流的乡村旅游形成了鲜明的对比，在突出自身内涵与特点的同时，也使辽河干流旅游带的资源类型更加丰富饱满，着力打造辽河福源生态圈、三江卧龙生态圈、九曲开元生态圈和红楼文化生态圈，探索文化生态旅游区的建设。

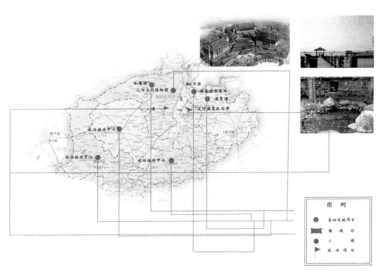

图7-3 辽河生态文明示范区——福源生态圈

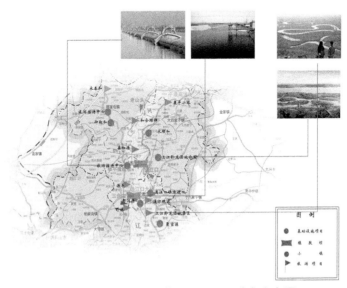

图7-4 辽河生态文明示范区——三江卧龙生态圈

图 7-5　辽河生态文明示范区——九曲开元生态圈

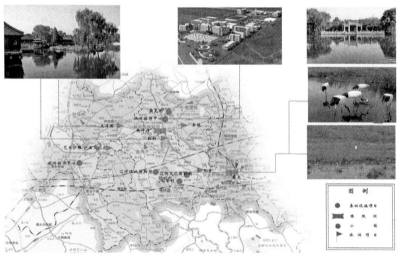

图 7-6　辽河生态文明示范区——红楼文化生态圈

　　（2）休闲乐土都市生态综合旅游区。作为辽宁省的经济文化中心，城市景观类型的旅游资源较为丰富。在辽河干流旅游带的规划建设中，致力将沈阳段打造成城市景观区，与辽河干流乡村旅游形成差异化对比度，使辽河干流旅游带的景观更加完善、类型更加丰富。沈阳段以沈北新区经济开发区、石佛寺水库、七星山旅游风景区作为资源依托，打造皇家都市生态圈、国际风情生态圈和休闲庄园生态圈，使其成为辽河干流旅游带上城市景观的亮点。

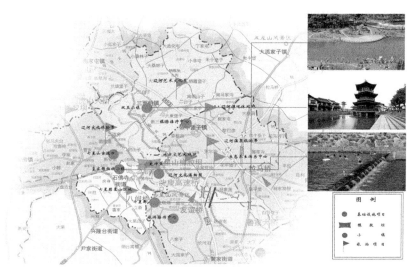

图 7-7 辽河生态文明示范区——皇家都市生态圈

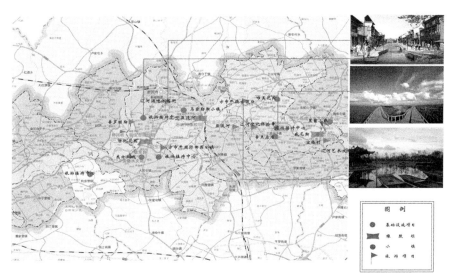

图 7-8 辽河生态文明示范区——国际风情生态圈

（3）悠闲田园乡村生态综合旅游区。鞍山台安县拥有丰富的农业资源，乡村旅游体验所依靠的特色旅游资源是其规划建设的重点，淳朴的乡村民俗是辽河生态文明示范区中唯一的纯正乡村风情游区域，据此打造琥珀台安生态圈，构建乡村田园生态旅游区。

图 7-9　辽河生态文明示范区——休闲庄园生态圈

图 7-10　辽河生态文明示范区——琥珀台安生态圈

（4）奇异风光湿地生态综合旅游区。拥有世界闻名的红海滩湿地，作为国家级旅游风景区，湿地资源现已开发得比较成熟，因此可作为辽河干流旅游带上的一大亮点。世界第一大的芦苇荡湿地是又一旅游资源亮点。盘锦段动静结合的旅游资源，将会成为辽河干流旅游带上最具吸引力的旅游自然资源。以资源为基础，打造盘山闸生态圈和辽河德汇生态圈，努力构建具有独特风光的湿地生态旅游区。

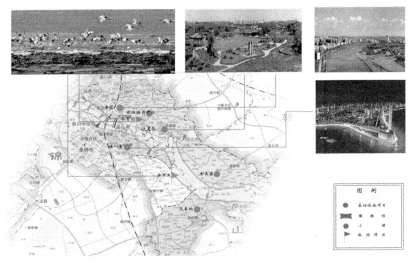

图 7-11　辽河生态文明示范区——盘山闸生态圈

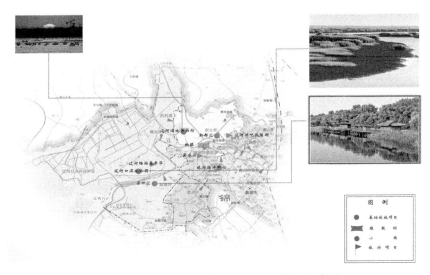

图 7-12　辽河生态文明示范区——德汇生态圈

（四）开发模式

（1）莱茵河模式。瑞士采取源头治理和立法并举的做法，始终强化立法。随着环境保护法规的深入人心，瑞士先后拆除了各类不合理的工程，建设大片湿地和恢复森林植被，部分曾被改弯取直的人工河段又被重新恢复其自然河道。基于历史文化和自然资源禀赋，莱茵河基本形成了上游、中游、下游空间布局合理的产品结构：一是上游湖泊休闲度假旅游，主要旅游形式是冬季滑雪旅游、夏季避暑旅游以及各种形式的观光旅游。二是中游历史文化遗产旅游。主要旅游形式是游轮旅游、山地徒步旅行、山地自行车运动。三是下游工业及工业遗产旅游。同时，莱茵河作为一个整体旅游区，主要包括水上旅游产品、陆上旅游产品、城市旅游产品、空中旅游产品四大类，充分体现了旅游产品的特色性、差异性、整体性。

（2）泰晤士河模式。设立统一的水域管理机构，实行公司化运作。为了对河段进行统一管理，将全河流域划分成10个区域，合并了200多个管水单位，建立了新的水业管理局（实行私有化后成为泰晤士河水业管理公司）。泰晤士河水业管理公司负责对全流域的水资源进行管理与保护。成立一个由各级政府机构联合建立的组织对河流进行管理，摆脱了单纯来自各河段所属地方行政的束缚，尽可能公平地对水资源进行全流域的分配。泰晤士河生态系统改善极大地促进了与此相关产业的再次繁荣与快速发展，依托于泰晤士河的航运业、旅游业等为英国经济做出了巨大贡献。

（3）波托马克河模式。多年来，为了保护好波托马克河，波托马克河生态维护协会制定了一个"河流监管计划"，组织热心维护河流健康的志愿者，监管两岸可能发生的违法行为。这些志愿者不但要有热情，还需对监管工作认真负责。生态维护协会有专门的志愿者报名网站，有意者可通过多种形式向协会报名当志愿者。波托马克河流经美国的首都华盛顿，生态环境的改善直接带动了沿河城市旅游业的繁荣与发展，沿河的瀑布、缓流都成为可供开发的重要景点。

（4）新加坡河模式。加强政府管控力度，实行严格管理。早在1977年，政府就下令要求新加坡河上所有船只一律停驶，两岸货仓和船厂强行搬迁，在全岛铺设地下水道，将沿岸的近3000户家庭小工业作坊集中迁入可控制排污的中心工业区。经过十多年的努力，新加坡河上开辟了游船，供游人观光休闲；沿河两岸汇聚了各国的美食佳肴，成为游人集聚的地方；河岸上的传统建筑大都保留着旧货仓和商栈的原始外貌，成为新加坡著名的旅游景点和休闲娱乐场所。

（5）渭河模式。陕西省政府在渭河流域综合治理过程中，首先进行了加固堤防、整治河道等工作，设立了蓄滞洪区及放淤区。在此基础上，确定"一河、两堤、三区、四园"的规划布局，形成了生态环境优美的渭河、稳固实用的河堤、自然生态的农村与小城及主题鲜明的生态景区相互匹配的产业发展模式，促进了沿岸经济的快速发展。

（五）战略路径

（1）品牌化战略。充分发掘辽河现有旅游资源的独特优势，构造出不同区域的辽河旅游主题，形成清晰的区域形象和主题内容，具体为历史生态旅游、都市生态旅游、乡村生态旅游和自然生态旅游。塑造全国独一无二的河流型5A级景区的品牌形象，运用旅游营销的独特方法，集中展示辽河生态文明示范区的独有魅力，提高辽河国民休闲基地在省内、东北三省以及国内的影响力，最大限度地开拓区域市场及国际市场，让辽河成为国内知名的生态休闲康体旅游目的地。

（2）聚集化战略。辽河要构建生态旅游产业集群，选择发展潜力强、带动性强的核心吸引物来构筑主业旅游产业链，垂直或者水平方向整合各种相关要素形成旅游产业集群，利用产业集群模式发展辽河旅游，确定若干重点发展区域，对辽河区域内的旅游资源进行有效整合，紧紧地围绕生态旅游资源进行综合配套协调，形成集聚效应增强辽河生态旅游产业的整体优势，实现辽河生态旅游产业的可持续发展并带动对其他产业的关联性。

（3）组合化战略。产业联合发展战略——构建生态旅游产业链。构建旅游产业链和旅游产业体系，新型旅游产品面向客源市场。基于生态文明的角度，按照后工业社会旅游产业生产和运作方式，围绕市场上出现的新型旅游需求，构建不同形态和类别的观光、度假、休闲、养生、科考产业链，从而扩大辽河新型业态在旅游产业中的比重，使产业构成基础发生根本性变化，新兴的高科技、高附加值服务业业态成为辽河旅游产业的主要组成部分，使旅游产业更加生态化。

（4）梯度化战略。由于辽河流域现有旅游资源存在着已经开发的和尚未开发的，这就需要结合现有旅游资源的实际情况，实行梯度化开发战略。通过较为成熟的旅游项目凝聚人气，通过正在开发的旅游资源提升人气，通过待开发的旅游资源扩大人气。

五、辽河生态文明示范区项目建设及旅游线路

（一）建设目标

（1）建设旅游聚集区和聚集带，实现辽河旅游大发展的总体目标。辽河旅游带的灵魂是水，旅游开发应做好"水"文章，游水、玩水、戏水，精心打造旅游特色品牌。景区的旅游项目应突出个性，具有"人无我有，人有我异"的特色，在旅游活动的设计上多下功夫。要体现天人合一的思想，达到人与大自然和谐共处的美好境界。景区旅游品牌要突出生态旅游、乡村旅游、休闲旅游。发展要以沿线现有成熟旅游产品为基础，通过对全线旅游资源的综合开发和合理利用，形

成若干条具有核心吸引力的精品旅游线路，形成类型互补的旅游经济综合体、旅游产业聚集区和旅游产业聚集带。旅游产业聚集区将成为未来辽宁旅游业发展的重要支撑，成为辽宁旅游经济新的增长点。

（2）融合周边相关产业，实现辽河旅游产业融合发展的产业目标。要做好辽河生态旅游，产业结构的调整要先行。由于历史的原因，辽河湿地不断被开垦，造成水面日趋缩小。近年来，在辽宁省委省政府的统一部署下，在辽河两岸有计划地实施了退耕还河的战略，扩大河面的面积。景区造景应以植物、水景为主，保持辽河自然风光。周围乡村应走生态农业产业化之路，利用自然资源，大搞绿色产品加工，让当地的资源优势转化为市场优势和规模经济优势。要加强特色水产品、水生植物产品基地的建设，实施品牌战略，发展特色加工，走生态产业化之路，实现生态环境保护、旅游经济与社会经济发展的有机结合。

（3）采取环境保护措施，实现辽河社会经济效益一体的综合目标。良好的生态环境是发展生态旅游的根本，辽河旅游带现有的生态环境极具特色。随着辽河流域沿线城市的经济快速发展，保护好辽河生态环境尤为重要。在发展辽河旅游带的同时，应严格限制周边地区的工业发展，做好辽河整体环境维护，确保辽河生态环境不受破坏。

（二）重点项目

辽河生态文明示范区旅游带重点项目见表7-1。

（三）精品线路

（1）黑土文化，满族风韵——辽河文化体验旅游线路。主要包括铁岭、沈阳两市，以文化为主线，以"品黑土文化，赏民族风情"为主题，依托铁岭的蒙古族文化和沈阳满族文化资源，联合铁岭、沈阳辽河旅游带上的体验类项目，突出民族文化特色，打造辽河文化体验旅游线路。

（2）乡村风情，康体疗养——辽河休闲度假旅游线路。主要包括沈阳和鞍山，该线路以休闲度假为主线，以"乡村观光，温泉养生"为主题，依托两市小韩村温泉、兴隆堡温泉和汤岗子温泉等著名的温泉旅游资源和丰富的乡村旅游资源，大力发展乡村和温泉旅游，开发辽河中段休闲度假旅游线路。

（3）绿色山林，红色湿地——辽河生态观光旅游线路。主要包括鞍山市和盘锦市，以"生态旅游＋观光休闲"为主题，依托鞍山生态旅游带和千山风景区的"绿"、盘锦生态旅游带和红海滩景区的"红"，突出色彩变化，将生态与当地最具特色的景区进行联合，打造辽河生态观光游线。

（4）看路书，赏美景——辽河沿线自驾车旅游线路。依托辽河沿岸优美的自

表7-1 辽河生态文明示范区旅游带重点项目一览

项目名称	项目地址	项目定位	建设内容
辽河旅游大道	以铁岭市昌图县的福德店起点为起点，终点到盘锦市辽河入海口	本着满足交通运输的要求和保护辽河生态环境的原则，将旅游大道建成全国标志性内陆生态大道	一是道路建设，旅游大道分为辽河北路和辽河南路，长度均为500千米左右，其中辽河南路设计长度略长。旅游大道设计以现有的堤现路为基础进行扩建，将辽河沿岸10千米范围内的所有乡镇、村屯（居民点）都连接起来，形成沿辽河分布且交通发达的城镇带区域，为当地的经济发展与旅游业开发提供有效的支撑。二是路网建设，柏油路面宽度为8~9米，村屯密地联系起来，在建设过程中与涉河乡镇的现有路网实现互联互通。三是公共服务设施建设，辽河干流左岸、右岸，全程设立20个左右的控制点，每个控制点设立一个"加'游'"站（旅游接待中心），能够均衡提供必要的旅游服务功能，为游客自驾车及大型客车提供必要的游客服务功能。汽油、水、食品等方面的补充。四是环境保护，要注意与生态环境密结合，也可以与观景阁组合在一起。既让游客得到了良好的休息，也可以眺望辽河生态美丽景色
辽河干流航道	橡胶坝：辽河干流所有橡胶坝所在地码头：黄洋泡、英守屯和人道沟（九曲开元生态圈）、小道子、八道沟和十大股（辽河德汇生态圈）、七星山镇（七星山生态圈）	利用辽河的航道资源，发展水上娱乐项目，分步恢复辽河通航能力，打造辽宁省旅游业新景观	一是橡胶坝船闸改造，现有的橡胶坝闸间的改造是实现辽河全河段旅游通航的基本条件，对现有的橡胶坝闸持续推进补投入是十分必要的。二是旅游码头建设，在目前辽河全河段可通航实现九曲开元生态圈，辽河德汇湿地生态圈、七星山家都市生态圈河段的7个乡镇分别建设7个旅游接待码头。在对辽河未来可进行有效评估之后，争取尽快确定具有通航潜力的若干旅游码头。三是码头旅游接待能力。为更好地确保旅游岸边旅游接待中心的功能，要通过后方接线道路的连接，在辽河大道大堤外建设具有长久性质的岸线游客接待中心，具有一定的游客接待和服务功能，同时建设有一定面积的停车场。四是古渡口恢复，对历史上的古渡口进行恢复重建，重现当年的面貌
辽河馆园建设	辽河湿地博物馆：盘锦市辽河德汇生态圈内辽河文化博物馆：铁岭凡河口小镇或沈北七星山镇	依托湿地自然资源和文化人文资源，打造东北地区最大的湿地博物馆和文化博物园	一是辽河湿地博物馆建设，依托盘锦湿地资源，建设集各学科知识的综合性博物馆，详细地介绍湿地形成原因、特点、自然资源、美丽景色等，让更多的人更加深入地了解湿地，而不再局限于简单的观赏，也有助于在青少年当中形成学习科学的意识，让更多的人参与到自然生态保护的工作当中来。二是辽河文化博物园建设，该项目对辽河沿岸的历史文化与文物进行合理开发与利用，通过多种展示形式，包括4D动态电影、实物展示等，向游客详细介绍辽河的形成、发展，改造及创造文化，历史文化、民俗文化、农运文化，认识辽河

续表

项目名称	项目地址	项目定位	建设内容
特色旅游小镇	辽河沿岸	依托现有的城镇进行合理规划布局，统筹建设30个河流旅游带特色小镇	一是以生态资源为诉求的特色小镇，这类小镇与生态景区紧密结合，成为邻近生态景区的重要旅游目的地和中转站，以及吃住行游购娱的支撑；二是以温泉资源为重要支撑的特色小镇，结合辽宁省要建设中国温泉旅游第一大省的发展目标，利用辽宁省发展温泉旅游产业的政策，积极开发温泉资源，科学设计温泉旅游产品，主要是具有明显差异化的温泉旅游小镇定位；三是以民俗文化为重要依托的特色小镇，结合当地民族分布情况和民俗文化特点，创造性地策划设计出一些重大的节事活动，通过良好的营销宣传，形成口碑和辐射效应，吸引游客前来参与；四是以综合旅游服务为功能的特色小镇，可以结合小镇所特有的演临喧闹娱乐生活的重要承载体和休闲娱乐活动，成为城市周末未生活的重要承载体和休闲娱乐活动，发展其成为城市周末的短线旅游目的地
湿地公园	辽河旅游带25个湿地公园	依托辽河旅游带的湿地资源，打造辽河旅游带湿地景观	一是景区基础设施，包括景区人口和牌坊、景区接待中心、景区停车场，以及其他相关的水电管网，供水设施、排污排水设施、生态环保厕所，太阳能供电设施及其他相关辅助设施；二是山体被当天林露天休闲广场，休闲广场可以设计为半圆式古罗马斗牛场，建设风格，以山体被当背景，舞台采用"下沉式"布局，游客可以坐在台阶上休憩和欣赏各类民俗民间文艺表演，正所谓"仰高山俯流水日际紫统古今旋律，冰林憩赏各类民俗可同文艺表演，正所谓"三景观廊桥；三是景观廊桥，该桥与湿地公园毗邻，公园依山傍水，生态和谐，可以在辽河大堤外侧自然环境将成为国内建设风观生态日心中自有人有大于世界"；三景观廊桥，该桥与湿地公园毗邻，公园依山傍水，生态和谐建设观景阁，可以将国内著名消费者都有的亭阁楼宇都进行适当地缩微，然后进行生态化观景区，确定方案之后，在每个景区进行建设辽河世界等项目，亲子水上娱乐等项目，也可以建设一些划船或其他水上娱乐项目，也可以根据自身情况开发建设一些中小型娱乐项目，对旅游者产生较为明显的吸引力。
辽河养生养老基地	辽河沿岸	以孝道文化为主题，建设10个大型养生养老基地，打造世界级的辽河养生养老长寿带	一是老年公寓社区，使老年人具有相对独立的居住和活动空间，满足不愿意与子女合居住在一起的老年人需求；二是老年文化社区，要营造良好的文化养育环境，以健康向上的文化主题营造社区老年人健康教育意识；三是生态养生园区，要建设完备的社区医疗体系，养生养老项目加强健康管理意识，建立健康管理系统模式；四是服务功能社区，项目的物业管理与社区配套；结合社区的实际情况，建立健康物业管理与服务配套；五是老年运动公园，可以针对部分老人的高端需求，开发出小型轻主题运动公园；

续表

项目名称	项目地址	项目定位	建设内容
辽河福源生态圈	铁岭福德店、沈阳康平	辽河起源与“辽”多民族文化体验区	一个景区：福德店湿地景区 两个小镇：昌图福德店温泉小镇、康平北三家辽河风情小镇
三江卧龙生态圈	铁岭昌图、沈阳法库	渡口历史文化体验区	六个旅游区：青龙山旅游区、虎眼山旅游区、三河下拉湿地旅游区、小塔子旅游区、和平湿地旅游区、通江口湿地旅游区 四个小镇：康平郝官屯辽河风情小镇、法库和平辽河风情小镇、昌图周家网风情小镇、昌图通江口风情小镇
九曲开元生态圈	铁岭开原	水文化体验区	三个旅游区：五棵树的湿地旅游区、位于老边的湿地旅游区、位于平顶堡的湿地旅游区 两个小镇：开原老虎头山的风情小镇、位于开原清河的风情小镇
红楼文化生态圈	铁岭凡河	“清”文化体验区	四个旅游区：双安桥的湿地旅游区、位于蔡牛的生态旅游区、位于新调线的湿地旅游区、位于凡河口的生态旅游区 两个小镇：铁岭凡河的风情小镇、铁岭蔡牛的风情小镇
皇家都市生态圈	沈阳沈北新区	“清”历史与都市融合体验区	一个旅游区：七星山湿地旅游区 两个小镇：铁岭陈平风情小镇、沈北七星风情小镇
国际风情生态圈	沈阳新民	国际化与都市融合体验区	三个旅游区：马虎山湿地旅游区、巨流河湿地旅游区、毓宝台湿地旅游区 五个小镇：新民陶屯马虎山风情小镇、新民三道岗旅游小镇、新民公主屯辽滨塔旅游小镇、新民方巾牛国际田园小镇、新民城市风情小镇
休闲庄园生态圈	辽中	乡村风情与都市融合体验区	两个旅游区：满都户湿地旅游区、本辽辽湿地旅游区 三个风情小镇：辽中老大房风情小镇、辽中城郊风情小镇、辽中满都户风情小镇
琥珀台安生态圈	鞍山台安	乡村生活、历史文化与农事活动综合体验区	两个旅游区：红庙子湿地旅游区、大张桥湿地旅游区 三个风情小镇：台安达牛风情小镇、辽中朱家房风情小镇、台安琥珀湾风情小镇
盘山闸生态圈	盘锦	航运文化与生态旅游综合体验区	两个湿地旅游区：新华湿地旅游区、张家湿地旅游区 五个风情小镇：台安新华风情小镇、盘山沙岭风情小镇、盘山张家风情小镇、盘山陈家风情小镇、盘山吴家风情小镇
辽河德汇生态圈	盘锦辽河口	湿地景观与生态旅游综合体验区	一个自然保护区：辽河口自然保护区

然风光和七里路书、通江晚渡等旅游项目，在生态观光的基础上，通过发展满足旅游者体验性、参与性需求的运动游乐项目，为游客提供复合型的旅游产品与服务，打造辽河生态文明示范区旅游带自驾车游线，提升辽河生态旅游带的整体吸引力。

六、辽河生态文明示范区设施建设及行动计划

（一）设施建设

（1）旅游道路建设。主要包括辽河生态文明示范区的公路和旅游大道建设，干线公路具体是指进入示范区必经的国道、铁路、高速公路等，辽河干流流经辽宁省的铁岭、沈阳、鞍山和盘锦这 4 个城市，由东向西纵贯辽宁中部城市群，与众多的公路、铁路形成了交会点。为使辽河生态文明示范区具有更好的可达性，相关部门应在对应的集散公路上建立辽河生态文明示范区标识，具体规划设计如下：标识的具体位置应在道路的交叉口处，如与其他交通标志冲突时，可设在离其他标志 60 米外附近或交叉口下游。如果现有道路条件无法单独设立旅游景区的交通引导标志时，可采用与一般指路标志组合设置。距离辽河生态文明示范景区 500 米范围以外的指引标志一般采用辽河生态文明示范区距离方向标志；离示范区 500 米以内的指引标志应使用辽河生态文明示范区方向标志。所有引导线路上的交叉口均应设置辽河生态文明示范区方向标志。可进入性强的干线公路为辽河生态文明示范区旅游市场的拓展、重游率提升以及生态旅游形象的推广做出了巨大贡献。旅游大道以辽宁省铁岭市昌图县的福德店为起点，终到盘锦市辽河入海口处，里程数为 1067 千米，由辽河北路和辽河南路组成，连接辽河沿岸 10 千米范围内的所有乡镇、村屯（居民点）。以辽河沿岸地形、水文地质等自然因素的调查勘探结果为基础，辅助辽河三带建设为最终目标，在保持线性连续、均衡，确保行驶安全、舒适的前提下，建设辽河旅游大道。

（2）交通配套设施建设。旅游带交通应布局合理，设施完善，可进入性好，安全便捷，应设置相关的交通指示性标牌便于游览。旅游带区内应配置环保型的交通工具，且应安全卫生、性能良好、标志鲜明。首先，要完善辽河干流旅游交通网络，以公路尤其是高速公路网络为主要依托，选择合理的高速公路出口、轨道站点设置旅游专线。其次，要分层次解决辽河旅游的交通障碍，区外（客源地—旅游带之间）旅游交通以自驾车、旅游大巴为主，完善交通标志指引和交通

信息引导，辅以旅游专线，提高景区的直达率，并充分利用原有城际、城郊公交快线，实现客源地到旅游带区域的快速通达；区内（旅游带—周边景区之间）旅游交通开发旅游带区域内旅游专线，配套高标准硬件设施，对于客流不成规模、基础设施短时间内难以改善的景点，利用辅助交通方式（电瓶车、自行车、游览观光车）进行接驳。再次，完善旅游交通配套设施与软件建设，完善区内自驾车和散客服务体系，建设旅游标志系统、自驾车营地、服务区便利广大散客的服务。最后，做好车站、停车场、路标、指示牌等与旅游直接相关的交通配套设施的规划设计和建设工作，加强辽河干流旅游带交通系统的智能化和信息化建设，提高旅游交通服务质量。

（3）基础服务设施建设。从服务中心、公共服务区、餐饮客房服务设施和购物设施四个方面着手，完善基础服务设施建设。在服务中心方面，设立辽河干流旅游服务中心，提供辽河生态文明示范区宣传品、交通图和各项服务表等服务；在公共服务区方面，公共休息区应节点布局合理，满足游客需要，设施完备，舒适洁净，有条件的区段设置与游客规模相应的游客中心，提供多种形式的旅游服务；在餐饮和客房服务设施方面，餐饮区应布局合理，装饰等应符合河流文化及周边环境，旅游带辅助休闲区应根据游客规模设置一定数量装修良好、有配套设施的客房，并按 GB/T14308 的标准配置客房和相关设施；在购物设施方面，根据旅游带各旅游功能区的分布特点和游客需求设置旅游购物场所，购物场所应与整体环境相协调，融观赏性和服务性于一体，且布局合理、功能完备，购物场所的商品应品种多样，提供有地方特色的旅游商品。

（4）旅游标识和解说系统建设。在标识系统建设上，各区段入口处、交叉路口和服务场所应设置指示标识和导引标识。入口处还应设置辽河生态文明示范区全景图和线路图。公共信息图形符号标志按 GB/T 10001.1、GB/T 10001.2 和 GB 2894 的规定设置。无人值守的危险地段，警示标志应有夜间照明。在旅游解说系统建设上，在旅游带沿线设立旅游解说系统，帮助旅游者较深入地了解当地历史文化、民风民俗，提高旅游者的认识；同时对旅游者的行为进行以教育为基础的管理，在享受旅游资源的同时，不对资源和设施造成浪费污染等过度利用或破坏，唤起公众的辽河文明旅游意识。

（5）旅游环卫安全设施建设。在环境卫生设施建设方面，旅游带各旅游区内应设置满足游客需要的厕所、垃圾箱等卫生设施。厕所的设施和管理应符合 GB/T 18973 的规定。垃圾箱应布局合理、标志明显、外形美观，与环境相协调，且应尽量分类设置。根据需要，对旅游路线所经的陆路、水路进行整修，对其周边的环境和景观进行整治和培育；采用符合生态原则的旅游交通方式和旅游线路。交通的发展规划需仔细考虑可能造成的景观影响，要避免交通路线建设和各类步行道和栈道对景区的分割以及对景观的破坏。在安全设施建设方面，危险或不宜进入的河道地段、场所应设置警示标志或禁止进入标志，安全防范设施齐备。应及时排除各类危及游客安全的因素，无法排除的应采取必要的防护措施，并设置游客容易看到的规范中英文警示标志。危险难行的步行路段应合理设置注意事项告知牌。各种安全设施、安全标志应随时检查，发现有破损、变形或变色的，应及时整修或更换，水中设有景观灯等人体可接触到的照明设施应采用弱电。

（6）其他配套设施建设。旅游带各区域要建立完善的防灾救援体系，提升安全等级；污水处理设施建设，做好规划和建设项目环境影响评价，建立生态建设和环境保护指标体系、监测体系，保护辽河的生态环境；旅游带的管理路全段出入口、通道、危险地段、警示标志、游乐设施等均应有照明设备，照明设施应以绿色环保节能地面路灯为主；给水工程、电力供应设施和通信设施的建设与完善，应满足旅游业发展的需要。

（二）行动计划

（1）完成辽河生态文明示范区旅游带规划的编制。深入贯彻落实中共十八大精神，坚持科学发展观，整合铁岭、沈阳、鞍山和盘锦四市资源，合力制定发展规划，实施政府主导发展计划，抓定位提升，提出定位口号，保护辽河旅游资源，提出未来5年辽河生态文明示范区旅游发展路径，大力发展辽河生态旅游，遵循"以优势资源为基础，以重点项目为牵动，以力创精品为核心，以市场需求为导向，以绿色促销为手段，以科学管理为保证，以保护环境为前提，以可持续发展为目的"的开发思路，把辽河干流建设成为"中国一流的国民休闲旅游基地，中国5A级河流型生态文明示范区"，使辽河生态文明示范区的生态旅游成为辽宁省旅游产业跨越式发展的突破口和产业结构调整的新增长点，全面提升辽宁省生态旅游新形象，为建设美丽辽宁做出新贡献。

（2）提升旅游服务水平，构建国民休闲旅游基地基本框架。通过前期的工作准备，使辽河生态旅游圈及重点企业通信、道路等公共服务水平有明显改善，所有配套产业落实到位。逐步建立以各项旅游国家标准、行业标准和地方标准为基础的科学的旅游服务质量评价体系，通过行政管理部门、专家评估机构、新闻媒体、网络调查等多种渠道，深入调查旅游服务质量，全面了解旅游目的地质量、旅游企业服务、旅游行业服务、旅游者满意度以及旅游公共服务等状况，采取定性评价与定量分析相结合、专业评价与公众评价相结合的方法，科学、客观地评价旅游服务质量状况，帮助旅游目的地和旅游企业准确把握服务现状与存在问题，明确改进方向，增强自我调控能力，提高服务质量，以此为基础，构建国民休闲旅游基地基本框架，使其成为辽宁省旅游产业的重要支撑点和经济增长点，是辽宁省经济与社会实现又好又快发展的新的推动力。

（3）发挥各自优势，加快推进辽河十大生态旅游圈建设。要充分发挥四市各自的资源优势，铁岭要突出其自身特征，即丰富的历史河渡文化、美丽的草原生态资源以及银州区都市河域；沈阳要突出沈北自然资源特色以及都市特色；鞍山要强调乡村旅游特色；盘锦要突出以红海和苇荡以及辽河入海口为主要特征的自然生态资源优势，重点打造辽河福源生态圈、三江卧龙生态圈、九曲开元生态圈、红楼文化生态圈、皇家都市生态圈、国际风情生态圈、休闲庄园生态圈、琥珀台安生态圈、盘山闸生态圈和辽河德汇生态圈十个生态旅游圈；实现沿河四个城市之间的旅游资源合理优化配置，强调协同整合发展，明确差异化发展的基本思路，构建十大生态旅游圈各自的资源特色和突出优势。

（4）扩大营销宣传，促进辽河生态文明示范区市场开发。辽河生态文明示范区旅游带主要通过政府、社团、企业、新闻媒体、合作伙伴、消费者等，借助新闻宣传、广告活动、社区公益事业参与及大型营销活动等媒介及传递方式来塑造旅游形象，与外部公众实现协调与沟通，将真实展现辽河干流旅游带经营理念的旅游形象准确无误地传递出去，扩大旅游营销宣传，开发广泛的目标客源市场。依托辽河旅游区特色资源，根据目标城市与辽河交通的便捷程度、景观的差异性、距离的远近、客源容量大小以及人均收入水平高低等指标，定位旅游产品的多样性，吸引广大游客，在实际经营中注意市场情况的变化，及时地调整并确定新的细分市场，来保障旅游产品的持续生命力。

（5）重视人力资源建设，推进辽河旅游人才开发。依托省内高校旅游院系办好旅游专业，加强旅游管理人才培养，增加河流旅游管理专业，培养河流旅游方面的专业人才，在引进人才的同时，重视本地人才的培育。建立河流旅游培训基地，培养所需的河流旅游专业人才，增加河流旅游服务技能。吸收高校旅游院系优秀毕业生，充实辽河生态文明示范区从业人员队伍。加大人才储备，形成合理的人才梯度，为发展辽河旅游奠定人才基础。加强对辽河旅游发展新业态、新领域的调查研究，做好辽河生态文明示范区旅游和市场的统计调研工作，创新旅游发展理念和发展模式，提高服务质量。

（三）生态保护

（1）水体旅游资源的保护。坚持"科学保护、生态保护、环境保护、文化保护和美学保护"的旅游资源保护理念，严禁辽河干流两岸的工矿企业和居民生活点直接向水中排放污水，居民生活点和旅游接待设施的废弃物要进行集中处理，使其成为全省重要的旅游景观带。妥善处理好旅游开发与水质保护的关系，开展水上游乐体育活动，要防止汽油、垃圾和生活污水污染。旅游度假休闲设施只能在严格保护水质的前提下适度开发。

（2）地质地貌旅游资源的保护。坚持"保护与开发并重、分等级保护、依法保护"的原则，绝对禁止破坏地质地貌环境的开发建设，加强旅游环境保护的法制建设，加强旅游生态环境保护，统一规划，精心设计，科学施工，要与周围环境相互协调，避免对环境的破坏。

（3）生物旅游资源的保护。辽河生态文明示范区内开发旅游项目，必须编制保护与开发相结合的规划，在区段内设置生态环境保护展示室、宣传栏，在导游词中增加生态环境保护的科学内容。在旅游开发和接待过程中，要防止对水资源的破坏，加强对游客的宣传教育，建立各类珍稀植物保护制度，严格保护水生动物的生存环境，维护其正常的生态系统。

（4）文物古迹旅游资源的保护。严格遵守"修旧如旧"的原则，创造相应的历史文化意境。划分绝对保护区、环境影响区、环境协调区等规划保护范围，在不同的区域只允许开展相应的活动和项目。

（5）地方文化艺术与民俗风情保护。对于民俗风情，应保持其质朴淳厚的风格，继承当地的优良文化传统，并通过经济发展和旅游开发，逐步提高当地居民的生活质量，在保护民俗风情的基础上，实现对具有地方特色的服饰、饮食、歌舞、节庆、习俗、传统工艺品等民俗的挖掘深化。

第八章　辽宁沿海旅游带开发模式

围绕建设国家海岛公园，以休闲度假为核心，加快建设避暑养生度假、海上商务休闲、海洋文化观光、文化艺术创意、海珍美食体验五大基地，重点打造大长山岛（中心集散岛）、小长山岛（国际海钓岛）、广鹿岛（主题会议岛）、石城岛（文化创意岛）、大王家岛（浪漫情侣岛）、觉华岛（心灵禅修岛）、大鹿岛（乐活休闲岛）、獐子岛（海珍体验岛）八个示范海岛，推进规划建设海上低空旅游基地、黄海休闲总部基地、国际海钓俱乐部、国际游艇基地、黄海艺术部落、海上达沃斯（会议中心）、海上运动基地、海珍体验园八个引领性项目，将辽宁海洋海岛建设成国际知名、国内一流的"万象群岛世界，休闲度假天堂"。

一、发展背景、资源条件和现状基础

（一）发展背景

21世纪是海洋的世纪，无论是从经济利益还是从长远发展抑或是国家安全考虑，我国必须将战略目光从陆地拓展到海洋。《联合国海洋公约》在我国的推行，标志着我国开发利用海洋和海洋经济新时期的开始。舟山群岛新区成立标志着国家海洋发展战略掀开了新的篇章。在此背景下，开发辽宁6.8万平方千米海洋国土，发展海洋海岛旅游经济，既有以旅游业统筹发展海洋经济的内在需要，又有保护祖国蓝色领土的地缘政治意义。

海洋海岛旅游已经成为世界旅游的新宠儿。综观全球，海洋海岛旅游是朝阳产业，全世界40大旅游目的地中有37个是沿海国家或地区，其旅游总收入占全球旅游总收入的81%。远离城市喧闹的绿色健康的海岛生活，是一种慢节奏的享受生活、一种高品质的奢华生活，正逐渐成为一种引领时尚的新兴旅游方式，成为全球旅游的标高。近十几二十年来，世界上出现了巴哈马、毛里求斯、马尔代夫、巴厘岛等顶级的海岛、群岛旅游，不断地制造人类旅游的新时尚。世界海洋海岛旅游到达了一个历史的高点。

图 8-1 世界 13 大著名海洋旅游目的地分布

我国各地都已认识到海洋海岛旅游的价值所在，海南国际旅游岛建设上升到国家战略，浙江舟山群岛成为国家级新区和旅游业综合改革试点城市，福建提出了海西战略、国务院出台了《关于支持福建省加快建设海峡西岸经济区的若干意见》，山东蓝色海岸建设纳入省域经济发展战略高地，全国各地都在争夺海洋旅游发展，抢占海洋经济制高点。放眼全国，中国海岸线漫长，并不缺少海岸，但群岛并不多见，全国共有八大群岛，但南沙群岛由于政治军事、距离遥远等因素，短期无法开发旅游；舟山群岛因邻近长江出海口，海水质量不高；渤海海峡中的长岛群岛面积小、岛屿少，遭受污染程度较高；而辽宁长山群岛是东北唯一的海上群岛，条件优越，堪称"中国北方群岛之冠"，具备问鼎世界一流海洋生态旅游的实力。

（二）资源条件

（1）自然景观奇特，类型多样。辽宁海岸地质基础古老，岩性多为沉积岩或沉积变质岩，岩层层理清楚，地质剖面典型，地质构造多样，海蚀与海积地貌景观奇特，类型多样，奇石异洞比比皆是。大连金石滩绵延 20 余千米的海岸线，浓缩了古生代距今 3 亿~9 亿年的地质历史，形成了一个天然的地质博物馆。大连黑石礁、金州区的大李家乡朱家屯海滨、长海县石城岛银窝滩等地，都有大片"海上石林"景观。从大连、丹东、营口、盘锦、锦州到葫芦岛滨海沿岸均有海滨沙滩，现大多已开辟为海滨浴场。

（2）人文景观众多，特色各异。辽宁滨海地区受历史因素影响，历史人文景观众多。葫芦岛市绥中县万家乡墙子里村海岸旁有大型秦代行宫遗址——碣石宫。有九门口长城、兴城古城、祖氏石坊、文庙、朱梅墓园、前所城垣、前卫斜塔、妙峰寺双塔、沙锅屯石塔、汉望海台遗址、红石柱子遗址、金牛山"猿人"化石、营口西炮台、丹东大孤山的古建筑群以及旅顺口区的白玉山、黄金山、老虎尾等大量近现代战争遗址等。辽宁滨海地区现代人文景观大批涌现，包括现代城市建设、大型娱乐场所、依托大中型水库兴建的风景旅游区等。

（3）优良生态环境有利于开发新兴度假产品。辽宁海岛群地处暖温带半湿润季风带，受海洋气候影响，夏季凉爽舒适，空气清新，氧气含量高，为打造中国北方海上避暑胜地提供了有利条件。同时，辽宁各海岛开发程度较低，区位居幽闭塞，人文环境和自然环境保持原生状态，森林覆盖率平均达到63%以上，海洋生态系统保存完整，拥有全国一级标准的大气环境，为开发海上休闲度假、海洋养生、海洋运动等新兴时尚的度假旅游产品提供了强有力的环境支持。

（4）国际一流的避暑气候正逢国内旅游高峰。辽宁海洋海岛最舒适、最适合旅游的时候，正逢国内出游的高峰期。这种季节错位的独特优势，既可以弥补与南方海岛相比欠缺的秀美风光，又可以迎合国内出游高峰。以温湿指数（THI）为指标，可以看出，每年6~9月国内出游高峰期，乃是长山群岛最适合旅游的季节，此时舟山群岛、海南岛、涠洲岛等国内绝大多数其他海岛不宜旅游。

（5）海岛成群，有利于打造万象辽宁的海上生活。辽宁海岛成群，大小不一：面积较大、资源丰富、条件优越的海岛可以做好休闲度假品牌，深化发展力度，升级现有产品体系，打造海岛旅游度假区；开发性好、可塑性高的小岛可以规划发展专项旅游。辽宁海岛既可以组团发展，形成海上旅游集聚区，又可以独立开发，建设特色鲜明的海岛旅游品牌，差异化发展，形成百花齐放、包罗万象的局面。

（三）现状基础

辽宁拥有2292千米的大陆海岸线和628千米的岛屿海岸线，面积大于500平方米的海岛有266个，89%为无人居住的岛屿，是东北唯一的沿海省，是中国海洋旅游资源大省，是东北亚海洋旅游资源优势区域。但由于海岛旅游开发建设起步较晚，旅游尚处于初级开发，主要以海洋海岛观光为主，产品档次低。近年来，随着辽宁沿海经济带的开发开放，长山群岛等海岛陆续对外开放，大连长山群岛、丹东大鹿岛、葫芦岛菊花岛等地旅游业日益发展壮大，已形成一定规模，但资源优势和价值潜力尚未得到有效释放。

存在的主要问题：一是政府高度重视但缺乏具体推进措施，整体开发水平较低。二是旅游基础设施薄弱，具体表现在交通不发达、公共服务设施配套不完善。三是其他产业发展对海洋海岛空间挤占，工业、海洋养殖、渔业的发展对旅游资源环境造成破坏和挤压。四是服务要素严重缺乏，住宿、娱乐、购物、餐饮等配套设施不完善。五是旅游发展环境亟待优化。

二、发展优势、关键挑战和基本研判

（一）发展优势

（1）群岛组合优势突出。长山群岛是我国八大群岛之一，世界上许多著名的休闲度假胜地都是群岛。群岛与大陆沿海地区不同，它与大海是零距离的亲密，同时又比孤岛能更加纵深地展示海洋风光与风情，可给游客更加丰富多样的选择。

（2）地理区位得天独厚。环绕辽宁海岛是一个巨大的财富圈和多个经济体。2小时交通圈内拥有日韩、京津唐、环渤海、山东半岛等消费能力极强、人口聚集近3亿人的"财富圈"，是辽宁海岛的旅游发展可以依托和积极争取的"客源库"。

（3）生态环境和资源优势。避暑气候、海岛风光、地质景观、优良海岛生态、极品海鲜、渔家文化、北国风情等自然和人文资源组合，并可与辽宁多彩海岸的温泉、冰雪、近代遗迹、湿地、红色文化、边境风情等资源进行整合开发。

（4）目的地依托优势。依托辽宁省沿海经济带以及中国最佳旅游城市、年接待近5000万游客的大连，具有很好的联动发展和市场分享条件。大连既可以作为辽宁海岛旅游集散中心，又可以借助其品牌号召力带来大量客源。

（5）世界级海洋牧场优势。北纬39°是世界公认的最适宜海洋生物生长的纬度，是世界公认最好的海珍繁殖地，正好横穿辽宁海岛群。北纬39°的极品海鲜使辽宁海岛旅游发展在众多竞争者中具有独特优势。

（6）战略支撑与政策优势。东北老工业基地振兴战略、辽宁沿海经济带开发开放国家战略等多重区域战略将会在辽宁海洋海岛产生叠加放大效应，创造优越的政策环境，有利于打造我国北方的海洋休闲运动中心和海岛休闲度假基地。

（二）关键挑战

（1）交通可控性问题。目前主要交通方式是海运，受天气、潮水影响较大，容量有限且稳定性较低。交通可控性问题依然是辽宁海洋海岛旅游发展的关键挑战。

（2）季节约束性问题。辽宁海洋海岛旅游季节性明显，存在半年闲问题。旺季主要集中在夏季。冬季偏冷的气候条件致使海洋海岛旅游缺乏吸引力。

（3）同质化发展问题。辽宁岛屿众多，海岛旅游开发既面临本省内各海岛之间同质化发展的挑战，又面临环渤海滨海旅游及山东海岛同质化发展的威胁。

（4）品牌遮蔽问题。既受到本省温泉旅游、冰雪旅游、文化旅游等产品品牌的遮蔽，又受到海南岛、涠洲岛、舟山群岛等国内知名海岛旅游品牌的影响。

（5）海洋海岛生态环境脆弱。旅游开发对海岛区域水体、海岸线、地表水文特征和土壤植被等自然环境会产生较大影响。近海陆地植被部分砍伐，会导致土壤直接遭受海洋风暴的侵蚀，进而面临破坏海岸带生态系统平衡的风险。

（三）基本研判

辽宁海洋海岛，拥有中国一流的群岛组合、目的地依托、巨型腹地客源等核心优势，拥有世界一流的海洋牧场与海珍资源。在中国休闲时代、大众旅游时代、体验经济时代全面到来，环渤海经济圈、东北经济体、俄罗斯经济体快速发展的大背景下，依托环渤海、东北广阔的腹地客源，辽宁海洋海岛有望通过高起点、大手笔对重点岛屿和重点项目的打造，在不远的将来建成具有世界一流水准的海洋海岛旅游目的地，成为世界海洋海岛旅游新地标。

（1）传统资源优势不突出，但可建设和抢占新兴海洋旅游高地。辽宁海洋海岛纬度较高，传统阳光、海水、沙滩 3S 资源优势并不突出，但休闲度假、海洋休闲运动才是未来旅游市场的主导，辽宁具有"滨海、群岛、气候、生态环境、温泉"等休闲度假组合优势，有条件开发引领时尚潮流的新兴海洋旅游产品。

（2）整体气候条件不突出，但是发展海岛避暑度假等潜力巨大。辽宁海洋海岛地区整体气候条件并不突出，但是夏季避暑气候优势突出。面对全球气温的显著上升、火炉城市的不断蔓延以及极端高温天气的频繁出现，凉爽气候的优势将进一步凸显，将推进辽宁作为我国北部最佳海岛避暑旅游目的地的建设。

（3）群岛优势突出，有利于打造特色化、个性化万象海岛生活。辽宁海岛数量多、体量适中，便于形成岛陆组合、岛岛组合、岛海组合，这种多样化的组合方式，有利于借助群岛组合的优势条件发展多样化的、能够引领国内休闲度假新潮流的海洋旅游产品，如海洋运动、海岛养生、海上高尔夫、海上商务会议等。

（4）远洋海岛众多，有利于打造引领第二代海洋海岛旅游的标杆。辽宁拥有海洋岛、獐子岛、大王家岛等一批体量适中、生态环境极佳、海洋生态一流的远洋海岛。可按"一岛一特色"实施独岛开发，打造一批专题性的高端海岛旅游目的地，如自由慢行岛、浪漫度假岛等，成为引领我国第二代海洋海岛旅游的标杆。

三、发展定位、总体目标和战略路径

从我国区域发展战略布局、环渤海经济圈、辽宁沿海经济带开发开放、中国旅游业转型升级来谋划发展定位；面向新经济，顺应体验经济、休闲经济、商务经济、健康经济、绿色经济的大趋势，把握旅游新需求；致力于打造世界海洋海岛旅游新地标，建成国际知名、国内一流的海洋旅游目的地。

（一）发展定位

以全域生态、全景旅游、低碳示范为理念，实现全域公园化、四维景区化，形成全景旅游的景观基质。以休闲度假为主导，推动旅游业与其他产业的融合发展，构建社区、生态区、度假区相互融合的格局，形成生产、生活、生态、度假等多功能耦合的空间形态。全域就是一个大景区，是一个国家海洋大公园（见图 8-2）。

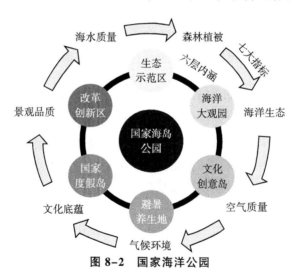

图 8-2　国家海洋公园

国家海洋公园的具体内涵包括：生态示范区、海洋大观园、文化创意岛、避暑养生地、国家度假岛、改革创新区。生态示范区主要指坚持生态低碳、环境优先，推进资源节约型和环境友好型旅游开发，成为全国生态文明建设示范区。汇集海滨沙滩、礁石海岸、海洋牧场、海岛胜景等美景，形成一个处处是美景的海洋大观园。以北京 798、纽约 SOHO 等模板，大力发展海上文化艺术创意社区，建设文化创意岛。辽宁海洋海岛地处高纬度，避暑气候优良，是开发避暑养生度假的胜地，同时具有开发海洋海岛产品的资源类型与条件，借力良好的政策环境，打造国家度假岛。此外，要抓住我国旅游业改革创新的大机遇，以创建国家海洋旅游产业发展创新试验区为突破口，力争获得与海南国际旅游岛同等政策优惠。

（二）总体目标

围绕建设避暑养生度假基地、海上商务休闲基地、海洋文化观光基地、文化艺术创意基地、海珍美食体验基地五个旅游基地，大力发展海洋生态旅游业，通过5~10年的努力，打造一批旅游示范海岛，建设一批重点旅游项目，推出一批海洋旅游精品，唱响"海上新辽宁、万象新生活"的旅游品牌，全面提升辽宁海洋海岛旅游产业竞争力和市场影响力，力争实现千万人次游客、百亿元收入的目标。2015年旅游总收入达到150亿元，2020年达到500亿元，把辽宁海洋海岛建设成为辽宁旅游新兴的增长板块，成为中国北方海洋旅游中心、世界海岛旅游新地标，成为我国第二代海洋海岛旅游的引航者。

（三）发展思路

立足抢占新一代海洋海岛旅游制高点来谋划定位。超越传统3S开发模式，按照"四态融合"理念，发挥辽宁海洋海岛的避暑气候、群岛组合、原生态环境等核心优势，以建设国家海洋公园为目标，优化群岛世界的海洋海岛形态，开发高端化、特色化的多元业态，深度挖掘地域独特的文态，保护好自然化的生态，打造新一代海洋海岛旅游高地。

立足全国海洋海岛旅游竞争格局来寻求竞争优势。发挥开发程度低、生态优良、自然景观突出等优势，建设国家海洋公园；发挥避暑气候优势，加快开发避暑养生度假产品和业态，打造中国新兴避暑旅游基地；发挥群岛组合、独岛体量小等优势，按照"一岛一品"的理念，打造一批私属化、主题化海岛，形成"海上新辽宁，万象新生活"的品牌优势。

立足东北亚旅游客源需求来策划产品和开发业态。锁定东北亚客源，重点开发三类产品和业态：一是顺应时尚运动需求，开发远洋垂钓、海上高尔夫、海上运动、游轮游艇、低空旅游等产品；二是顺应日韩俄、国内高端游客的度假需求，建设以野奢酒店、私属会所、总部休闲为主导的度假产品，打造东北亚海上高端度假平台；三是顺应全球气候变暖、国内火炉城市不断扩张的变化，开发避暑养生度假，建设国内一流的海洋海岛避暑度假基地。

（四）开发模式

（1）独岛开发。以旅游统筹全岛社会经济发展，对全岛实施整体开发。开发过程中，始终采取"四个一"的模式：一座海岛及周边海域只允许一家开发公司租赁使用；一座海岛突出一种建筑风格和文化内涵；一座海岛配套一系列功能齐全的休闲娱乐及后期服务等设施，岛内的所有项目都与旅游功能相融合；一座海岛一种风格，各岛屿建筑风格各异，绝不雷同。

（2）组合开发。选择群岛的中心岛作为母岛，统领整个群岛的发展，周边海岛作为辅岛，从功能、项目建设上对母岛进行补充、完善，整个群岛形成一个功能齐全又相互独立的海岛旅游综合体。对近陆海岛而言，推进岛陆联动，拓展海岛的发展空间。通过合理的交通组织形成一个岛内外既方便进出、但功能又相对分离的"孤立岛"的独特模式，使岛内旅游价值最大化、岛外综合效益最大化。

（3）复合开发。从发展模式来看，综观世界海洋旅游，大概有"3S"型、"特色"型与"复合"型三大发展模式，辽宁海洋海岛选择"复合"型开发模式（见表 8-1）。

表 8-1　世界海洋海岛旅游的三种模式

模式	特征	典型案例
3S 型	属低纬度海岛发展的主流模式，其特征为主要集中在南北纬 30°以内的地区，属于热带海洋气候，主要依托优越的气候、海洋、沙滩资源优势，配以其他自然景观及当地民俗风情，形成热带海岛休闲目的地。这种发展模式中旅游开发产品的核心是中高端度假酒店，高尔夫、游艇等旅游设施都是酒店的配套	夏威夷群岛、巴厘岛、马尔代夫群岛
特色型	多数属于中高纬度地区，气候条件一般，存在较强的季节性问题，即使在夏季也基本不具备 3S 资源，主要依托独特自然景观，或者通过大量人文历史资源和富有创意的人工开发来提升吸引力	复活节岛、火地岛、伊特拉岛
复合型	多数属于中纬度地区，有季节性影响，但在夏季具有典型 3S 特征，同时具备第一、第二种模式的发展条件，既可以发展 3S 旅游产品，又可以复合其他功能弥补季节性问题，需要注重旅游功能、城市功能、文化功能等多重功能的复合，成为综合型的旅游目的地	济州岛

（五）战略路径

（1）建设"国家海洋公园"，抢占海洋旅游高地。加大海岛植被恢复力度，重建海岛生态。大力推进绿化美化，建设景观绿道，优化海洋海岛生态环境。以海岛生态为基底，以生态林盘为镶嵌，以景观绿道为绿带，形成海洋、海滨、森林、绿道组成的全域生态的美丽图景。全岛旅游化、服务设施度假化，形成全景旅游的功能保证。弘扬海洋文化，发展文化创意，形成特色化的海洋海岛化形态。严格控制建设用地比例、度假设施的单体体量和建筑高度，保持与海洋海岛环境的协调。深入贯彻低碳理念，倡导绿色生产、绿色消费的新时尚度假生活。按照国家 5A 级旅游景区标准，统筹优化全海域、岛域旅游环境，完善旅游要素功能配套，全面构建 5A 辽宁。

（2）突出"避暑胜地"，引爆夏季养生度假市场。实施反季节旅游发展策略，发挥避暑气候优势，打造中国海岛避暑胜地。针对上海、重庆、南京等我国重点火炉城市，展开猛烈营销攻势，打响中国最佳海岛避暑胜地品牌。依托大小长山岛、广鹿岛、石城岛等体量较大的海岛，建设一批海岛避暑旅游基地，开发一批避暑旅游产品和业态，形成新兴的避暑旅游目的地。推进避暑与养生旅游的融合发展，形成避暑养生的旅游新业态。着力开发避暑养生、避暑养心、温泉康疗等产品，建成全国一流的避暑养生度假胜地。

（3）创建"标杆示范"，打造一批特色主题海岛。打造一批主题示范海岛，重点推进大长山岛、小长山岛、广鹿岛、石城岛、大王家岛等主题示范海岛建设。建设一批重点示范项目，重点推进海上低空旅游基地、黄海休闲总部基地、国际海钓俱乐部、国际游艇基地、黄海艺术部落、海上达沃斯等示范引领项目建设。加大扶持示范海岛建设，加快编制示范海岛的发展规划，启动招商工作，推进项目建设。对重点示范海岛实行计划单列制度，配套建设基础设施，实行土地等资源"直供"。

（4）创新"旅游业态"，引领时尚海洋旅游发展。超越传统海洋旅游的开发模式，面向新兴海洋旅游的新需求，创新开发新业态、新产品，形成引领我国第二代海洋海岛旅游的新兴旅游目的地。重点开发远洋观光、海洋垂钓、低空旅游、游轮游艇、避暑养生、海岛度假、时尚运动、心灵禅修、另类体验等旅游新业态。

（5）寻求"政策突破"，力争设立海岛旅游试验区。推进海洋旅游管理体制改革，建立辽宁海洋海岛旅游综合改革试验区管理委员会，探索、实践与大旅游产业发展和辽宁海洋海岛旅游目的地相适应的"全要素"管理模式。争取旅游开放政策，扩大大长山口岸的开放范围，逐步实行游轮旅游和旅行社团队入境免签证。争取设立免税商店和国际游客购物离岛退税政策。争取大长山岛机场开通国际航线，争取开放水上飞机等岛际低空航线。争创海岛旅游试验区，统筹核心吸引物、重大项目、景观环境、海岛生态和地域文化等全要素一体化发展，形成产品、空间、商业模式、市场开发、政策配套和重大基础设施联动配套的现代旅游产业体系，努力创建国家海岛旅游试验区。

（6）发挥"群岛优势"，培育万象辽宁海上新生活。以国际化理念，引导辽宁海洋海岛旅游业发展，完善旅游国际化要素，提升辽宁海洋海岛旅游业开发和管理水平。开创全国海洋海岛度假新模式，要在开发模式、空间形态、产品业态、管理经营等方面实现全面创新。形成新时尚的度假生活，即万象辽宁海上新生活，这是一种远离城市喧嚣的立体式、全方位的海岛生活，一种国际化的时尚休闲度假生活，一种健康的绿色低碳生活，一种慢节奏的享受型生活，一种高品质的奢华生活，成为引领未来生活的国际时尚新空间。

四、示范海岛、重点项目和精品线路

(一)示范海岛

表8-2 辽宁省海洋生态旅游发展重点示范海岛一览

海岛名称	发展定位	发展要点	支撑项目
大长山岛	服务于中国首个群岛型国际旅游度假区和世界知名的旅游胜地的总体定位,以中心集散功能为主体,集观光、购物、休闲度假、游览观光、渔文化体验、海洋运动等综合功能于一体的综合集散服务中心	一是突出集散功能,构建游客服务集散系统,建立全方位的辐射网点,提供旅游交通、旅游集散、旅游咨询、意外救援、游客维权、离岛免税政策、离岛申请离岛退税、特色民俗购物街,配套豪华大型购物广场,形成由高星级酒店、主题度假酒店、经济型酒店、渔家客栈等构成的住宿设施体系;以高档海鲜餐馆、渔家乐、啤酒广场、海景餐厅、游艇餐厅、码头餐厅、海鲜大排档等构成的餐饮服务乐系统;以电影院、剧场、音乐厅、展览馆、酒吧、KTV等为主的文化娱乐系统。四是优化全岛旅游环境,协调好渔业与旅游业的关系,做好海岸线、海滩、海域的分区,优化全岛旅游环境,建设环岛景观绿道和慢行系统建设。五是建设环岛游憩体系,完善本岛交通、供水供电、电信网络、污水处理,营造海岛慢生活意境。六是建设饮牛湾度假中心,成为本岛休闲、度假、娱乐休闲的主要平台	长山群岛游客集散中心、长海机场扩建工程、跨海大桥工程、金盆湾游艇俱乐部、国际免税店、海上时尚购物街、渔家客栈等构成的住宿、五星级长山大酒店、饮牛湾度假区、杨家村海上人家度假落、环岛游憩体系等
小长山岛	服务于中国首个群岛型国际旅游度假区和世界知名的旅游胜地的发展方向,以国际海钓为发展方向,配套海底酒店、野奢酒店等高端海钓设施,打造"国际海钓第一岛"的旅游品牌	一是建设国际海钓村,集国际海钓俱乐部、海岛观光、海洋探险、渔家体验等功能于一体,打造国际海钓大本营。二是开发以远洋海钓为中心,包含岸钓、矶钓和船钓在内的海洋垂钓产品体系,打造中国北方海钓中心。三是成立国际海钓乐部、提供专业培训服务和相关海钓装备,举办大型海钓赛事等。四是配套建设海底酒店及野奢酒店等度假设施,配套主题餐厅、酒吧、SPA、宴会厅等服务功能完善基础设施,建设高端国际游艇基地、建设直升机场、开辟长山群岛低空交通网;开辟小长山岛至广鹿岛、哈仙岛、塞里岛、瓜皮岛、獐子岛、乌蟾岛、石城岛、大王家岛等岛屿的航线;完善供水、供电、排水、污水处理、电信网络、管线地下铺设等各项工程	国家海钓村、国际海钓园、海底海钓游、国家海钓乐部、海钓文化园、海钓游酒店、野奢酒店、獐子岛、瓜皮岛、獐子岛、游艇码头等

续表

海岛名称	发展定位	发展要点	支撑项目
广鹿岛	服务于中国首个群岛型国际旅游度假区和世界知名的旅游胜地的总体定位，以整体开发，形成水、中、小型会议展览的集聚区，构建会展旅游价值链，塑造"海上达沃斯"的品牌形象，成为与博鳌齐名的中国国际会议中心	一是建设五星级会议中心和特色会议酒店，完善专业会议服务。二是以会议市场为核心，开发商务、展览、奖励会展旅游产品。三是依托渔民开发渔家乐体验项目，提升住宿、餐饮等服务水平。四是提升海岛旅游基础设施，开辟广鹿岛到小长山岛、大长山岛往返小长山岛，獐子岛、海洋岛、乌蟒岛，大王家岛等岛屿的新航线，建设停机坪、游艇码头；整合村落布局，为旅游项目的开发建设提供用地；提升岛上供水供电、污水处理、电信网络等基础设施	国际会议中心、游艇俱乐部、国际高尔夫天场、深海温泉度假村、养生会所、私人商务会所及高星级酒店群、体育运动公园
石城岛	服务于世界级复合型生态群岛休闲度假区的总体定位，致力于打造文化创意岛，以全球视野、创意思维、艺术手法，规划设计创意人才聚集的平台，塑造海上文化艺术天堂，构成海上文化观光亮点	一是整体打造创意岛，以创意思维规划建设古城岛的街道、乡村、建筑、道路、广场、公共设施、休闲场所等，把整个海岛设计为艺术大师们的天然大画布。三是创建一个汇集东北亚音乐人才的北洋音乐海岸，成为东北画家村、各国音乐家们构通交流的场所。四是建立东北亚艺术，讲学的舞台，演出，成为东北亚地区各国音乐家创作基地和文化交流中心。五是大力发展创意文化的创意企业机构，出台各类文化创意奖励措施政策等。六是优化海岛整体环境	东北亚艺术村、黄海画家村、北洋音乐海岸等
大王家岛	服务于中国首个群岛型国际旅游度假区和世界知名的旅游胜地的总体定位，蜜月度假，重点面向婚纱摄影，金摄银婚庆等需求，塑造"海上伊甸园"的品牌形象，成为大连"浪漫之都"的体验中心	一是建设海上婚庆基地、婚纱摄影基地、蜜月度假地。二是开发婚侣主题酒店群，海洋等为主题的度假酒店群。三是营造全岛浪漫氛围，海滩和近海修复海湾，加快推进海域，用园林景观手法对全岛进行整体改造，提升全岛景观机坪，优化路系统两侧做绿化美化；将标志景观系统景观化，浪漫化打造游船等交通工具、港口设施，在设计上植入浪漫元素；修建游艇码头等交通工具	海上婚庆基地、水星度假村、主题度假酒店店群
觉华岛	以心灵禅修为主题，借鉴三亚南山文化为设计理念的开发模式，塑造"南有普陀山，北有觉华岛"的主题形象，充分利用海岸资源，引进远离尘世俗气、现代世人的文化打造一处净化心灵的"世外桃源"，养生修身，净化东北地区代表性的心灵旅游目的地	一是优化提升大龙宫寺的提升改造，力争高僧，大师等佛教界高人参与大龙宫寺的提升改造。二是园林化打造观音文化苑，以古典园林理念统领营造佛教文化氛围，做优大海洋意境，沿岸布局，做大佛教文化主题。三是引温泉"泡温泉，看大海"的休闲意境；营造温泉主题，营造"泡温泉、看大海"的休闲意境。四是建设佛教音乐堂，博物馆，素斋馆，围绕"觉"字，创新心灵产品开发，修建佛教等修佛场所，开发禅修体验基地。五是建设心灵对话，与大师心灵设施，推出心灵讲堂，与大师心灵对话。六是优化岛上灵修意境，保护海岛生态环境，提升全岛禅修意境，保证游客净出人方便；提升岛上道路、水电、环卫基础设施建设	海上禅修中心、心灵讲堂、海岛温泉度假群落、观音堂、大龙宫寺、简朴海上客栈、静修堂、文化苑等

续表

海岛名称	发展定位	发展要点	支撑项目
大鹿岛	加大海岸生态、海洋生态的保护力度，整合小鹿岛等周边岛屿，着重开发海洋休闲理念，倡导乐活休闲产品，特色打造渔家民宿，发展红色旅游，打造著名的乐活休闲海岛	一是按照国家5A级景区评定标准，完善提升景区各项服务和环境质量。二是构建乐活休闲产品体系，全岛围绕乐活休闲的主题，立足本岛资源特色，构建产品体系。三是借鉴我国台湾的民宿发展方式，依托本岛自然村屯，建设大鹿岛特色渔家乐。四是建设甲午战争纪念馆，打造红色旅游景点。五是发展渔家体验类赶海旅游景点，开展抢贝、赶潮、围网捕鱼、海钓等各类赶海体验活动	海岛生态型产品系列、特色渔家乐、创建国家5A级景区、甲午战争纪念馆、渔家体验项目等
獐子岛	服务于中国首个群岛型国际旅游度假区和世界知名的旅游胜地的总体定位，依托高品质的海鲜资源、纯朴的渔家风情、构建集海珍购物、渔家体验、极品海鲜、海岛度假等多功能于一体的北纬39°海鲜珍品美食基地	一是打造海珍体验园，形成集海珍产品加工、采养殖、海珍购物、潜水艇观光、海底休闲度假等多功能于一体的海珍体验基地。二是建设渔博园，整合中日韩及我国台湾地区的渔文化资源，打造东方渔文化"露天博物馆"和海洋文化大本营。三是发展北国渔村，借鉴优美生态环境，岸线资源和渔家村落，差异化发展，构建不同风格的若干主题村落。四是完善海岛交通、通信、供电、供水等基础设施配套，新建游艇码头和停机坪，建立獐子岛至长山群岛各岛屿的航线网络；提升村容村貌，保持海岛氛围	海珍会馆、特色渔村、海珍体验园、渔文化主题酒店和星级渔家乐、海鲜美食公园、海珍博物馆等

(二) 重点项目

表8-3　辽宁省海洋生态旅游发展重点旅游项目一览

项目名称	项目选址	项目定位	核心卖点	策划要点	建设内容
黄海低空旅游基地	大长山岛	中国低空旅游示范基地	海上低空观光，一览大海之美景，亲身感受飞行刺激	积极申请低空开放政策，争取列入全国低空旅游开发的第一梯队，抢占市场先机；以大长山岛的通用机场为总部，以周边海岛的直升机停机坪为节点，构建海上低空网络	一是优化提升小长山岛通用机场，购进小型飞机，聘用专业飞行人员，完善机场调度和管理制度。二是在石城岛、海洋岛、大鹿岛、獐子岛等新建停机坪，形成低空交通网络，开展空中观光、空中表演。三是重点建设机场综合服务区、游客服务中心、交通换乘中心等配套项目。四是补充低空交通产品，开展热气球、拖曳伞、三角翼飞机、动力伞等飞行器体验，空中观光和空中运动项目

续表

项目名称	项目选址	项目定位	核心卖点	策划要点	建设内容
黄海休闲总部基地	小长山岛	企业海上休闲总部	中国企业海上休闲总部、企业高管度假中心	提升海洋休闲功能，集度假、运动、休闲、康体养生、特色观光等于一体，打造长山群岛海洋休闲大本营。高标准建设岛上供水、供电、排水、污水处理、电信网络等海岛基础设施，坚持生态高品位提升海岛整体氛围，立体绿化原则，乡土树种为主，因地制宜地恢复植被，改善海岛的生态环境	一是建立企业高端会所群落。沿小长山岛海湾布局高端企业会所，提供星级住宿，时尚餐饮，休闲娱乐等功能，营造现代企业海上休闲大本营。二是建立海上餐饮Mall。以海鲜餐饮为主，融合世界各地的美食文化，构建融合大型餐饮Mall，打造国际游客独特的海洋体验。三是建立海洋休闲运动基地。以游艇俱乐部、潜水俱乐部、垂钓俱乐部、帆船俱乐部、动力伞俱乐部、沙滩排球俱乐部建设为主，打造环小长山岛的海洋运动游乐区。四是国际游艇俱乐部。建设国际标准游艇码头，成立游艇俱乐部，为会员提供一条龙服务
长山国际海钓俱乐部	小长山岛及其周边岛屿	国际海钓大本营	中国海钓第一岛、中国北方海钓中心	以海钓为主，岸钓、机钓和船钓为辅，以小长山岛为主体，打造中国海钓第一岛，整合周边海钓平台，成立长山国际海钓俱乐部。完善基础设施，优化公共服务，注重保持海岛生态环境	一是开发海洋垂钓基地，为岸钓、滩钓和机钓建筑和机钓修筑平台和服务设施。为岸钓，开拓远钓海域，购进远洋钓鱼船，建设远洋钓鱼码头，配备专业钓具，建设远海钓配件设施。二是成立国际海钓俱乐部，为会员提供海钓等专业培训，远海垂钓。三是定期开展海钓活动，举办海钓比赛。三是建设海底酒店及野奢酒店，给高端游客独特的海洋体验。以悬崖、礁石为背景，原生态建设野奢酒店
黄海国际游艇基地	大小长山岛之间	中国知名、国际一流的游艇基地	新兴时尚高品质的游艇度假生活、完善的游艇配套设施	按照国际标准建设游艇码头、游艇维护培训中心、户外休闲中心等，形成功能完善、设施完备的游艇基地；以游艇业为核心，带动餐饮、交通、公共服务、游艇租赁、游艇维修保养及配套等相关行业的发展，形成产业聚集	一是按照国际标准建设能化管理方式，水电、消防、救生设备齐全，并采用智能化管理方式，保证泊位方便，安全系数高。二是成立游艇俱乐部，为会员提供泊位，船籍港手续、船舶维修服务、开展商务停泊、驾驶培训、展示、保险、物业管理等服务。三是配套建设游艇主题五星级酒店，推出各式特色客房，提供餐厅、酒吧、SPA、宴会厅等顶级服务设施

续表

项目名称	项目选址	项目定位	核心卖点	策划要点	建设内容
黄海艺术部落	石城岛	文化创意岛	东北亚文化艺术创意中心、海上艺术天堂	"乡村建设"与"艺术创作"有机融合，以创意思维规划设计石城岛的街道、乡村、建筑、广场、公共绿地、休闲场所等；集聚艺术创意人才，把整个海岛设计为艺术大师们天然的大画布，成为新兴艺术人才展示才华、呈现作品的大舞台，成为另类艺术畅想的大熔炉；出台系列优惠政策，例如，创意产业优惠政策、投资文化创意产业的优惠政策、各类文化创意机构进驻奖励政策等	一是建设黄海画家村，为世界美术大师、著名画家提供免费度假服务，为各类新生画家提供环境优美、价格低廉的创作场所。二是开发北洋音乐海岸，创建一个汇集各类音乐人才的天堂海岸，成为东北亚各国音乐家们沟通交流的日常场所，然舞台，成为音乐新生之摇篮，创业的灵感空间。三是建立东北亚艺术村。吸引国内外工艺美术大师、艺术协会、画廊、礼品商店、服装设计等时尚类企业入驻，建设成为文化艺术创意设计研发基地。四是建立主题创意酒店。引入世界小型奢华酒店品牌，运用独特建筑风格和装饰艺术，建设各类创意主题酒店。五是沿海建设大地艺术广场，用种秘性、象征性的大尺度雕塑勾画出与自然共生的海岸艺术，给人以震撼
海上达沃斯	广鹿岛	大、中、小型会展览的集聚区，五星级国际会议中心	中国北方知名的会议基地，海上达沃斯	面向高端市场提供专业化服务，打造五星级国际会议中心，加入国际价值链与集会协会；构建会展产业核心，开发金石滩和大长山岛到广鹿岛各山岛的新航线，开辟广鹿岛往返长山各山岛的航线；建设停机坪、游艇码头；提升供水供电、污水处理、电信等基础设施	一是建设会议主题酒店群。配套贵宾室、大宴会厅、多功能厅、会议室、会展厅等，为各种商务会议量身打造最适配的空间，最先进的数控系统、界领先的会议视听设备，提供全方位专业化服务。二是配套渔家项目，提升住宿、餐饮等服务水平，继续举办年度渔文化节；开发渔家乐项目，堆沙雕、沙滩足球、休闲渔家等打听文化体验项目、开展沙滩游戏，晚间开展篝火晚会等娱乐活动。三是配套海岛旅游居住地产、高头、抠蚬子的乐趣，参加河头、避暑度假居住地、端企业会所等度假设施和项目

续表

项目名称	项目选址	项目定位	核心卖点	策划要点	建设内容
黄海水上运动中心	小长山岛、广鹿岛	集滨海休闲、主题娱乐、水上运动、餐饮娱乐于一体的综合性海上运动基地	黄海上嘉年华，最具趣味性、趣味性的休闲娱乐主题公园	依托海洋生态环境，发展各类海上运动项目，建设趣味性、娱乐性的水上运动休闲设施；将文化植入各类水上运动，谋划举办各类海上运动赛事节事，营造海上运动休闲的氛围，培育黄海运动休闲品牌	一是打造加勒比主题综合性大型游乐项目，包含海盗船、激流勇进、水上过山车、水上蹦床等，同时在岸边开展沙滩排球、沙滩足球、岸钓、游船、垂钓、摩托艇、热气球等多种海上娱乐设施，打造一个融海味性、娱乐性和趣味性于一体的加勒比嘉年华主题公园。二是打造潜水基地。项目内容包括深潜、浮潜、半潜、夜潜、湖底漫步等各种潜水运动，以及配套专业潜水培训、潜水器材租赁、潜水教练配套等相关服务
北纬39°海珍体验园	獐子岛、大长山岛为主	体验东方渔文化和海洋文化的大本营，中国北方体验渔家生活休闲旅游目的地	北纬39°的极品海鲜	新建游艇码头和停机坪，优化港口设施，开辟獐子岛至各岛屿群各岛屿的航线，配套交通、供水供电、电信等设施；美化村容村貌，加强对重点民居的立面改造，整体营造美丽乡村绿色海岛的氛围，继续举办海灯节节庆活动	一是建立海珍会馆，定位为顶级海鲜体验，面向高端度假游客，打造五星级酒店会馆，成立会员制海鲜俱乐部。二是建立海珍体验中心，定位为海洋牧场的体验部。面向大众游客，开发潜水，海底采参，近海垂钓等活动。三是建立渔文化博物馆，借助当地优美的生态环境、岸线资源和现有渔家村落，集中打造渔文化体验基地，形成东北亚重要的渔文化体验基地，主要包括渔文化博览园、渔博园酒店、海鲜集市、主题博物馆群、渔文化主题乐园等

(三) 精品线路

(1) 绵长海岸,北国风情——辽宁滨海自驾车旅游示范线。起于葫芦岛绥中县,止于丹东东港市,连接渤海和黄海,以"绵长海岸,北国风情"为主题定位,突出"国内最长的自驾车廊道"、"中国第一自驾车道"的品牌号召力,打造囊括滨海观光、休闲度假及文化体验的东北亚地区最长、最具魅力的自驾车风景道。

(2) 五彩海湾,缤纷世界——渤海湾游轮游船观光旅游线。以葫芦岛为起点,绕渤海湾行至大连,以"五彩海湾,缤纷世界"为主题,策划体验葡萄海岸、温泉海岸、湿地海岸、红色海岸、长城海岸、文化海岸、时尚海岸等独特地域风情的渤海湾游轮游船观光旅游线。

(3) 魅力群岛,浪漫之旅——黄海游轮游船观光旅游线。以大连为起点,行至丹东,串联辽宁东侧黄海北部的各群岛,打造以"魅力群岛,浪漫之旅"为主题的黄海游轮游船精品观光旅游线。同时,策划蜜月浪漫之旅、夕阳欢度之旅、海洋养生之旅等游轮游船专线。

(4) 出远洋,看"三国"——长海远洋观光旅游线。以大长山岛为起点,出远洋到海洋岛、獐子岛等远海岛屿,策划远洋探险、远洋垂钓等系列活动,体验远离大陆的深海流浪生活,从海上远观朝鲜、韩国、日本三国,打造以"出远洋,看'三国'"为主题的长海远洋精品观光线。

(5) 蓝色廊道,跨越之行——环渤海精品观光旅游线。依托沿海旅游带,联合环渤海,串联烟台、唐山、秦皇岛、葫芦岛、锦州、盘锦、营口、大连、烟台等特色旅游城市,共同打造成为世界级环海观光旅游线。依托烟大轮渡,加快规划建设沿海邮轮母港、国际旅游码头、渔人码头等,串联沿海各地的精华景区,以"蓝色廊道,跨越之行"为主题,打造成环渤海精品观光旅游线。

五、设施建设、行动计划和生态保护

(一) 主要设施建设

(1) 交通设施建设。从陆地、岛陆、岛间和岛内四个方面着手,形成完备的交通系统,提高辽宁海洋旅游的可进入性。具体来说,首先是陆地交通。兴建滨海公路,打造国家风景道;完善市内公共交通网络;开通城际快铁,提升机场设施，完善对外交通网络。其次是岛陆交通。快速航运网络的形成，开通海上旅游专线、提升航运交通工具，努力减少天气因素的影响；升级机场设施，完善航空网络；利用退役潜水艇，打造稳定安全又极具特色的观光工具。再次是岛间交通。主要是游船、游艇、飞行三个系列：游船应豪华特色化，如豪华客轮、海上博物馆（轮船上展现某时期社会风气、文化艺术等）；游艇应该多样化，包括休闲型、运动型、商务型、海钓型等；飞行主要指水上飞机、低空观光飞机、观光氦气球等。最后是岛内交通，打造一体化交通网络，衔接各岛屿交通方式，并在广鹿岛、大小长山岛、觉华岛等度假型岛屿修建环岛景观绿道和慢行系统建设，展现海岛美景。同时将环保交通工具（如电瓶车、自行车）等作为主要交通方式。

（2）建设游客服务集散体系。一级游客集散服务中心为大连，建设成集旅游咨询接待、线路推介、交通运输、商品选购、餐饮住宿等服务于一体，注重对海洋海岛旅游功能的服务，使游客享受到"一站式"综合服务；二级游客集散服务中心主要在沿海城市丹东、葫芦岛和大长山岛，发挥旅游接待、旅游服务、旅游信息、游客安全、旅游管理以及地方人口集聚的综合功能；三级游客咨询服务点选择在主要海岛如大长山岛、石城岛、小长山岛、广鹿岛等和主要的海滨城市，优化和完善旅游交通港站、旅游交通干道、重点旅游县镇的游客集散和咨询服务中心的布局和功能。

（3）建设旅游公共信息平台。首先是构建全省海洋海岛旅游公共信息服务官方网站，包括信息查询、景点导游服务、游客投诉服务、旅游紧急救助服务、移动短信服务、租车服务等在内的网络信息服务体系，实时发布与更新，为游客提供全面、准确、及时的旅游信息。其次是开通辽宁海洋海岛旅游热线，建立具有旅游咨询、预订和多种服务功能的旅游网站和配套系统，整合网络资源，推进网上、网下公益性旅游咨询同有偿服务有机结合和相互配套。最后是建立旅游企业信息化和旅游电子商务系统，包括旅行社网络经营、电子分销、饭店计算机管理系统、网上订房、旅游景区网络化管理等。

（4）完善旅游标识和解说系统。根据因地制宜、凸显海洋海岛文化等原则，按照相关标准和法规，采用中、英、日、韩四种语言，建立规范、全面、系统的辽宁海岛旅游标识服务体系。根据需要将海洋海岛标识系统分为形象标牌、景点解说牌、服务提示牌、公益提示牌、安全提示牌、线路导示牌、旅游交通标识7类。形象标牌：设置点主要是综合服务区、海岛码头、各景点出入口及旅游线路沿线重要节点；景点解说牌：主要设置在岛上各旅游景点；服务提示牌：设置点主要是游客中心、餐厅、停车场、厕所、垃圾桶摆放处等服务场所；公益提示牌：设置点主要是公路两侧或海滩、礁石处；安全提示牌：在岛上树林中设置"严禁吸烟"、"小心火灾"等警示牌，在滨海、海滩及礁石处设置"水深危险"、"禁止游泳"等安全提示；线路导示牌：设置点主要是道路入口、出口、岔路口等；旅游交通标识：设置点主要是道路交叉口、村口及道路危险地段，如限速、弯道、上下坡等。

（5）完善旅游环卫设施体系。首先是建立完善垃圾收集点—垃圾收集站—垃圾转运站—垃圾处理场的收集处理体系，对垃圾进行分类，并集中处理。其次是公共厕所设置。根据《旅游厕所质量等级的划分与评定》标准，按照500~800米服务半径设置，设立移动式的环保型旅游厕所，主要分布在公路沿线和生态景区核心地段。再次是道路清洁服务。主要设置三个清扫等级：一级清扫路面：主要为商业街及人流、车流较多路面；二级清扫路面：景区之间道路等；三级清扫路面：人车较少路面等。最后是设立环卫机构。环卫机构按1.5万人设置一环卫管理所；设环卫清扫、保洁工作休息场所，可和垃圾中转站合并设置，按作业区每万人设置1个环卫工人休息点，可和公厕合设；大中型环卫车辆按人口总数2‰配置，按每辆车占地20平方米考虑，在基层环卫机构内设环卫车辆修理厂、停车场。

（6）其他配套设施。包括防灾救援体系的完善与提升；污水处理设施建设，保护海岛的生态环境；给水工程、电力供应设施和通信设施的建设与完善，以满足旅游业发展的需要。

（二）主要行动计划

（1）制定辽宁海洋生态资源保护专项规划。编制辽宁海洋生态资源专项保护规划。保护辽宁海岛的自然资源、自然景观、海岸线、海岛地质地貌等，合理利用和保护辽宁海洋海岛植被和水资源、水环境。评估新/改建项目队海洋环境影响，合理规划项目建筑，限制海岛环境容量。认真治理海洋海岛污染物排放、有害物处理。合理规划海域区域，海洋海岛建筑用地、用水总量、污染物排放必须符合规定。政府通过合理的海域控制，对旅游业给予政策上、环境上和土地利用上的优先权。

（2）推进示范海岛和海洋旅游项目建设，打响北方海洋旅游品牌。引入国际化标准体系，全面提升服务质量，引进应用高新技术和产品，推动海岛旅游创新化、科技化和环境保护。推进建设若干示范性项目，建立辽宁海洋旅游标杆，树立辽宁海洋旅游品牌。示范性建设包括十大示范海岛，即打造大长山岛为中心集散岛、小长山岛为国际海钓岛、广鹿岛为主题会议岛、石城岛为文化创意岛、大王家岛为浪漫情侣岛、玉兔岛为商务度假岛、觉华岛为心灵禅修岛、大鹿岛为乐活休闲岛、哈仙岛为海上高尔夫岛和獐子岛为海珍体验岛。制定示范海岛旅游详细发展规划，积极推进海上低空旅游基地、黄海休闲总部基地、国际海钓俱乐部、国际游艇基地、黄海艺术部落、海上达沃斯会议中心、海上高尔夫群落、国家湿地公园、葡萄海岸国际度假区、海上运动基地、海珍体验园、北洋海岛度假基地12个引领项目建设。

（3）实施反季节旅游发展策略。首先是挖掘自身优势特色，增加室内项目，开发反季节性旅游产品，具体如温泉疗养、冰雪体验、节事旅游等；其次是开展系列节庆活动，通过谋划海洋淡季各类节庆活动，吸引人气，规避季节性问题；最后是激活本地周边市场，利用错峰降价、年卡优惠、组合性产品开发，并在省内大力宣传，以吸引周边市场。

（4）积极推进旅游相关设施建设。旅游相关设施的建设包括旅游码头、小型机场等重大交通设施的配套完善，构建岛—陆、岛—岛之间交通网络，缩短入岛时间，降低季节性和气候性影响；优化旅游配套服务体系，如海洋生态旅游咨询处的建设，岛上服务咨询、向导、购物、住宿、餐饮、停车场、加油站、景点标识等服务功能的设置，岛上汽车、自行车、游艇等交通工具租赁体系的分布等。此外是集旅游资讯、电子政务、电子商务和咨询服务功能于一体的多语言旅游公共信息平台的打造。

（5）提供国际化标准的旅游服务。主要是旅游服务要素的国际化改造，推动"食、住、行、游、购、娱"旅游六大要素的全面提升和国际质量认证。购物方面，推动离岛旅客免税购物政策的实施，开办免税店；金融方面，供旅行支票、信用卡预订与支付、外币兑换、旅游保险等多种金融服务；出入境管理方面，更加开放与便捷，推动免签或落地签政策。

（6）实施土地管理和农村管理模式改革。加快海岛村镇职能整合，调整各村级行政机构，与旅游项目搬迁结合，同时设立公共服务中心，提高办事效率；通过集体建设用地流转、搬迁补偿、农民土地入股等多种方式推进岛民参与创业就业，保障岛民可持续的多样化生计，提高岛民收入水平，推进岛屿居民的顺利搬迁、城镇化集聚和离岛安置；通过试点成立海岛居民土地流转管理中心和交易中心，负责土地的摸底清查、造册登记、集中管理、居民用地控制和审批协调、土地置换和流转、土地综合开发利用、土地利益分配协调等工作，从而将全岛居民土地统一纳入管理。

（三）强化生态保护

（1）建立绿色旅游开发机制。构建海洋海岛旅游绿色开发、经营、宣传和管理体系。坚持旅游科学开发管理，减少粗放式开发，防止低水平开发，杜绝破坏性开发，实现开发与保护的统一，达到旅游与经济、文化、环境协调和谐、可持续发展。

（2）设立健全的保护控制机制。重视旅游资源和生态环境保护硬件的投入，重点研究土地控制、景观控制、环保控制等控制手段，对重点区域、节点、项目从建设容量、环境影响评价和水源水质保护等方面进行控制审批，并重点做好海洋、海滨生态环境安全控制机制和项目的准入与退出机制。

（3）重视自然旅游资源保护。主要分为海岸、海岛、海洋环境三类旅游资源。海岸旅游资源方面，合理利用海岸线，严禁非法占用与破坏，保护海岸线完整和生态环境。旅游设施应与环境和谐统一，同时注重污染治理，保证可持续发展。海岛旅游资源方面，合理有序利用土地、森林、海湾等资源，加强自然保护区、森林公园、重要海域的保护与管理，并坚持推进海岛植被恢复和建设工程。配套和谐合理的道路交通、供水供电、标志标牌等基础设施。海洋环境资源方面，加大海域管理和执法力度，认真做好保护海洋环境工作，积极开展海洋环境保护的宣传工作，增强环保意识。

（4）大力推进节能减排工作。积极推动岛内旅游低碳、绿色化，旅游交通工具低碳化，积极在酒店餐饮部门推广清洁生产、节能减排技术和产品。旅游基础设施工程建设方面推进减排措施的展开，增加"以奖代补"专项转移支付。加强海域生态环境监管能力建设，完善节能减排统计监测和考核实施办法，强化节能减排目标责任制。

第九章　辽宁森林旅游发展空间形态

围绕建设森林公园，以休闲度假为核心，加快避暑养生、商务休闲、宗教历史文化体验、森林观光四大功能建设，完善辽宁省14个城市的森林公园：沈阳国家森林公园、大连西郊国家森林公园、千山仙人台国家森林公园、三块石国家森林公园、关门山森林景区、白石砬子森林公园、盖州国家森林公园、海棠山国家森林公园、大黑山国家森林公园、冰砬山国家森林公园、首山国家森林公园、翠岩山省级森林公园、石洞沟省级森林公园、盘锦省级森林公园。其中重点建设六大森林公园：沈阳国家森林公园、大黑山国家森林公园、盘锦喜彬森林公园、三块石国家森林公园、大连森林动物园和大孤山国家森林公园。推进规划建设林园、欢乐林、稻香森林世界、红色森林世界、生命森林世界和神秘森林世界六大对应项目，将辽宁森林生态旅游建设成国际知名、国内一流的"一园一世界，精彩辽宁森林"。

一、发展背景、资源条件和现状基础

（一）发展背景

21世纪现代化城市，房子越盖越高、越盖越密。环境生态学家对现代城市的评价是"城市水泥沙漠"，它给城市带来的热辐射、光辐射和放射性辐射，随时危害着人体健康。再加上城市环境的污染，证明城市并不是人类生存的最佳环境。与此同时，科学家还指出：人寿命的长短、健康状况的好坏与居住地物种数量多少呈正相关，居住地物种数量越多，人就会越健康长寿。森林里植物资源、动物资源和微生物极为丰富，物种数量众多，是人类生存的优良环境。城市里居民集中区的居民都强烈呼唤"回归大自然"，到森林里去游憩，森林旅游的发展具有重要意义。

"回归大自然，走进大森林"是当今世界旅游业的新时尚。到森林中旅游，去认识大自然，已得到越来越多旅游者的钟情。森林公园作为开展森林旅游活动的主要载体，以其清新优雅的环境、多姿多彩的风光、丰富多样的内涵，既能满足旅游者爱美好奇的心理，又能为旅游者提供保健、科普、疗养、运动等多种功能。自1982年我国建立第一个森林公园——张家界国家森林公园以来，已有三十多年，中国的森林旅游业从无到有、从小到大，有了很大的发展。在我国，森林旅游是一项新兴的产业，正成为广大旅游者的新宠。

目前森林旅游发展的特征主要体现在以下三方面：其一，自然景观和人文景观互相烘托。如黄山、庐山、武夷山、雁荡山被称为"四大风景名山"，泰山、华山、嵩山、衡山、恒山被称为"五岳"，峨眉山、五台山、普陀山、九华山号称"四大佛教圣地"，青城山、武当山、龙虎山、崂山号称"四大道教名山"。它们均是人文古迹与自然山林地貌紧密结成一体的代表。另外，一些少数民族与大森林和谐共处，爱林护林，无论是村寨建筑、生活习惯、民俗节庆，都与森林密不可分，创造出独具特色的森林文化，极大地丰富了森林旅游资源的内容，提高了旅游价值和社会经济效益。其二，野生动物和森林植物资源丰富。在森林旅游资源集中的森林公园和自然保护区内，一般森林覆盖率达85%~98%，由于保护好，受破坏干扰的程度少，环境适宜，保存的珍稀野生动植物种类比较多。自然保护区范围内物种的数量非常多，如湖南桃源洞国家森林公园就有种子植物1518种，陆生脊椎动物211种；广东象头山国家自然保护区内现有维管束植物1627种，珍稀保护植物56种，野生动物305种，其中属国家保护的有益的或者有重要经济、科学研究价值的陆生野生动物达210种。其三，综合性森林旅游是其发展方向。森林旅游往往集雄、奇、险、秀等自然风光，灿烂的历史文化，纯朴的民俗风情及得天独厚的生物气候资源于一体，因此森林游憩的形式多种多样，融合休闲、猎奇、求知、求新、健身、陶冶情操和激发艺术灵感等诸多内容，在很大程度上满足现代旅游者多样化的心理需求。

（二）资源条件

（1）山地、丘陵和森林自然资源丰富。辽宁山地、丘陵分列东西，占全省面积的2/3。东部由长白山余脉及其支脉千山组成，从东北向西南延伸，海拔多在500米上下，个别山峰可达1000米以上。山地、丘陵地区林木葱郁，森林覆盖率高达60%以上。这些地区资源条件非常有利于发展生态旅游，有的地区已开展生态旅游活动，并取得了一定效果。例如，鞍山千山仙人台国家级森林公园、海城九龙川自然保护区等地区风光宜人，游客可以看到在城市里看不到的景观，体会自然韵味。西部山地、丘陵是内蒙古和辽西平原的过渡地带，由东北—西南走向的医巫闾山、松岭、黑山等组成，海拔多在300~500米，也适宜发展森林生态旅游。

（2）民风民俗人文资源丰富。辽宁的民俗风情淳朴、浓烈，而且丰富多彩。辽宁地处山海关外，一直是中国北方少数民族聚居的地区之一。在全省 43 个少数民族中，满族、锡伯族人数居全国之首。其中，满族习俗文化在辽宁省体现得最为明显。近年来，沈阳推出了规模宏大的中国清文化国际旅游周，清朝皇家宫廷礼仪的表演，再现了 360 多年前清王朝开国时期的辉煌历史与民族习俗，为辽宁森林资源旅游增添了民族色彩。

（3）优良气候条件有利于开发森林生态旅游。辽宁的气候属于温带和暖温带、湿润和半湿润季风气候。冬季寒冷漫长，1 月平均最低气温为零下 11 摄氏度，河流湖泊结冰期 3~4 个月，冰雪旅游资源丰富，可开展滑雪、滑冰、冰球、冰陀螺等生态旅游娱乐活动。夏季温暖短促，最热的 7 月平均气温不过 24 摄氏度，可利用海滨、山地开展避暑生态旅游活动。

（4）辽宁生态森林旅游资源等级较高。辽宁省生态旅游资源丰富，等级较高。现在有 9 个国家级自然保护区、29 个国家森林公园和 7 个国家重点风景名胜区。

表 9-1 辽宁省省级以上森林公园情况一览

序号	森林公园名称	地理坐标范围	面积（公顷）
1	大连旅顺口国家森林公园	东经 120°20′~121°28′、北纬 38°40′~39°10′	27410
2	丹东大孤山国家森林公园	东港市孤山镇	464
3	葫芦岛首山国家森林公园	东经 120°43′~120°48′、北纬 40°39′~40°40′	667
4	阜新海棠山国家森林公园	东经 120°51′、北纬 40°56′	66.7
5	朝阳凤凰山国家森林公园	东经 120°17′~120°31′、北纬 41°26′~41°38′	132.8
6	本溪关门山水库国家森林公园	东经 125°22′~125°38′、北纬 41°15′~41°21′	4627
7	本溪关门山国家森林公园	东经 124°08′~124°21′、北纬 41°03′~41°18′	6667
8	丹东天桥沟国家森林公园	宽甸黎明林场	4200
9	营口盖州国家森林公园	东经 121°56′~122°53′、北纬 39°55′~40°33′	1567
10	沈阳陨石山国家森林公园	东经 122°22′、北纬 41°31′	2000
11	抚顺元帅林国家森林公园	东经 123°56′、北纬 41°52′	6959
12	大连仙人洞国家森林公园	庄河市仙人洞林场	3575
13	大连国家森林公园	东经 121°45′~121°49′、北纬 38°04′~39°07′	3759
14	大连长海海岛国家森林公园	东经 122°17′~123°13′、北纬 38°34′~39°34′	7200
15	大连普兰店国家森林公园	东经 121°58′~122°03′、北纬 39°20′~39°24′	666.7
16	朝阳大黑山国家森林公园	东经 121°16′~121°20′、北纬 42°20′~42°30′	5100
17	沈阳国家森林公园	东经 123°43′、北纬 42°01′	933
18	阜新高山台省级森林公园	彰武县高山台林场	815
19	抚顺湾甸子省级森林公园	东经 124°50′~125°18′、北纬 41°05′~42°00′	3332
20	锦州翠崖山省级森林公园	东经 121°14′10″、北纬 41°19′27″	267
21	铁岭七鼎龙潭寺省级森林公园	开原市南城子林场	133

续表

序号	森林公园名称	地理坐标范围	面积（公顷）
22	锦州五峰省级森林公园	北宁市五峰林场	3723
23	鞍山龙潭湾省级森林公园	岫岩县龙潭林场	800
24	鞍山西平省级森林公园	东经 122°25′、北纬 41°23′	2467
25	铁岭城子山省级森林公园	东经 124°45′、北纬 42°22′	3933
26	阜新沙地省级森林公园	章古台固沙所林场	2267
27	朝阳牛河梁省级森林公园	凌源市欺天林场	8000
28	朝阳朝阳洞省级森林公园	喀左县十二德堡林场	1867
29	抚顺猴石省级森林公园	东经 124°26′、北纬 41°40′	2400
30	辽阳石洞沟省级森林公园	东经 123°13′~123°16′、北纬 41°04′~41°05′	1333
31	丹东黄奇山省级森林公园	宽甸县城郊	75
32	丹东五龙山省级森林公园	凤城市五龙背镇	467
33	鞍山白云山省级森林公园	海城市	3723
34	阜新元宝山省级森林公园	东经 121°51′、北纬 42°02′	267
35	本溪环城省级森林公园	东经 124°41′~123°50′、北纬 41°14′~41°21′	22573
36	本溪大地省级森林公园	东经 124°35′~124°43′、北纬 41°05′~41°10′	8119
37	丹东蒲石河省级森林公园	东经 124°00′、北纬 55°56′	4000
38	大连驼山海滨省级森林公园	东经 121°39′、北纬 39°47′	2240
39	铁岭冰砬山省级森林公园	东经 124°45′~125°15′、北纬 42°20′~42°40′	2019
40	大连长兴岛省级森林公园	东经 121°13′~121°32′、北纬 39°29′~39°39′	3307
41	大连金龙寺省级森林公园	甘井子区金龙寺村	2138
42	盘锦省级森林公园	盘山县林场	330
43	丹东天华省级森林公园	宽甸县林川林场	1400

表 9-2 辽宁省省级以上风景名胜区情况一览

序号	名称	面积（公顷）	行政区位
1	沈阳辉山省级风景名胜区	11600	沈阳市东陵区
2	大连金石滩国家级风景名胜区	5230	大连市金州区
3	大连海滨旅顺口风景名胜区	23371	大连市旅顺口区
4	大连长山群岛省级名胜区	363400	大连市长海县
5	鞍山千山国家级风景名胜区	7200	鞍山市旧堡区
6	鞍山药山省级风景名胜区	5000	鞍山市岫岩满族自治县
7	本溪水洞国家级风景名胜区	4472	本溪市本溪满族自治县
8	本溪桓仁五女山省级风景名胜区	8750	本溪市桓仁满族自治县
9	丹东鸭绿江国家级风景名胜区	82420	丹东市振安区
10	丹东凤凰山国家级风景名胜区	21650	丹东凤城市
11	丹东青山沟省级风景名胜区	12740	丹东市宽甸满族自治县
12	丹东五龙山省级风景名胜区	5660	丹东市振安区

续表

序号	名称	面积（公顷）	行政区位
13	丹东大孤山省级风景名胜区	14000	丹东东港市
14	锦州闾山省级风景名胜区	5250	锦州北宁市
15	营口望儿山省级风景名胜区	7550	营口盖州市
16	铁岭龙山省级风景名胜区	1307	铁岭市银州区
17	葫芦岛兴城海滨国家级风景名胜区	4730	葫芦岛兴城市

（三）现状基础

辽宁省森林旅游资源丰富，自然风光优美，奇特景观众多，现有森林公园 68 处（国家森林公园 29 处），景点 3000 余处，经营总面积达 324 万亩。有山岳型、文物古迹型、海滨海岛型、库区型等多种类型森林公园。"食、住、行、游、购、娱"全省的森林旅游服务体系已达到一定规模。森林旅游业以其见效快、产业推动面广、就业容量大、社会经济效益高等特点已成为推动当地社会经济发展和人民群众脱贫致富的龙头产业。

通过研究，辽宁省森林旅游发展现状和问题主要集中在以下方面：一是生态环境。不少人对森林旅游的理解仅仅停留在走向森林，对森林旅游的含义缺乏充分的认识和理解，使不少地区为了眼前的经济利益，不顾环境发展的需求，盲目开发森林，滥建旅游景点，给森林防火防虫、平衡生态造成了麻烦，增加了森林安全隐患。此外，大多数森林旅游景区对旅游者既没游前教育，也无数量限制。二是监管机制。森林旅游属于边缘性产品，涉及范围较广，不同的森林旅游资源的管理权限归属不同。与森林旅游相关的森林公园、自然保护区等都交叉牵涉到林业部门、旅游部门、农业部门、地矿部门、环保部门等，并非单一由一个部门管辖，一直没有形成协调统一的管理体制。各部门由于在快速增长的森林旅游需求中受益不同，导致在管理过程中不时出现种种纠纷和矛盾：辽宁省的森林公园大多是在国营林场的基础上发展起来的，但在发展过程中，一些部门无偿占用、划拨森林风景资源，侵犯其自主权；随意改变森林旅游区的隶属关系，剥夺林业部门的行政管理职能；有的地方部门无原则插手森林旅游开发，划地盘搞建设；把森林旅游当作森林生态消费旅游。三是旅游产品。旅游业的快速发展，使旅游业的竞争加剧，而旅游产品的不可储存性使得旅游资源和产品因闲置带来的损失无从弥补。因此，市场需要的是替代型或补充型旅游产品，而不需要缺少新意的重复产品。如何发掘自己的旅游资源，开发自己的特色产品，组织与众不同的旅游活动是获得市场竞争力和持续发展能力的关键。辽宁省一些森林旅游区由于缺乏有效的统一策划，没有充分发掘出森林旅游的特色，也无法展示出旅游景区的特色。四是科研水平。森林旅游是科技含量很高的产业，是与知识经济时代脉络吻合的，本应在科学技术的密切参与下运作。而辽宁省的科研工作在大多数森林旅游区还未能提到应有的位置上来，目前大多景区出于经济目的，热衷于楼堂馆所、游乐设施的建设，极少对科研给予投入。在缺乏科研的条件下，不能随时获得足够的信息，旅游给森林生态环境带来什么说不清楚，不能及时做出必要的反馈和调整；由于缺乏通畅的旅游信息网络和优质旅游信息服务的支持，不能更好地满足游客的信息消费，以强化森林旅游的市场经济个性。

二、发展优势、关键挑战和基本研判

（一）发展优势

（1）森林旅游资源优势。森林旅游资源作为森林旅游的主体，在森林旅游中起着非常重要的作用。辽宁省的森林资源十分丰富，不同的植被类型与不同的地形地貌构成的森林景观和森林环境具有独特的旅游魅力，这是辽宁省森林旅游宝贵的物质基础。

（2）经济现状优势。辽宁省曾经是我国重点发展的区域，是我国重工业生产基地，同时轻工业水平也较高，农业基础雄厚，现在全省已基本形成了一个比较完善的经济体系。在振兴东北老工业基地中，辽宁省经济会有较快的发展。

（3）客源市场优势。全区人均收入比较高，已达到进行生态旅游所要求的最低收入，区内客源市场充足。辽宁与日本等邻近国家有贸易往来传统，可吸引国外生态旅游爱好者来辽宁旅游。

（4）交通优势。辽宁省铁路、公路、民航及水运等运输方式齐全、配套成网、交通发达。辽宁省的铁路密度、营业里程居全国首位。四通八达的公路连接省内的各大城市和森林旅游区，使自行车旅游、汽车旅游更为方便。大连港为全国第二大港，现与190多个国家和地区通航。便利的铁路和水运及民航有利于省外和国外的旅游者到辽宁来，使森林旅游区的可进入性大大加强，有利于辽宁省森林旅游业的发展。

（二）关键挑战

（1）旅游景观产品开发问题。例如，沈阳国家森林公园建立后，开发建设力度小，没有形成森林旅游的氛围。旅游产品开发层次较低，一些景点建设没能因地制宜地处理好人工景观和自然景观的适当配置，景点之间关联性差；旅游产品功能单一，主要是乘凉消夏、冬观雪景等大众化、观光型产品，没有鲜明特色的旅游产品致使森林旅游吸引力有限，缺乏市场竞争力。又如，关门山森林公园尚处于发展阶段，发展速度还不是很快，未形成大规模、有目的性的娱乐设施和消费项目，森林资源虽然丰富，但景观产品结构和布局不尽合理，园内游人基本上处于自发游玩的分散状态，难以满足不同消费层次游客的需求。

（2）景区规划制度问题。例如，葫芦岛森林公园建设相关的法规制度不健全，法律措施不到位，使监督工作无法进行。政府对首山国家森林公园总体规划编制工作不够重视、规划与实际契合度不高、深度不够等问题，影响了森林公园的建设质量和森林旅游业效益的发挥。而锦州翠岩山国家森林公园旅游景区虽然根据《锦州市土地利用整体规划》（2006~2020），对生态林地提出了相应的保护措施，但公园建设得到的资金投入不足，阻碍其发展建设。

（3）营销意识与方法问题。很多森林公园在营销中不能够抓住自身特色，忽略了森林旅游资源。例如，沈阳国家森林公园对于冬季滑雪这个不属于自己特色的项目却进行了大量宣传，造成自己的特色资源在客源市场没有影响力。又如，营口地区盖州国家森林公园资源条件也不错，但同样缺乏宣传，而没有良好的知名度。

（4）保护问题。首先，管理服务人员缺乏经验和技术；其次，部分游客素质过低，文化修养和道德水平差，在旅游区随处乱扔废弃物，乱刻乱画，严重污染、破坏了环境；再次，不顾长期生态效益和社会效益，不进行科学规划而盲目上马，因基本建设而破坏自然资源；最后，每个森林公园都有其一定的环境容量，超过这个阈值就会造成对资源的破坏，诸如人满为患，垃圾遍地，污染、破坏环境等。例如，近几年由于辽西地区较为干旱，大黑山国家森林公园内的河流渐渐枯竭，且由于该区附近常年矿物开采，地下空洞，水质较低，在自然资源方面需要更强的保护力度。

（5）人才问题。森林旅游专业方面的人才匮乏，造成森林公园旅游资源开发、旅游产品促销、旅游景点布置、旅游宣传以及后勤保障等一系列工作难以正常开展。例如，抚顺三块石森林公园建设与森林旅游发展尚缺乏科学的规划指导，主要表现在经营管理者对森林公园的开发管理缺乏经验，市场培育、开发、宣传促销的意识不强，服务水平有待进一步提高。

（三）基本研判

20世纪八九十年代以来，辽宁省各级政府和林业部门以得天独厚的森林风景资源为依托，把建设森林公园、发展森林旅游作为加强森林资源保护、调整产业结构、拉动经济增长和促进生态环境建设的重要环节来抓，特别是国家实施森林生态效益补偿基金制度后，这项工作更作为一项重要工作来抓，经过几十年来的建设，辽宁省森林公园建设、保护与开发取得了显著成绩。

（1）森林旅游不断发展，但森林旅游产品缺少特色。"十一五"期间，辽宁省森林旅游业发展保持了高速增长的势头，成为全国森林旅游发展最快的地区之一。然而辽宁省森林旅游产品以自然生态观光为主，生态文化旅游资源开发不足，与黑龙江、吉林、内蒙古、河北等省之间存在着资源相似性和产品同构性，对辽宁省森林旅游业的更快发展形成了潜在的压力和挑战。

（2）客源市场广阔，但市场营销投入不足。辽宁省森林公园分布在各区、郊县，森林公园又各具特色，因此有广泛的客源基础。长远看，周边省份都可能成为辽宁省森林公园的客源市场。但是，由于旅游促销投入不足，没有从事这方面的专门策划人才，森林公园宣传不足，知名度和美誉度不高，导致了游客总量规模小。

（3）森林旅游资源丰富，但市场化运作机制还不够成熟。辽宁省已有大孤山、天桥沟等几处森林公园开展了市场化运作的实践，有较成功的经验，也有失败的教训。为防止在市场化运作中出现强买强卖损害森林公园权益人的合法利益、"一卖了之"导致管理失控等情况，当前应当规范森林旅游开发市场化运作机制：一要建立权威的森林风景资源价值评估机构，实现森林风景资源有偿合理转让；二要健全森林风景资源转让听证制度，保护森林公园权益人的合法利益；三要做到相关部门管理不能缺位，建立行之有效的保护与监管制度。

（4）区域特色资源丰富，有利于发展成为辽宁省旅游业的重要产业。塑造"一园一世界，精彩辽宁森林"品牌，实施特色资源开发，挖掘每一个森林公园的独特卖点，打造一批森林旅游公园和森林各类项目体验地，森林公园之间相辅相成，共同推动辽宁生态旅游的大发展。

三、发展定位、总体目标、发展思路和战略路径

从我国区域发展战略布局、环渤海经济圈、辽宁沿海经济带开发开放、中国旅游业转型升级来谋划发展定位；面向新经济，顺应体验经济、休闲经济、商务经济、健康经济、绿色经济的大趋势，把握旅游新需求；致力于打造国际知名、国内一流的辽宁森林生态旅游群。

（一）发展定位

辽宁省森林旅游公园（见图9-1）的景观资源丰富，然森林旅游产品趋同，

不能够站在全局的角度对不同森林公园景区的特色进行挖掘和提炼。故要以"一园一世界"为理念、为发展定位，提炼重点森林公园旅游景区。以休闲度假为主导，推动旅游业与其他产业的融合发展，联动区域其他旅游景点的发展，诸如温泉旅游、乡村旅游等，形成生产、生活、生态、度假等多功能耦合的空间形态。规划森林公园都有自身的特色，从而也形成了更强的整体竞争力。

一园一世界主要包括：林园、欢乐林、稻香森林世界、红色森林世界、生命森林世界、神秘森林世界六大项目。森林公园主要坚持生态低碳、环境优先，推进资源节约型和环境友好型旅游开发模式，汇集奇峰怪石、风景林区、溪流山泉、野生动物等旅游资源，形成和而不同的辽宁森林生态旅游整体。借鉴张家界森林公园、西双版纳森林公园的发展，在开发自然旅游资源的同时大力发展民族文化、红色文化和宗教文化等旅游资源。辽宁森林旅游公园非常多，选取特色园区进行重点项目建设，形成不同的森林世界，同时不同公园也是具有凝聚力的整体，形散神不散，整体科学规划，充分展示辽宁森林旅游的精彩。

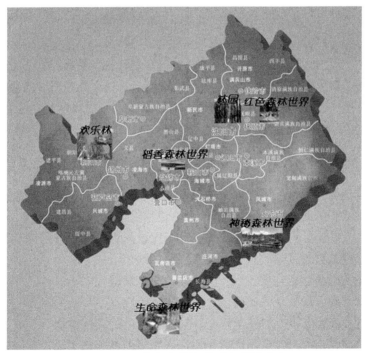

图 9-1 辽宁省森林旅游重点项目分布

（二）总体目标

围绕建设避暑养生、商务休闲、宗教历史文化体验、森林观光四大旅游功能，大力发展森林生态旅游业，通过 5~10 年的努力，打造具有强大吸引力的森林公园，建设一批重点旅游项目，推出一批森林旅游精品，唱响"一园一世界，精彩辽宁森林"的旅游品牌，全面提升辽宁省森林旅游产业竞争力和市场影响力，力争实现千万人次游客、百亿元收入的目标，2015 年旅游总收入达到 150 亿元，2020 年达到 500 亿元，将辽宁森林生态旅游建设成国际知名、国内一流的森林旅游大世界。

（三）发展思路

（1）资金支持。要把森林生态旅游的开发建设纳入各级财政统筹安排，公园管理实行差额预算，防止短期行为，最大限度地发挥生态效益、社会效益和经济效益。

（2）环境保护。在建设过程中要以自然景观为主，突出自然野趣。供游人野营的营地、道路、步道等建设要与自然和谐统一，防止人工化、城市化倾向。要彻底改变在森林公园建设中那种不管是否有必要的态度，以及建庙、建门楼、建宾馆、修石板、水泥游道等影响景观、破坏环境的倾向。

（3）加强宣传。效仿发达国家改善森林公园的经营运作机制，完善法律法规，加大投资力度，采用多元化投资方式，提高全民保护环境、保护大自然的意识，促进森林旅游、生态旅游的发展。出版森林公园科普读物，举办森林公园和森林旅游博览会，开展森林旅游、生态旅游知识竞赛等活动。建立森林旅游信息中心，提供包括相关资料、画册、图片、录像等供宣传、教育参观交流之用。设立信息网络，印制精美宣传资料，放置在中心城市各大宾馆、车站、街头，免费为游人提供。

（四）战略路径

通过借鉴国外发达国家的森林旅游发展经验，预测辽宁森林旅游资源发展可能遇到的挑战和机遇，拟定出辽宁省森林旅游资源发展的战略路径。

（1）政府提供相应资金支持。各级政府应投入更多的资金支持森林旅游的建设，给予一定的财税优惠政策，引导多元化的融资方式，加大对森林公园各类公益性基础设施财政性资金的投入，进一步改善森林公园基础条件，不断提高森林公园保护管理和服务大众的能力。

（2）加强森林旅游规划科学研究。对森林旅游的评估检测要形成一个综合的体系，实时掌握市场动态，从而立足市场和自身资源特点，做出科学有深度而且可操作性强的森林旅游的各项规划。

（3）提高政府重视程度。森林游憩活动正在成为户外游憩活动的最大组成部分，是户外游憩活动的主体。政府应根据当地情况制定、完备森林旅游的有关法律法规，同时也要有较好的执行力。

四、经典案例、重点项目和精品线路

(一) 国际案例

表 9-3　世界森林旅游比较研究一览

案例	概述	气候	景观特色	发展建设支持措施	经验和启示
德国黑森林旅游景区	黑森林，又称条顿森林，位于德国西南部的巴登-符腾堡州。在东西宽约60千米、南北长200千米的起伏群山间，覆盖着茂密的森林。森林茂密，河谷纵流，散落着大大小小的村镇。景区林山总面积约6000平方千米，与其他山地杂种着不同树种的森林相比，黑森林种植的绝大部分是冷杉树，而密密匝匝的树木和枝叶遮天蔽日，挡住了强烈阳光的照射，投下一片黑色之中。黑森林是国际知名的旅游胜地，因布谷鸟钟、黑	山势陡峭、风景如画的金齐希腾堡。在东西宽60千米、南北长200千米的起伏山间，北部为沙岩地，森林茂密，地势高寒，气候寒冷。南部地势较低，土壤肥沃，山谷内气候适中	(1) 湖泊。黑森林中分布着大大小小的湖泊，蒂蒂湖就是其中最为小巧玲珑的一个。传说当年古罗马大帝提图斯经过此地，被蒂蒂湖美丽的风景所吸引，从此便以提图斯的名字命名蒂蒂湖。蒂蒂湖被青山环抱，湖面上的游船牵起道道涟漪，野鸭在湖边戏耍，湖岸上黄褐色的石沙一尘不染。据说，湖水质已经达到了饮用水标准 (2) 小镇。小镇街道十分清洁，石块铺设的路面上找不到任何废弃物，环境或街道边的优雅宁静令人赞叹。游人静坐在湖道边的椅子上，显得悠闲自得，也听不到街上的车鸣声，市井的喧器浮躁似乎远离了这里。镇上保持着古典风格的半砖木结构、造型古典秀美，多是德国传统风格式多样，形式多样，房舍的屋顶造型有梯形的、三角形的、圆锥形的……各家的阳台和窗台上摆满了规格相似的花盆，盛开的鲜花把房舍装扮得绚丽多姿	从工业革命中后期，德国就开始进行森林生态环境建设，在"近自然森林理论"指导下，坚持生态优先的原则，高度重视森林的综合效益，实现了林业的可持续发展。主要包括森林维护及森林机能等各项制度，确保森林基本规划制度。确而德国黑森林在保护/建设中也是曲折发展。20世纪中也是曲折的玻璃工业对木材需求巨大，加上农业开发，整个黑森林地区的森林覆盖面积只及罗马时代的10%左右，直到人们开始注重环境保护后，森林覆盖率得以恢复至60%左右	(1) 建立健全森林旅游相关法律保护体系。德国对森林的保护能够做到明确内容，对生态林业的监管控制能够努力做到有法必依、执法必严。德国有关森林业的基本法律由《联邦森林法》和各州森林法组成。1975年制定了《联邦森林法》，各州据此修改或重新制定了州森林法，可以说在法制上表现了现代德国的森林政策基本理念。《联邦森林法》第一条规定了德国森林立法时的目的框架，具体目的是维护森林有秩序地长久续经营，扩大森林面积，林业扶持，公共利益和森林所有者利益的调整。早在1978年德国确立的森林公园建设目的中，就着重强调了保护的重要地位：第一，

续表

案例	概述	气候	景观特色	发展建设支持措施	经验和启示
德国黑森林旅游景区	蛋糕、黑森林火腿、蜂蜜和猪肘等而出名，许多格林童话中的故事，如《灰姑娘》《白雪公主》都发生在黑森林		(3) 咕咕钟。钟的式样大多被设计成森林小木屋形状，每到半点和整点钟时，小木屋的木窗自动打开，从里面蹦出一只玲珑的布谷鸟，发出"布谷、布谷"的叫声，在美妙的音乐背景下，鸟鸣声清脆悦耳，扣人心弦。与此同时，屋门一侧的水车开始转动，房前屋后那些居民雕塑也伴随着布谷鸟的叫声或辛勤劳作，或载歌载舞庆祝丰收。报时一到，布谷鸟退回屋内，居民们停下手中的活计或者舞的，黑森林又回到了静谧之中。还有的咕咕钟设计构思老头儿的秃脑壳，报时时，老太婆有节奏地藏击老头儿的秃脑壳，令人忍俊不禁。这充满童话色彩的民间手工艺品，折射出德国日耳曼民族的浪漫情怀和开朗性格，展现出日耳曼人对美好生活的无限向往和追求。 (4) 传统手工艺。黑森林中还有着许多趣味十足的手工业，如玻璃吹制、管风琴制造、木雕刻等，而黑森林的传统手工艺就守在今前，每年寒冷的夜晚，山区及器具。其中以杉木制的布谷钟最具特色。这种中表因其手工绘制而更具特色。黑森林发展成大大小小的这种手工木布谷钟，其产品已走向国际市场，今天，人们在世界各地都能看到黑森林的布谷钟		保护整个地区的生态环境；第二，保护处于自然状态下接近自然状态的生物；第三，在不影响环保项目的前提下，对当地居民进行宣传教育，开发旅游和疗养业；第四，国家公园游以盈利为目的 (2) 加强森林生态环境的科学研究。德国森林要早日开发，相对于我国要早许多，借鉴其研究路线，辽宁省对森林旅游的研究包括：一是关于森林旅游资源开发与生态环境保护对策研究。二是关于森林生态环境保护对策研究，主要是从宏观上提出森林旅游开发对策以及森林旅游管理对环境保护区生态环境保护对策

续表

案例	概述	气候	景观特色	发展建设支持措施	经验和启示
美国黄石国家森林公园	黄石公园地处洛基山脉，位于美国西部北落基山和中落基山之间的熔岩高原上，绝大部分在怀俄明州的西北部。海拔2134~2438米，面积8956平方千米。它被美国人自豪地称为"地球上最独一无二的神奇乐园"，是世界上第一个国家公园。黄石公园分五个区：西北区以石灰石台阶为主，故也称热石台阶区；东北为罗斯福区，仍保留着老西部景观；中间为峡谷和瀑布，可观赏黄石大峡谷和瀑布；东南为黄石湖区，主要是湖光山色；西及西南为间歇有间歇泉、温泉、蒸气、热水潭、泥地和喷气孔。	景区气候属于温带大陆性气候，四季分明，各有特色。黄石国家公园的冬天较为漫长，5月气温才慢慢开始回暖，但夜间的温度仍在零摄氏度以下，白天的温度上升得很快，到了7~8月却马上转为旱季，日照强烈，温差很大。6月凉爽而多雨，到7~8月间气候宜人，少雨但不干燥，凉爽却不寒冷。公园秋天气候差别较大，昼夜温差别大。	(1) 热气地带。黄石其实是一个巨大的火山口，这个活火山在人类历史上还没有爆发过，但在地质时代曾经爆发过三次，可从未敢人类目击过，与其相比，其他火山喷发犹如"小儿科"。这个火山跟世界上大部分的火山都不一样，它并不在地壳上两块板块相交的地方。黄石热点产生于今天怀俄明州西北角的位置，经爱德荷州和北达科他州过去的地方，形成一系列的死火山，这些火山过去喷发出来的熔岩，形成了今天的蛇河南部地区。公园里有上万个热泉，地盆泉盆地，中间歇泉盆地，下间歇泉和大棱镜等，其中最有名的莫过于老忠实泉和大棱镜了。老忠实泉每隔30~120分钟就会喷发一次，每次喷发约70~90分钟喷一次，平均纬度约一分半钟至五分钟不等，喷发高度约50米。人们掌握了老忠实泉发喷的时间长度以及"距离下一次喷发的时间间隔"之间的数学关系，因此能相当准确地预测下一次喷发的时间。由于老忠实泉夜夜以继日，春来秋往，年复一年地准时喷发，因此被称为老忠实泉。(2) 黄石河流域。由于地热的关系，黄石公园里到处都有着喷泉，就是连接水池也的黄石公园的水里到处或河流底下也不例外，因此连黄石河的水都含有丰富的矿物质，以至于有毒，即便煮熟了也不适合人类饮用。黄石河位于公园东部，从南向北流出，在北流向	自20世纪50年代以来，美国兴起了森林旅游的热潮。目前美国有众多的组织从事森林旅游服务，其中联邦机构是森林旅游活动的主要提供者，特别是农业部林务局的国有林是森林旅游的最大提供者。森林旅游现已成为美国内容生活中的一个重要内容。美国的林地面积达7.34亿公顷，约占美国国土总面积的40%。20世纪60年代以来，美国国会通过了多项立法措施，森林旅游成为国有林业经营的一个重要目标，并被林务局单独规划。例如，1960年美国国会通过了《森林多种利用及永续生产》条例，该条例把森林经营分为旅游、放牧、木材生产、保护水区和保护野生动植物五大目标。正式以法律形式确定旅游为森林经营的首要目标，木材生产只排在第3位。从此，旅游成为美国森林经营的重要目标之一。1974年美国国会的自然资源分为野外	(1) 美国森林旅游受政府的重视程度高。美国政府早在1965年就对森林旅游提供了足够的资金支持，当年美国政府批准了《水土保护基金条例》，又叫《LWCF条例》，拟定为每年0.6亿美元，1976年以后为每年9亿美元，1989年以后为每年60亿美元。近20年来，美国保护自然、回归大自然居民的呼声越来越高，为了满足居民对户外游憩资源的要求，更好地引导户外游憩资源的开发利用，1985年，美国总统统根下令成立了"户外游憩总统委员会"，直接向国会和总统汇报工作。(2) 齐心协力办好森林旅游。美国的国家森林公园、国家风景名胜区和国家保护区只由内政部管理，由内政部国家公园管理局、土地管理局、农业部林务局、渔业和野生动物管理局、陆军工兵队等联邦机构经营。但国的国家公园经营，我国的国家公园主要由内政部统一由内政部国家公园管理局管理，采取垂直管理的管理体系，地方和基层直接参与国家公园的管理，黄

续表

案例	概述	气候	景观特色	发展建设支持措施	经验和启示
美国黄石国家森林公园			先是形成一条缓缓流动的小溪，然后突然俯冲下万丈深渊至黄石大峡谷，形成上黄石瀑布和下黄石瀑布。黄石湖是黄石公园里最大的湖泊，除了南面一些地方以外，明湖面上允许开机动快艇。在西大桥指那里看黄石湖，就会发现岸边的湖面五光十色，而且目颜色不断变化，这就是湖底的热喷泉在喷发的迹象。这种变化中的颜色也可以在黄石河岸的许多地方看见。公路沿着西岸走，对岸变化的地势比较高，远远地排了一排雪山。 （3）野生动物。黄石国家森林公园有300多种野生动物（包括60多种哺乳动物），18种鱼有225种鸟，美洲狮、灰狼、野牛、鹰、麋鹿、白尾鹿、美洲大角鹿、黄、羚羊等2000多种动物在这里繁衍生息。黄石公园以熊为其象征。园内有200多只黑熊、100多只灰熊、250多只灰狼。	旅游资源、荒野资源、动植物资源、放收资源、木材资源、水土资源和人类7类，明确把野外旅游（包括森林旅游）资源作为一种目摆任首位。美然资源而目国有林经营者4000多个野营地，配有良好的设施，如热水淋浴器，某椅、火炉、多用篷车等，一般收费不贵，而且近一半野营地免费提供。	权分明，不会产生相互推诿和扯皮的现象。由国家、地方、个人多渠道办旅游事业。在美国，拥有林地并提供森林旅游活动的主要组织和机构是联邦机构，各州及地方政府，还有一些私有林主。其中联邦机构是每年吸引游客达15亿人次以上
苏格兰加洛韦国家森林公园	加洛韦国家森林公园始建于1947年，占地300平方英里（18329英亩），是英国此类公园中最大的一个。由于在公园周边进行建设受到限制，这里的光污染程度一直保持在最小范围内。公园是位于英国苏格兰南部的森林公园，其壮观场面历来备受瞩目：白天的苏格兰加洛韦国家森林公园是一个被密林覆盖	属于海洋性气候，像英国大部分地区一样，冬季多雨是这里的气候都是多云的，而且多变	加洛韦国家森林公园为世界上观看星星的最佳地方之一，也许白天的加洛韦国家森林公园与其他的山脉一园延绵起伏的山脉，浓郁的密林，宁静优雅的湖泊让人惊觉这是一个享受安逸生活的地方。而夜晚，黑暗的夜空中繁星点点，异常美丽。相关人员曾利用一个天空品质计对公园上方的天空进行了测量。最黑暗的天空质量环境差不多，大这种环境胶片洗膜冲胶片的天空质量读数可能是15或16。城市的天空黑暗质量的阴暗质量读数是23。加洛韦国家森林公园的阴暗的夜晚人，晴阴的夜晚在格拉斯哥等城市	（1）英国重视森林公园的开发和资源保护。英国是个少林国家，其森林资源主要分布在英国北部及中西部的山区。但英国在人工造林方面非常注重景观规划设计，强调人工林在提供木材的同时还应为公众提供为大众提供休憩旅游和娱乐的场所，并把其放到重要的位置。早在1919年，英国成立国家森林委员会，主要任务是保护和扩大英国的森林资源，提高森林资源的经济价值，保护森林的生物多样性，景观及林业文化遗产、扩大森林的参与等。1949年，英国政府以立法的形式确立国家公园，目前在英格兰已建有17个国家公园，此外尚有220个郊野公园和264个野外森林公园保护区 （2）英国重视森林公园面向游客的森林公园保护宣传教育。英国每

续表

案例	概述	气候	景观特色	发展建设支持措施	经验和启示
苏格兰加洛韦国家森林公园	小山延绵起伏的地方；到了夜晚，这里繁星点点，非常美丽；因此，2009年11月17日，该公园被国际暗夜协会授予"暗夜公园"荣誉称号并被指定为世界上观看星星的最好地方之一		们至多能看到500颗星星，而在加洛韦国家森林公园，人们可以看到多达7000颗星星	个国家公园内均设有几个环境教育中心，向游客宣传环境教育，展示各类照片与实物。英国最大的野外环境教育机构为FSC（Field Studies Council）。该机构在所有国家公园内设有环境教育培训基地，配备专门从事环境教育的人员及良好的培训设备。各类人员（主要是中小学生）可以在基地内活动。活动期间FSC利用当地的资源，自编教材对旅游者进行环境教育，提高公众的环境意识。1993年，英国议会通过了新的《国家公园保护法》，旨在加强对自然景观、生态环境的保护，以适应未来发展的需要。（3）国家公园的土地并非全是国家所有，有51%是私有土地，并允许公众能进入开展活动。为使私有土地所有者不开发这片土地，还需要让他们能取得一定的利益。英国国家公园的门票收入在总收入中所占比重不大，其收入主要来源为第三产业，如开设旅馆饭店、出售纪念品、收取停车费等。公园所需日常运作经费的75%由国家下发，其余部分由公园自筹	
瑞典国家公园	瑞典是世界著名的森林之国，森林面积2730.1万平方米，占国土总面积的57%。瑞典的国家公园是和森林联系在一起的，所有公园总面积的九成是Sarek和Padjelanta公园占地。位于北方山区的Sarek和Padjelanta公园占地约200000公顷，各有大约200000公顷。北方很多居住区内，当地是萨米人居住区，自然景观也保护良好，获选为文化与自然双重遗产	在瑞典的大部分地区，夏季白天较长，气温一般在15~25摄氏度，在最北部甚至还有白夜，瑞典北部为温带大陆性气候，南部为温带海洋性气候，瑞典全年降水量一般平均为450~1000毫米，	（1）北博滕省的国家公园。Abisko国家公园设立于1909年，占地面积约为7700公顷，公园以南，以西是山脉，以北是斯堪的纳维亚最大的Tornetrask湖。Bjornlandet国家公园设立为1991年，占地面积约为1100公顷，独特之处是其广阔的老森林和陡峭峡谷的山地。Muddus国家公园设立于1942年，占地面积约为49340公顷，公园内有深存有老松林，也有瑞典最古老的松树。Padjelanta国家公园设立于1962年，占地面积约为198400公顷，地势平坦开阔，包围着Vastenjavire和Virihavre湖。西临挪威，是瑞典最大的国家公园。Haparanda Skargard国家公园设立于1995年，占地面积约为6000公顷，	（1）重视对森林资源的保护是瑞典森林旅游发展建设的重要特点。1909年通过了第一个自然保护法，为有关人员进行培训和指导，为保护单位确定使命、基本政策。1979年通过了第三个森林法。森林法着重提出，森林为数不多的几种可更新资源之一、一宝贵资源，从生态方面考虑，在合理利用的生产力，保证高额森林产量的同时，要充分注意自然保护和公众的其他利益，特别是满足人	（1）通过法律制度保障森林资源。瑞典森林业行政职能主要定位为：制定政策、法规，并对有关人员进行培训和指导，使其真正成为管理的法律依据。国家森林公园的建设管理亦是如此（2）科学合理地规划，切实加强对森林风景资源的保护，编制好总体规划，严把评审和审批关，要求总体规划做到科学规划、布局合理，发挥优势。旅

续表

案例	概述	气候	景观特色	发展建设支持措施	经验和启示
瑞典国家公园	位于南端的南山脊，达尔比南森林和 Stenshuvud 国家公园有广阔的阔叶林，总共占地 2000 公顷。早从 20 世纪初，瑞典就开始建设国家公园，为了保护处女地，瑞典从 1903 年建立第一个国家公园起至今已相继建立了 20 个国家公园，占全国总面积的 1.5%，同时还划定了环境优美的森林风景区 1330 个。1903 年，瑞典在北部北极圈建立了了第一个国家公园——阿布斯科国家公园，目前，全瑞典共有 20 个国家公园	各地实际降水量极不均匀	顷，位于南端的尼亚湾北部，由很多广阔沙滩的岛屿组成 (2)卡尔马省的国家公园。Bla Jungfrun 设立于 1926 年，占地面积约为 198 公顷，是波罗的海上的一个岛，北部是裂口和沟壑，南部是树林。Norra Kvill 国家公园设立于 1927 年，占地面积约为 114 公顷，树林内的松树超过 350 年。公园内有 Stora Idegolen、Lilla Idegolen 和 Dalskarret 三个湖 (3)西约特兰省的国家公园。Djuro 国家公园位于西约塔省，设立于 1991 年，占地面积约为 2400 公顷，由瑞典最大的维纳恩湖中的 30 个岛组成。Kosterhavet 国家公园设立于 2009 年，占地面积约为 37000 公顷，瑞典第一个海洋公园，包括 Koster 群岛附近的海和海岸，但不包括 Koster 群岛本身 (4)达拉纳省的国家公园。Farnebofjarden 国家公园设立于 1998 年，占地面积约为 10100 公顷，达东河流经公园，不规则的岸线包围 200 多个大小岛屿。Fulufjallet 国家公园设立于 2002 年，占地面积约为 38500 公顷，主要是秃山和荒原，为瑞典众山中独有 (5)厄勒布鲁省的国家公园。Garphyttan 国家公园设立于 1909 年，占地面积约为 111 公顷，地形因人类农耕和森林业而改变，如牧地和落叶林 (6)哥得兰省的国家公园。Gotska Sandon 国家公园设立于 1909 年，占地面积约为 4490 公顷，是沙形成的岛屿，景观主要是沙漠、沙丘和松林	们能领略到原始的大自然风貌。因此，瑞典政府做出了种种努力，把高度污染产生有害的工业集中在某几个地区，对其他地区则尽可能加以保护 (2)瑞典对有重要价值的林木、野生动物资源住在国家全资赎买后进行建设 (3)重视对森林公园保护的宣传教育工作，国家公园的管理人员是公务人员，电影等通过资料、实物、电影等诸多形式，向游客宣传森林资源保护的重要性 (4)增加森林生态旅游对游客的吸引力，瑞典国家公园免门票，同时为游客提供相应的森林旅游活动也趣味未接近自然，回归自然 (5)着重体现森林旅游的原生态性，除修建必要的交通公路、旅游步道、户外野营、游客服务中心和管理办公场所外，国家公园和其他自然保护区几乎都不建设其他人工设施，使公众真正体验大自然风景的"原汁原味"	游规划征求相关利益者的意见，禁止在国家公园内进行对环境或资源产生有害影响的人类活动，只允许建造少量的、小型的、分散的旅游基本生活服务设施，并以一系列法律、法规为保障 (3)在各级林业行政主管部门成立森林旅游公共管理机构。把森林旅游管理纳入公共管理的职能。由各级财政拨发专业经费，以加快森林公园的建设发展步伐 (4)加强生态环境保护宣传和教育工作。让更多的公众在亲身投入到大森林的怀抱，欣赏风光的同时，增强生态保护意识，激发热爱自然、学习自然科学知识的热情

（二）国内案例

表 9-4　国内森林旅游比较研究一览

案例	概述	景观特色	发展建设支持措施	经验和启示
张家界国家森林公园	张家界国家森林公园位于湖南省西北部大庸市境内，是 1982 年经国家计委和林业部批准建立的我国第一个国家级森林公园。它享有"世界绝景，天下奇观"之美誉，人称"养在深闺人未识"的"绝"。其风景明媚，具有浓厚的神、奇、幽、秀、野的森林旅游特色，有泰山之雄、华山之险、桂林山之秀、黄山之变化、诸山之美，兼而有之。这里，奇而有奇，开发价值大，科学考察，疗养休息，体育设施避暑，娱乐休息，绘画创作，影视拍摄、组织科技夏令营等多方面的价值和功能。名家把这里的景观称为"六奇"，即"山奇、石奇、水奇、云奇、珍禽异兽奇"，其奇观使中外游客们都感到极大震惊	（1）地质资源。张家界景区独特的山体景观，被称为"张家界"地貌，突出表现为群峰突起，造型奇特。景区内地貌奇特，四周绝壁，中间则是砂岩峰林，峰峰披玻拔地而起，层层幽谷叠翠，石峰耸立，上锐下削。这些奇峰径石错落有致，分布自然，与森林植物巧妙结合，构成了一幅幅天然的山水画卷，有"十里画廊"之称。此外，张家界独特的地貌景观还表现在纵横交错的众多溪谷沟壑纵横，水系发达，可谓"久旱不断流，大雨水不碧清" （2）森林植物（黄山松之变种）是岩松，蔚为壮观。其他由松类构成的植物景观，举不胜举。独特的原始生态，高大挺拔，古松苍郁。各色宝贵的奇异树木花草，更是丰富而十分吸引游人。此外，张家界境内海拔 600~800m 的山峦沟谷，分布着各种各样的稀有植物 （3）野生动物。张家界境内有许多可望而不可即的处女地，而这些处女地由于受人为干扰极少，成了野生动物理想的栖息和繁衍的场所，也形成了独特的动物资源景观。水獭、穿山甲、大小灵猫、青水鸡、嘎嘎鸟、白颈鸦、华南竹鸡、金鸡、红腹锦鸡、长尾雉、岩羊、獐、麂、貉、豪猪、黄鼬、虎等均有分布于国家级保护的珍稀动物种类，具有很高的科学研究	目前张家界森林旅游景点开发仍主要以其自然山水风光为主，景区内森林景观资源的开发层次较低，虽然有一年度的张家界国际森林节，为招商引资所用，具体涉及森林观光考察的内容较少 1995 年湖南颁布的《湖南省森林公园管理条例》，是我国第一部关于森林公园建设的地方性法规，目前湖南省通过各种方式教育广大游客和经营、管理人员，懂法、守法，自觉地保护森林资源，维护森林公园的各项设施 发展中存在的问题：①管理体制上分工不明确。对张家界森林旅游部门和旅游部门之间的协调不够好，这也就对张家界森林旅游公园在资源保护、监管和深入研究方面起到了一定的阻碍作用。②森林旅游产品功能单一。张家界国家森林公园产品想要进一步森林观光引游人，还需要开拓森林产品功能，除了森林观光旅游产品功能，也是不错的选择。关于山森林观光民族民俗旅游产品的宣传力度不够，体现了游人的保护意识不够，乱扔垃圾等现象，需要景区加强宣传教育的力度	（1）旅游产品。张家界国家森林公园旅游产品的开发应不走单纯的森林观光旅游，力争开发旅游产品的新形式，如专门针对本地市场的观音菩萨生日、或开展专项旅游攀岩活动，这些产品资源消耗费少，技术要求日经经济效益好 （2）旅游商品。例如，张家界、苗、白等少数民族的聚集地，可以结合当地独特的民俗风情，推出物质利非物质的生态文化旅游商品系列 （3）文化旅游产品。文化旅游品牌有时需要独创性的联想，活用于打造、包装、造型、造势。对品牌和包装要巧妙进行打造，监管和深入研究方面才能收到事半功倍的效果 （4）法律法规执行。张家界森林公园管理条例》的同时，要针对薄弱环节，制定出台相应的法治制度章，依法治旅，依法治林，加快提升依法兴旅，加快森林公园管理法治化进程，促进森林旅游

案例	概述	景观特色	发展建设支持措施	经验和启示
张家界国家森林公园		科普教育和森林旅游价值，给张家界国家森林公园增加了新的旅游功能。 (4) 人文资源。张家界境内文物古迹主要有古庙、古墓、碑刻三类，这些资源均具有一定的史料价值。另外，作为历代少数民族聚居地，张家界的民间传说内容丰富，题材多样，引人入胜。此外，这些少数民族的民俗传统和特产也是张家界的重要人文旅游资源		游健康、持续地发展。森林公园是集中的公共场所，同时，由于森林资源本身的特点，必须严格加强本身管理。任何单位和个人进入森林公园从事经营活动或游玩活动，都必须爱护森林资源，遵守森林公园秩序，维护公共秩序，遵守森林公园制度
西双版纳始森林公园	西双版纳位于云南省的最南端，在北回归线以南，热带北部边缘，受印度洋、太平洋季风和海洋性影响，具有大陆性和海洋性兼优的热带雨林气候。年均气温18~21℃，降雨量1100~1900毫米，日照时数1700~2300小时，终年温暖湿润，多雨、干湿季分明。西双版纳原始森林是我国最著名的热带森林旅游区。旅游资源类型齐全，景观质量高，特色鲜明；旅游规模较大，基础设施齐全，大环境良好，旅游业较为成熟	(1) 野生动物。西双版纳州面积19124.5平方千米，仅占全国土地面积的0.2%，但分布的维管束植物种数记载的有4669种，约占全国维管束植物种数的1/6；分布的脊椎动物种数的有727种，约占全国脊椎动物种数的1/5；有望天树等国家重点保护植物58种，有亚洲象、印支虎、绿孔雀等国家一级重点保护动物20种，动植物种数之多居全省和全国之冠。全州森林覆盖率63.2%，其中的原始雨林是回归线北存最好的一片热带雨林。因其丰富的生态旅游资源，被誉为"植物王国"、"动物王国"、"植物物种多样性保护圈"，已列入联合国生物多样性保护圈 (2) 民族风情。西双版纳的世居傣族，哈尼、布朗、拉祜、基诺、佤等12个少数民族，其中傣族占35%，其他少数民族占40%，各民族都有独特的生活习俗文化传统。傣族的"泼水节"，基诺族的"拉祜扩"，拉祜族的"嘎汤帕"等民族节日，以及各少数民族的饮食、服饰、建筑等，都充分体现了独具特色的传统文化和多姿多彩的民族风情	自20世纪90年代以来，全州投资1.8亿元兴建了一批森林公园，形成了以中科院西双版纳热带（勐仑）植物园、西双版纳野象谷、西双版纳原始森林公园、雨林谷、望天树等为主体的森林公园，勐仑绿石林等为主体的旅游的发展体系，森林旅游在全州旅游发展中占据了重要位置。目前，全州森林旅游行业的重要支柱。目前，全州森林旅游从业人员2338人，2002年接待游客70万人次，占全州游客的30%左右，森林旅游直接收入达3700万元 西双版纳州目前以自然保护区为主，同时包括森林公园、风景名胜区和植物园等类型。开发旅游以科考旅游、科普教育旅游和民族宗教文化旅游为主。未能很好地突出热带雨林这一主题，但热带森林旅游资源开发得不够，现有西双版纳级自然和亮点	(1) 景区功能。将植物园、野象谷、雨林谷等塑造为自然型生态旅游景区，并且发展文化型生态旅游景点。不能简单从数量发展的贡献率，而应该从知状型、环保型的旅游业发展的贡献率，而应从文化内涵上谋求实，求定，还原或少人为景观的建设，生态保持一些景观的自然面貌。减少商业行为对少数民族文化的冲击，加大对优秀民族文化的保护力度。如傣族宗教信仰的三重独特文化景观 (2) 人员素质。重视生态质的提高，从业人员队伍素质不高，尤其生态旅游导游队伍

续表

案例	概述	景观特色	发展建设支持措施	经验和启示
西双版纳原始森林公园		（3）热带植物。西双版纳勐腊县勐仑镇的中科院西双版纳热带植物园，900公顷的园地上保存着大片的热带雨林，有引自国内外的10000多种热带植物，分布在棕榈园、榕树园、龙血树园、稀有濒危植物迁地保护区等35个专类园区，是集热带科学研究、物种保存、科普教育于一体的综合性植物园	保护区和纳板河流域国家级自然保护区总面积269177公顷，在保护区里，有丰富迷人的热带、亚热带的雨林、季雨林。沟谷雨林风光和珍稀动植物资源。已开辟了野象观象台、植物园、民族旅游村等景点，热带雨林奇观，民族旅游村等景点资源特别丰富的3个重点旅游开发区之一，是首批我国重点风景名胜区之一。发展中的问题：①旅游产品的定位。由于在旅游区开发建设初期和发展过程中缺少科学系统的生态旅游规划指导，又受行业管理滞后等影响，旅游产品的生态含量总体偏低。旅游产品的内容带有模式化，缺乏精品创意，一些景区旅游产品雷同，缺乏特色。②景区规划设计。缺乏真正意义的生态旅游景区，生态旅游缺乏旅游环境承载力的调查研究，黄金周无法做到对游客进入量的控制，景区内大量涌入会造成严重的生态破坏，一些景区生态环境破坏严重，生物多样性受到威胁，民族文化景观受到不同程度的破坏，尤其假日旅游严重造成黄金周，大量游客的涌入。生态旅游从业人员素质不高，导游的生态保护意识整体不强，缺乏生态旅游导游，缺乏其他生态旅游专业人才。③经营管理。一些景区生态环境破坏严重，生物多样性受到威胁，民族文化景观黄金周，大量游客的涌入。④人才管理。生态旅游从业人员队伍素质不高，导游的生态保护意识不强，缺乏生态旅游导游，缺乏其他生态旅游专业人才	

续表

案例	概述	景观特色	发展建设支持措施	经验和启示
太白山国家森林公园	太白山国家森林公园位于秦岭主峰太白山北麓的眉县境内,1991年经国家林业部批准成立。1992年7月正式对游人开放。它地处西安、咸阳、宝鸡三城市之间,总面积2949平方米,森林覆盖率94.3%。海拔从620米到3511米,公园海拔最高的景区高度从620多米到3511米,是我国海拔最高的森林旅游。太白山是我国森林旅游的发祥地之一,其"一日历四季,十里不同天"的自然风光,对旅游者有着独特的吸引力。太白山国家森林公园以森林景观为主体,苍山奇峰为背景,清溪瀑潭为脉络,构成了一幅幅动态景观与静态景观相协调、自然景观与人文景观浑然一体、风格独特的生态动画卷,为人们回归自然提供了良好的场所。现已开发的主要景点有唐子城、神女峰、神功石、太白积雪、七女峰、太白石、泼墨山、大爷海、莲花峰瀑布、三国古栈道等	(1)森林。太白山巨大的高差,形成了公园气候,动植物带明显的垂直分布。在海拔620~3511米的山地范围内分布着地球上数千千米范围内才有的气候带、植物带和动物带,形成了包括3个植物气候带、7个植物亚带、15个植物群系在内的植被垂直分布带谱,从上到下可依次划分为栎类景观林、桦木景观林、冷杉景观林、落叶松景观林、各林带原始纯林5个景观林带,界限清楚,色调鲜明。(2)植物。在太白山丰富多变的地体因素和种定的宇宙因素综合作用下,形成了太白山的特有种子植物单种科37属,少有的特有种子植物特有属23属,中国种子植物特有属60属,特有种100多种,如太白红杉、眉柳、太白贝母、太白忍冬等。园内共有种子植物1850种。由于太白山森林植被较的古老性,园内稀有种子遗种多,属国家二级保护植物的有太白红杉、星叶草、水青树、连香树、山白树、杜仲、独叶草、小檗科、水青树、大果青杆、金钱槭、领春木、紫斑牡丹、延龄草等11种。太白山素有"药山"之称,有药用植物800多种,以草本植物为主,多为双子叶植物,如伞形科、罂粟科、菊科、蔷薇科、茄科、唇形科、兰科、香蒲科等。(3)动物。太白山国家森林公园丰茂的森林资源,复杂的自然环境,为野生动物提供了繁衍生息的良好场所,是珍禽异兽的天然乐园。据统计,有鸟类192种,隶属13目37科;兽类63种,隶属5目22科;两栖科1435种。其中,国家重点保护的野生动物32种,属于国家一级保护野生动物的大熊猫、羚牛类9种,隶属2目5科;爬行类11	1988年3月陕西省林业厅批准在这里成立省级森林公园,1991年8月国家林业局批准建立太白山国家森林公园。1992年7月22日正式开园,目前已有十几年的开发历史。其间,为了扩大影响,导人经常来此视察。风凰卫视件公园先后在中央电视台、省、中央电视台等广告宣传,拍摄了四集风光片《太白山》等(由赵忠祥解说)和电视风光片《太白山》等,并在市、有关部门将公园资料登上了因特网,宣传效果良好。同时,近些年在基础设施建设上,已新修整旅游主干线40多千米,通往各景点人行步道48千米,完成宾馆餐饮、娱乐等服务性设施建设,建成国产一流设备技术水准的客运索道,形成了吃、住、行、游、购、娱一条龙的配套服务体系。旅游区内有宾馆饭店20家,床位5000余张,游泳、娱乐设施120余处,形成集观光、度假、疗养、休闲、娱乐及及教学、科学考察一体的4A级旅游胜地,被列为陕西省八大景区之一,被国家旅游局评为全国首批4A级旅游景区,被国家林业局评为全国文明森林公园。游客结构由过去的仅限于陕西省内而扩展到全国的数个大中城市	(1)森林观光。景区内林区面积达2536公顷,占公园总面积约86%,因此,森林资源是公园旅游资源的主体。林区生物种类繁多、数量庞大,森林景观随季节有明显变化,空气新鲜,对都环境优雅,森林浴度假、森林沐浴,市游客极为喜欢,可开展观光度假、科学考察保健疗养等系列生态旅游活动标本等系列生态旅游活动。(2)温泉森林公园人口处有一温泉泉群,水温40~59℃,有热水井8眼,日出水量4000多吨,水温最高达72℃,水中含有20多种矿物质和微量元素,有较强的杀菌和消炎作用,对皮肤病、风湿性关节炎等疾病都有很好的预防和治疗作用。可开展休闲观光、保健疗养、水上娱乐等温泉系列的生态旅游活动。(3)湖泊休闲。园内的湖泊大爷海形成于第四纪冰川运动,湖面海拔大多在3300米以上,最高可达3650米,是我国中东部最高的湖泊,因此被称为高山湖泊。湖泊总面积达55500平方米,主要湖泊有大爷海、二爷海、三爷海、玉皇池等。湖泊四周层

续表

案例	概述	景观特色	发展建设支持措施	经验和启示
太白山国家森林公园		和，隶属1目4科；鱼类6种；已鉴定昆虫19目99种，豹3种。二级野生保护动物有黑熊、林麝、鬣羚、红腹锦鸡、中华虎凤蝶等29种 （4）太白山。太白山自古就是一座名山，是秦岭的主峰。秦岭东西绵延1000多千米，跨越3个省份，是我国南北气候、地理、水系的分界。太白山，是我国中部的最高名山，绝对海拔3767米，相对高度3100余米，是我国中部的最高名山，山雄、奇、险、秀、寒的特点，由于巨大的高差，独特的区域位置形成了太白山自上而下形成了暖温带、寒温带、亚寒带和寒带5个气候带，以寒带为主。海拔3300米以上为现代冰缘气候，一年中寒冷期长达10个月。高山自上而下的第四纪冰川遗迹，奇特多姿，山中奇峰林立、怪石嶙峋，物种多而险，峡谷深遂、峭壁崚层，如四嘴山，波墨山，七女峰，其险胜似华山。太白山是以花岗岩为主体的巨大断块山地，山体庞大，气势雄伟，冠盖秦岭群峰。如果说这是太白山的雄，太白山的森林、奇峰、峡谷、清溪、瀑泉，就体现了它的秀色秀丽， （5）人文历史。太白山曾备受历代帝王紫誉加封，留下大量的文物古迹，诗词歌赋及民间传说，为森林公园增添了迷人的色彩。如栈道、古道观，庙宇建筑，送经台、点兵场、跑马梁、古枝道的必则至杳，分布在古往今来的登山线路上，成了游人的必则至杳，古枝道。而且，从古至今，历代许多文人墨客纷至沓来，如唐代李白，杜甫在这里留下了脍炙人口的诗词歌赋，唐玄宗李隆基携贵妃杨玉环曾来太白山沐浴游览，在今汤峪建有行宫，城端遗址尚存，被称为"唐子城遗址"		峦叠嶂，湖光山色相互辉映，风光十分秀丽。可开展湖上观光、划船、游泳、滑冰观鸟、采集标本等湖泊系列生态旅游活动 （4）地貌生态。公园里有着多种奇特典型的地貌类型，如陡峭的峰林、直立的岩壁，幽深的峡谷，对游客有很强的吸引力。据此可开展观光游览、登山攀岩、科学考察、探险猎奇等地貌系列生态旅游活动 （5）文化生态。园内有的三国古栈道、宗教寺庙等有较高观赏价值和文化内涵。古今文人墨客留下的名篇佳作以及当地民俗风情等人文素材，使之与自然可清一些美术专业师现另外可清一些美术专业师现场演艺，为游客开展观水风光景观、娱乐、朝拜、休闲、科考等文化系列生态旅游活动 （6）土特产。挖掘和利用当地丰富独特的土特产品资源及特色饮食，如太白茶、烤烟、竹面的生产、蒸馒豆花、竹编籤箕等，可开展参观或参与土特产品尝和购买等土特产系列的生态旅游活动

（三）重点公园

表 9-5　辽宁省重点森林公园建设一览

森林公园名称	发展特色定位	发展要点	特色景观项目
沈阳国家森林公园	沈阳国家森林公园集林、水、山于一体，有机结合，文相辉映。其是以中心集散功能为主体，兼备时尚购物、休闲度假、游览观光、渔文化体验、海洋运动等综合功能于一体的北方特色森林公园	一是饮食方面。餐厅应该充分利用公园内植被丰富、野菜满坡的优势，采摘山林中新鲜菜品入菜，并根据四季不同的野菜品种，开发多种采摘、点心等独具特色的森林饮食文化。二是住宿方面。完善宾馆硬件设施，人员的业务水平。要利用景区和宾馆特有的魅力留住客人，加强安全防护。三是出行方面。完善交通工具硬件设施，提高宾馆的服务质量和乘务人员的业务水平。建立有效的交通运营体系，打造沈阳公共交通服务新亮点。四是游览方面。完善景区硬件设施，建立景区服务点，解决游客到达与景区的疑难问题。提高景区的服务质量和乘务人员的业务水平。真正实现人与自然的和谐共生。五是购物方面。在保证旅游纪念品的质价相符，建立人员诚信机制，并将这种理念通过各地方式有效地传达给游客，提高购物场所的服务质量，尽快满意地解决顾客遇到的问题	动植物、农业园区、德育基地、滑雪场等
大黑山森林公园	建设大黑山森林公园以"清幽"、"野趣"为特点，集雄、奇、险、秀、幽、旷自然形象于一体的山岳型风光森林公园	一是形成以大黑山自然山水和宗教文化旅游开发为主轴，山野情趣旅游、康复健身旅游和攀山活动开发开发的黄金旅游格局。利用现代电、光、影视手段和规模拟材料，再现当年战天斗地，气壮山河的悲壮雄伟的景象，给予后续人一定后和继教育，展示其人文旅游特色。二是品尝农家饭、野果等的山野情趣。三是登山休闲的康复健身区建设。四是攀险峭的金州电视塔的岩石的攀山活动览览区建设	植被、溪水、沟坡、野生动物
盘锦喜彬森林公园	建设以森林生态为基础，以稻米文化为主题，以渡行游乐和牧场度假村为特色的盘锦森林公园暨稻米文化产业示范区	一是要建立良好的企业形象，让游客市民成为回头客，示范区必须狠抓服务质量，以树立良好的社会形象。二是定期举办一定的活动，以树立良好的社会形象。三是严格保护公园森林资源，充分挖掘盘锦市享誉全国、蜚声海外的特色稻米文化资源，借助优良水稻种植，大米精加工和品牌盘锦大米商贸等方面的优势。四是适应应酬游者和户外旅游者对田园收歌式生态休闲度假的需求，并使旅游开发与森林生态保护协调发展，最终获得经济、生态和社会的最大综合效益	综合服务区、生态走廊、游乐场区、别墅度假区和植物园区

续表

森林公园名称	发展特色定位	发展要点	特色景观项目
三块石国家森林公园	顾名思义，三块巨石，兼具红色旅游资源，综合考虑辽宁省旅游森林公园资源现状，定位在红色森林公园	一是根据现有的不同特色打造多元化的经营，居住，林闲模式，辅以不同类型的活动，形成各自的旅游差异化体验。二是体现以人为本、生态与文化相结合，建设以百峰林、生态与野趣融合为主体的核心游览区龙背山、猴石沟欢乐谷、丁家沟野乐谷	生态观光、乡村体验、红色教育基地
大连森林动物园	大连森林动物园体现了人与动植物的聚集，因此，相互感应三种生命共同生活的过程中感悟生命的意义，享受生活的乐趣，达到放松身心和增长知识的目的，建设生命奥妙森林公园	一是加强生态环境的保护和自然风景的建设工作，创造人们才享受自然乐趣的空间。有63%的游客愿意选择山水风景的景点，这一功能将有助于招徕客源。二是发掘有效的动物园建成人们心中理想的生命科学知识教育基地，吸引更多的小动物，三是把森林动物乐于探索生命科学知识的人们，四是把宣传生态环境保护和关爱生命的气氛，以唤起游客环保生态环境爱生命心理的共鸣	怡人的山水家园、动物乐园、科学园地、情感家园
大孤山国家森林公园	结合大孤山古建筑群及丰厚的文化底蕴，可打造颇具影响力的宗教文化地为契机，建设古佛教森林公园	一是大孤山古建筑集三教合一，全国仅有此一处，因此应恢复佛教名山的历史辉煌。二是可以与宽甸青山沟、凤城凤凰山和丹东绿江风景区形成较为规范的一条旅游线，并努力形成辽宁省最大的佛教圣地，吸引省内外远近游客。三是景区可以探访佛教文化，推广佛教文化，开展文化休闲旅游，与大孤山周边的各风景区联动发展，必定能带来更大的旅游效益	塑像馆、庙宇、魁星楼、游泳场、空中茶道、凉亭、水库休闲钓鱼项目和沿海滩徐拾泥螺、拾贝项目

(四) 其他公园

表 9-6 辽宁省其他森林公园现状研究一览

公园	概述	景观特色	发展现状和存在问题
鞍山千山仙人台国家森林公园	鞍山千山仙人台国家森林公园位于千山风景名胜区的中南部，总面积 7937 公顷，林业用地面积 2798 公顷，占公园总面积 95.5%，哨石、古松、梨花和寺庙建筑等构成独特自然景观和人文景观为主要特色，是提供游览观光、度假休养和开展文化活动的山岳型旅游胜地	(1) 森林。鞍山千山仙人台国家森林公园茂密的松林、秀美奇异的古松、漫谷的花木花于，与峰、石、寺院相依相映，形成许多亮丽的景观景点。公园拥有梨树 2 万余株，分布于大小各整之中。每逢 5 月梨花盛开时，万物生长，古木参天。千山植被覆盖率在 95% 以上，其中松树占林木植被的 40%，百年以上古松万余株。公园内古松 (林) 景观景点 20 余处 (2) 地貌。奇峰峻岭，外旷内幽。千山以山多而闻名，位于千山中南部的森林公园是山多、奇、峻、险、幽，仙人台峰为千山主峰。由于各山峰均为相粒花岗岩剥蚀体，峰头赤露于土层外面，呈现出多藏状、圆状、椭圆状，在起伏重叠密布的山峦和茂密的松林衬托下，宛如一朵山水的莲花。仙人台、金刚峰、通明峰、净瓶峰、璎珞峰等山峰都是著名森林公园内的游览景点。千山怪石嶙峋，各领风骚。它们造型奇特，千姿百态。著名的卧龙石、寿星石、巨人石若鸟兽人形，合心石，夹缝石，钟鼓石万天工巧成，而木鱼石因古之声如木鱼面称奇。森林公园同样是山多，仙人台峰为千山中的地方。这些洞穴不仅形态多样，古怪离奇，而且不少都蒙含典故，为古老的洞穴添上了神秘的色彩 (3) 天象景观。每到夏季，细雨连绵，在向阴坡的林海中，常升起许多雾柱，徐徐上拔，升到一定高度，雾柱顶部突然变形，变得似虎如大，被称为"啸云龙" (4) 人文景观。早在 1400 多年前的北魏时期，千山就有佛教徒的踪迹，隋唐朝开始成为佛、道两教云集地，到辽金和明清时期，佛、道两教发展到繁盛时期，有著名的 5 寺、8 观、9 宫、12 庵等寺观建筑 38 座，塔 9 座，各种碑刻 110 甬。其中大安寺、龙泉寺、祖越寺、中会寺、香岩寺 5 寺，号称五大禅林。千山国家森林公园不仅有奇特的自然景观和悠久的人文景观，仙人台斗奇恶斗，仙人台的传说等，历代主体教相、文人墨客，如积翠仙子斗恶龙、高僧道长面对奇峰古刹吟诗作赋，仅明、清、民国 3 个历史时期描写千山的诗篇就有 1000 余首	(1) 发展现状。仙人台国家森林公园将按照"全面规划，积极保护，科学管理，永续利用"的方针，以丰富的森林景观资源、奇特的自然资源为主体，以人文景观资源为依托，以保护环境，确保自然生态系统的良性循环为目标，加强风景资源和物和资源的保护，优化生态环境，延伸人文历史，突出体现自然风貌，把森林公园建成集生态旅游观光、休闲度假、避暑疗养、科普教育、历史传统文化考究，旅游服务等多种功能于一体的高品位国家森林公园，实现千山风景名胜区的可持续发展 (2) 存在问题。仙人台国家森林公园存在的问题主要体现在有些领导对森林旅游业这项新兴产业的地位及作用认识不足。森林公园建设资金尚无正常来源，严重阻碍了其开发建设速度，缺乏科学的公园管理和严格的规章制度，严重地阻碍了千山仙人台森林公园的建设和森林旅游业的发展

续表

公园	概述	景观特色	发展现状和存在问题
本溪关门山国家森林景区	关门山国家森林公园位于辽宁本溪市东南53千米处，于1991年由国家林业局批准建立国家级森林公园，是全国著名枫叶观赏区，也是辽宁50佳景之一，2002年被评为国家4A级风景游区。森林公园因有大小两座雄奇山山峰，相向对峙，如两道大门，因此得名"关门山"。关门山脉属长白山余脉，自古就有"东北黄山"、"东北桂林"之美誉，水秀、峰奇、树茂、花关园名退迹、花谷幽谷深、清流港荡、动幽植物种类繁多。森林公园内有四大景区，108处景点，各景区或山姿奇秀，或峡谷幽邃，或清溪蜿绕，或林荫蔽遮，移步换景，引人遐想万千	(1) 自然景观。植物景观丰富多彩，野生动物种类繁多。关门山山被垂直分布明显，森林覆盖达90%，凝彩滴翠，姿态万千，或婀娜多姿，或人心旷神怡，四季景色各异，适于游人观光。阳春，万木复苏；盛夏，绿阴浓郁，林中空地上的草坪像地毯一样，镶嵌在万木丛中；金秋，红叶似火，秋高气爽金色满施。冬季关门停业。另外，公园内还蕴藏着丰富的名贵中药材，如党参、人参、枸杞等。野生动物主要有黑熊、狍子、野猪、野兔、野鸡、河鱼、狐狸、蛇、乌类等12目79科200多种。密林中时可见到野鸡、不时闪过狍子利野猪的影子 (2) 地文景观。林区内主要的小黄山绵延百里，海拔1234米，山势雄伟、山景丰富，整个山体多基崖绝壁和奇峰怪石，形态各异，山同云雾缭绕，原始林海莽莽苍苍，青翠的千年云杉，亭亭玉立的山桃、婀娜多姿的树树布满山坡；瀑布、溪流，山下水草丰美，草地溪流纵横，蜿蜒迂回。主要景区龙江峡内，峡谷两岸奇山异峰，突兀险峻，河流呈现出滩谷相连，狭窄幽深处群山重峦的宽窄变化，河流呈现天数日，水流缓急相间	(1) 旅游资源开发资金投入不足。公园成立以来，政府投入了一定的资金，也给了许多优惠政策，但由于资金短缺，许多旅游景点尚缺乏高品位、特色鲜明的旅游精品，尤其是在保护生态环境、开发生态旅游资源的建设中资金投入严重不足 (2) 景观结构单一。由于关门山国家林公园尚处于发展阶段，发展速度还不是很快，未形成大规模，有目的性的娱乐设施和消费项目，森林资源虽丰富，但结构布局不尽合理，园内游人基本上处于自发游玩的分散状态，难以满足不同消费层次游客的需求
营口盖州国家森林公园	盖州国家森林公园位于辽宁省盖州市，面积1600公顷，建于1992年，盖州国家森林公园自然条件优越，植物资源丰富，历史悠久人文荟萃；文物古迹众多；海陆交通便利；是一个集仙、林、海和人文景观于一体的综合性国家森林公园。先后开发了赤山、青石岭海滨浴场、熊岳海滨风景来、烟囱山城三个风景区。各景区自然景观奇特，古迹众多	(1) 赤山风景区。距盖州城东南45千米，自古以来就是著名的风景名山之一，是明清时期兴起的道教圣地。山上奇峰怪石，那并排隆起的旋门，五洞，三清五座高峰，在晨曦的照射下，与朝霞辉映，如染红的五指直插云天。赤山的自然景观主要有7洞2桥等名胜；7洞为仙人洞、月牙洞、水帘洞和大小朝阳洞；2桥为天桥和大天桥。小天桥位于赤子洞、仙人洞位于子贵子内，洞亲实测，郑两位道士曾在此洞修炼，倚石为床，以月为灯，先后坐化成仙，故取名仙人洞。其他还有亭、溪、泉、瀑、潭石洞 (2) 青龙山。青龙山位于熊岳城东8千米处的陈屯乡境内。山中喇嘛古洞、寺庙殿堂、奇松怪石，风光绚丽，塔称熊岳八景之首狮象山等众多景观	(1) 市场知名度。营口市盖州国家森林公园近年来发展迅速，对周边游客的吸引力越来越强，但其知名度还不够，宣传力度不强，因此辐射范围相对较小 (2) 经营方式。规划创新和规划在经营方式上还需更多更好的创新和规划

续表

公园	概述	景观特色	发展现状和存在问题
营口盖州国家森林公园		有潺直冲、泉半岭、罗汉峰、将军石、海潮宗、极顶、四脚蟾鱼等20多处景点。"泉半岭"位于山腰中间，泉水从山中蹭蹭流出，清澈透底，为当年僧人饮用水。在泉半岭附近的溪水中长着一种两栖动物，长有四脚状如蜥蜴，当地人叫它"四脚神鱼"，视为此山一种奇观之一 (3)和尚帽山。和尚帽山位于熊岳城南九寨镇境内，是熊岳地区群山的主峰，因其山形前俯后仰，状如僧帽而得名。山中奇石、瀑布等景观众多，自古以来就列为熊岳八景之一。由谷口入山，山势奇伟多姿，处处引人入胜。东有峻峭岩石，状如猿猴，名曰"猴石"。猴石雄距峭山颠观悬崖之上，更有拔地探天之势，西有险峻高耸的无桥石，令人望而生畏 (4)海滨。滩平沙细，水质清新，每年都吸引着数以万计的游人来此追波逐浪，遥观大海。每逢夏季，紧临海岸有一条海防林带，槐花飘香，林荫蔽日。当游人林浴小憩，漫步林荫，耳闻阵阵蛙鸣，目睹浩瀚的大海，便恍心旷神怡，恋而忘归	
阜新海棠山国家森林公园	阜新海棠山国家森林公园位于阜新市阜新县大板镇境内，主峰海拔715.5米，规划面积为27平方千米，分为普安寺景区、卧佛岭景区、主峰景区、诗海松涛景区、碧水繁花景区5大景区。人文景观以普安寺藏传佛教寺庙和摩崖造像为主，素有"小布达拉宫"之称。自然景观以卧佛岭景区、碧水繁花景区、主峰景区、诗海松涛景区为主，石奇、松美，构成了自然景观的主要特征	(1)宗教。普安寺始建于清康熙二十二年(1683年)，历经六代五世，素有"小布达拉"之称。自建寺以后，累年雕凿摩崖造像，至今保存完好的石刻佛像267尊，大小不一，最大的高达5米，最小的高为0.3米，多为明末清初所造，为中国藏传佛教东方中心的现存典范 (2)自然。自然景观以普安寺佛教景观、诗海松涛景、主峰景观的主要特征。水繁花景区为主，石奇、松美，谷幽构成了佛岭景区的主要特征。其山峰奇特、峻岭透迤、沟壑幽深、怪石林立，森林覆盖率达86.6%。公园内植物品种400多种，数十棵400余年的古松紫柏生长在悬崖峭壁上，野生动物有40余种	在辽宁省林业厅和省旅游局联合开展的第三届辽宁生态旅游"十佳"森林公园评选活动中，阜新海棠山国家森林公园一次入选十佳森林公园。这是海棠山继2003年第一届、2005年第二届之后再一次蝉联此项荣誉，还被授予"最佳标兵单位"称号 存在问题：①阜新海棠山国家森林公园的经营权由政府转让给其他单位或个人的经济组织，使森林风景资源的保护和森林防火工作带来一定困难。②基础公益性事业基础设施、道路、水、电、通信建设跟不上，因此影响了建设和招商引资的开展

续表

公园	概述	景观特色	发展现状和存在问题
铁岭冰砬山国家森林公园	冰砬山国家森林公园位于辽宁省东部山区北端，地处辽宁省的西丰、清原，吉林省的东丰，两省三县交界处，隶属国有西丰县冰砬山林场。公园山高林密，群山起伏，森林茂密，沟大谷深，绿树参天，小溪潺潺，巨石瑰丽，境内主要山脉冰砬山是长白山脉哈达岭的余脉，境内最高峰海拔870.2米，号称辽北第一高峰，有"辽北绿色明珠"之称	(1) 森林。冰砬山区集中连片森林面积2万余公顷，为辽宁省内稀有。有乔木植物155种，草本植物100余种。面积广大而茂密的森林群落，使冰砬山成为野生动植物的乐园。其中野生动物有梅花鹿、榛鸡(飞龙)、林蛙、野鸡、红松、云杉、冷杉、落叶松等，有黄波萝、水曲柳、胡桃楸、柞树、石台等冰砬山的主要树种。(2) 山石。冰砬山因石而得名，山中有将军石、雄狮镇关石、卧龙石、母子企鹅石等。山谷中有清澈的小溪、潺潺的流水，犹如冰镇的矿泉水。(3) 人文历史。据史料记载，山腰上，冰山湖水映山色，碧波荡漾，可泛舟，可垂钓。戈铁马征服海西、建州及大部分女真部落后，老罕王爱新觉罗·努尔哈赤率金定都赫图阿拉，东征西讨，作为军队训练基地，封禁山长达277年之久。封禁期间，清兵、道光都统兵到达大围场筑城，慈禧群太后又在此建立了"皇家鹿苑"，促进了养鹿业的不断发展	冰砬山国家森林公园充分利用资源优势，科学编制旅游路线，重视开发人无我有的奇观，打造旅游精品路线，深入挖掘森林公园和森林生态旅游的文化内涵，发展特色旅游，优化森林旅游环境，改善服务质量，提高服务水平。公园在开发建设中虽取得一些成绩，但也存在不足，一是开发建设资金不足，应在资金上给予支持，二是森林公园建设是一项高收入、长效益的产业，必须成为政府和全社会携手共建，三是制定旅游开发特殊的优惠政策，加大招商引资力度，农业等部门投资要多向旅游区倾斜
葫芦岛首山国家森林公园	首山国家森林公园位于葫芦岛兴城市的东北部，距古城2.5千米，相传乾隆皇帝祭祖，出山海关见此处山河第一高出山内，前赐名首山，山顶三峰突立，形如美人卧睡，登台远眺，山中峰有明朝烽火台，合幽峰叠翠，百鸟争鸣，螺峰晴雨相连，海天尽收眼底。东观大海，西眺古城，遥想当年，卫国蒙情；南望新城区，高楼林立。北眺群山，连绵起状。山中植被茂密，林木葱翠，百鸟争鸣，合幽峰叠翠，首山景区秀。公园由首山景区、首山和首山山川峰，可夹山景区组成，鸡冠山、蜘蛛山、形如其石，各有千秋，夹山景令人感叹大自然的鬼斧神工，松柏成荫区雄踞海岸	(1) 首山。出山海关沿辽西走廊东行至兴城，一座挺拔隽秀的山叫首山，这便是远近驰名的兴城首山，首山位于兴城东北，介于古城与海滨之间，距古城路不足5里，首山位之别，有远近之别。首山与海滨相互映衬，近观似绿海，远望山秀女，古刹云阁点缀其上，云烟雾霭缭绕其上。(2) 滨海风光。站在首山山顶，放眼望去，瀕临渤海，海滨风景区沿岸松林苍茫海湾，数十万株黑松和萌芽海水水，远眺渔帆点点，饱览海瓦，亭台楼阁掩映其中。可近看海鸥掠映其中，享百舸争流之风韵。(3) 特色美食。景区附近各式特色美食，著名大餐"全羊宴"是很多游客的选择，各种海鲜、三鲜饺子等也均具地方特色，此外，还有一道被人人熟知的名茶"肾津茶"，据传当年乾隆皇帝，在此饮茶，赞不绝口，从此，此茶年年进贡朝廷，民间罕见	(1) 发展现状。首山国家森林公园邻近兴城温泉古和国家重点文物保护单位明朝古城，并与渤海湾中最大的菊花岛隔海相望，是吸引辽宁省和京津地区游客的重要旅游发地。在旅游业发展日益迅速的今天，能够推动兴城休闲旅游业的发展。(2) 存在问题。公园建设相关的法规制度不健全，法律措施不到位，使监督工作无法进行。政府对首山国家森林公园规划内作不够重视，公园建设体现规划工作不够重视，规划内的总体系相对较少，与实际契合度不高，可操作性不强，影响了森林公园的建设质量和森林旅游业的发展

续表

公园	概述	景观特色	发展现状和存在问题
锦州翠岩山国家森林公园	翠岩山国家森林旅游景区位于锦州市区西北17千米处，在平坦大地的尽头，群峰拔地而起，嵯峨嶙峋，陡峭秀丽，好似一幅由大自然用鬼斧神工特意制作的大盆景。翠岩山石呈褐绿色，夏秋之季，青苔密布，峰峦苍翠，景色如画	（1）翠岩山。翠岩山原名嵯峨山，俗称丫巴石，海拔210米。翠岩山奇石巧叠，姿态各异，有的形如神龟，有的状若玉兔。在山的东南角，耸立一巨石形似毛公石，面向东南，举目远望，吸引着游人前来观瞻。 （2）宗教建筑。辽道宗大康十年（1084年），锦州大广济寺志训和尚在山下重修庙宇清静寺，后经历代修缮，但如今，只有翠岩山寺四个大字还依稀可见。在翠岩山寺西北半山腰有一座古庙玉皇阁，建于康熙三年（1936年），寺庙第一级台基为山门，门楣上有"玉皇阁"三个字；第二级台基有一六角亭；第三级台基是玉皇阁正殿，大殿三檐，供奉太上老君、玉皇大帝、释迦牟尼三圣，实属罕见。近些年，有僧人在此，翠岩山寺也正在修复之中	翠岩山国家森林旅游景区将加强建设和重点保护，对生态林地都提出了相应的保护措施。建设与管理适应森林公园发展的基础设施建设不能适应森林公园发展的需要是其在发展过程中存在的问题。目前公园的开发力度不够，森林公园建设与发展没有得到国家和地方的专项投入，森林公园的防火、病虫害防治仍缺乏必要的设备与器械
辽阳石洞沟国家森林公园	石洞沟国家森林公园位于辽阳市东南9千米，太子河曙光前进村境内，金占地3万亩，整个区域由大洎山、双顶山和石洞沟、狼洎沟、石柱沟自然构成，已列入全省18个森林公园之列。这里群山起伏，森林茂密，四季景色各异，有大小山峰近百座，山巅怪石峥嵘。石洞沟自2009年成功创建国家3A级旅游景区以来，景区形象不断提升，品牌效应不断扩大，目前正在向国家4A级景区发起冲刺	（1）林。辽阳石洞沟国家森林公园为千山余脉，主要由原始山林，沟壑组成。景区植被超过90%，对于污染严重的辽化地区是一个难得的净化空气的制氧场。有圆松、红松、紫松、黑松、槐树、柞树、梨树、桃树、杏树等20多种植物，各种珍禽异鸟、野鸡、山兔、刺猬、松鼠等小动物随处可见。景区南部的金座顶景色秀丽，森林浴场等基础设施，森林长廊，并建有未完全开发、处于原始状态的山林，可以说是城市之肺，是城市的一个天然大氧吧 （2）山。景区面积近13平方千米，最高山峰海拔303米。在大片谷地，松树间还能看到山里红、山楂树、榛子树、栗子树等果树争奇斗艳，幽幽山林，起伏的石板路盘转，峰回路转，一路走来，莺鸟相伴	石洞沟森林公园共投资近2000万元，完成了龙鼎山、石洞沟门前区、石厂峪等专门点等部位的绿化工程，完善了应急专门前道路、景区出入口封闭设施和龙石公园游乐场等基础配套建设，开发了长城滑雪、龙石别院餐厅、汽车影院和东山湖水上乐园等旅游项目。龙石风景区现场把脉，对景区组织有关人员就入景区现场把脉，对景区在重要参观节点、公共配套服务设施、管理制度、服务质量等硬件和软件方面存在的问题进行了认真梳理，就旅游交通、游览、安全、卫生、邮电、购物、综合管理和资源与环境保护等8个方面逐一对照标准寻找差距。目前，龙石风景区旅游业创建国家4A级旅游景区氛围浓厚，"森林氧吧"和"城市绿岛"形象日益鲜明，各项创建工作正在紧张有序地进行

（五）重点项目

表9-7　辽宁森林生态旅游发展重点旅游项目一览

项目名称	项目选址	项目定位	核心卖点	策划要点	建设内容
林园	沈阳国家森林公园	林业观光项目	大自然中植物本真的魅力	开展名树认养活动，游客可交费表得认养权，委托旅游区相关人员进行养护，在树上挂上认养人的姓名、时间等，甚至可以在树上放置人工鸟巢，吸引鸟儿来筑巢，以吸引认养人及其他游客长期来园区参观	一是建设观赏性植物园，由桃园、樱园、竹园、枫园、梅园组成。这些植物的季节分明，能形成规模的视觉冲击力，具有很好的观赏价值。二是建设珍稀植物园。引种银杏等数十种百余棵珍稀树种，同种成林，并在每棵树上挂牌对树种、特点进行简介
欢乐林	大黑山森林公园	森林生态体验类项目	山水林自然生态风光	增加景区中森林生态近距离体验类旅游的项目，来延长旅游者在景区的停留时间，提高重游率，突出景区自然生态环境的优势	在保护景区内植物及其生长环境的前提下，沿沟谷修建游道和一些设施，形成溯溪探险项目，主要建设项目有过浮桥、爬软梯、攀铁索和走网桥等，让游人更近距离地体验其中的乐趣和刺激
稻香森林世界	盘锦喜彬森林公园	趣味性森林休闲项目	牧场、稻米和娱乐三位一体	将盘锦大米文化为主要文化资源融入其中，同时也为盘锦大河蟹等资源做出了宣传。整个省级森林公园通过创意性项目满足游客的"猎奇"心理，从而形成自身的特色	"放我回家"动物放生基地：设立动物放生基地，将一级捕和受伤的野生动物精心救护后，组织游客开展喂养、放生动物等参与性强的活动，培养游客关爱动物、保护野生动物的良好品德；奇花异草园：引进国内外形状或颜色较少见、较奇特的花草等植物供游人依赏，并设置科普解说牌
红色森林世界	三块石国家森林公园	红色旅游和森林旅游相结合	教育基地，不一样的森林旅游	挖掘红色旅游的文化内涵，主打其教育意义。另辟蹊径，开拓学校教育单位学习市场	红军烈士墓：苍松环抱，对景区的烈士墓重新予以修复：于近公路缓坡处建人角二层烈士墓，横额题写"红军烈士墓"，高山立碑文，供游客进行爱国主义和革命传统教育，争取成为青少年教育基地

项目名称	项目选址	项目定位	核心卖点	策划要点	建设内容
生命森林世界	大连森林动物园	科普奥秘王国	一个感受植物心理的植物部落	将植物科普知识与情感相结合，用心用力运用生命情感营造来完成对项目的建设	科普教育径：在现有的科普园区中进行改造，沿途设立注有号码的标牌，简单介绍该地点的自然特色；对林木进行挂牌，标明树种名称、科属种、用途等，为游客普及植物学知识；沿路可分段补种一些果类植物、油脂植物、药用植物、纤维植物、芳香植物等进行展示；隔一定距离可设休息点，并可设置一些参与类的活动，如采摘、研磨等；在芳香植物径，还可设立一些健身设施、微型气象站；在科普教育径南端尽头，建微型气象站，供青少年了解了解气象科普知识
神秘森林世界	大孤山国家森林公园	重点突出深林古佛的神秘氛围	北方深林中的古文化、古建筑、古宗教	利用深山藏古寺的资源优势，来吸引游客体验，感受与都市完全不同的氛围	藏传佛教展览馆：依托大孤山森林公园的宗教文化资源建设集宗教养生、养心、修性、悟真于一体的展览馆居士林：包含念佛养生堂、素斋馆，为游客提供交流、体验的场所，同时也从宗教的角度满足游人的养生需求

（六）精品线路

一是浪漫滨海，辽南风情——辽南滨海森林休闲度假线路。包括鞍山、营口、大连、辽阳等城市森林公园，以"浪漫滨海，辽南风情"为主题定位，突出"滨海"、"度假"等关键性功能词汇，打造囊括滨海观光、休闲度假及文化体验的辽南森林旅游休闲线路。

二是文化积淀，缤纷古城——辽西古城宗教文化森林体验线路。包括锦州、阜新、朝阳、葫芦岛等城市森林公园，以"文化积淀，缤纷古城"为主题，策划体验辽西古城人文资源与森林旅游相结合的项目，感受独特地域风情的辽西古城森林旅游项目。

三是山清水秀，辽宁东部区域边境——辽宁东部区域山水风光森林观光线路。以丹东、本溪等城市为主，完善景观特色建设，打造以"观光"、"游赏"为关键性功能的词汇，开展写生基地、摄影营地等风景类旅游项目，同时注重与当地本溪水洞和凤凰山等景区联动发展。

四是冰雪王国，魅力辽北——辽北养生娱乐森林休闲线路。包括省会沈阳、铁岭和抚顺等城市，策划温泉养生、冰雪娱乐等系列活动，体验森林中的SPA、水疗等放松项目，结合地域满族民族文化特色，推出魅力森林旅游线路。

五、重点建设、行动计划

（一）重点设施建设

（1）交通设施建设。首先是陆地交通。完善景区公路建设，打造国家风景道；完善市内公共交通网络；开通城际快铁、提升机场设施，完善对外交通网络。其次是景区之间的交通建设。因为景区之间需要联动发展，景区之间通畅的道路是关键，形成更加完备的交通网络，增加相关车次。

（2）医疗救护设施。利用森林公园内林场现有职工医院，在游客接待服务中心设置医疗救护点。救护点内应备有急救箱、急救担架、日常药品，并设内部救援电话，对救护人员进行急救培训并达到持证上岗，能解决旅客的一般性疾病的紧急救护和预处理。森林公园往往建设在郊区，可以将对应城区的高等级医院纳入森林公园救护体系。卫生医疗站及紧急救护中心，配备相应的医疗设备、救护设备，具有处理一般及紧急医疗救护的能力。同时医疗站负责疫情预防和疫情报告，在卫生防疫部门的指导下积极进行流行病的预防和治疗工作，以保证游人的身体健康和生命安全。日常对导游、客房服务员等与客人长时间密切接触的员工进行医疗卫生常识培训和紧急伤病处理操作技能培训，务必使其了解和掌握旅游者患病的预防和紧急处理程序。

（3）相关配套设施。包括防灾救援体系的完善与提升；污水处理设施建设，保护森林公园内的生态环境；给水工程、电力供应设施和通信设施的建设与完善，以满足旅游业发展的需要。

（二）主要行动计划

（1）制定旅游产品、商品开发规划。用生态旅游产品逐步代替一般非生态型旅游产品，突出民族特色和地方风格。将当地居民列入整个开发项目中，只有在当地居民成为整个开发项目中不可或缺的一部分之后，生态旅游才可能真正成为环境保护的工具。在森林公园开发过程中，森林旅游商品的开发是必不可少的重要环节。有必要加大资源开发的力度，研制开发高经济附加值的旅游商品，以满足国内外游客的需求。

（2）落实环境资源保护措施。充分考虑资源和环境的承受力，实现可持续发展。对景点脆弱区实行高门票价格来调控进入核心区的游客数量，避免对环境产生大的影响。淡旺季可实行浮动票价，淡季适当降低，旺季适当提高，调节客流以提高环境承载力。通过制定生态旅游行为准则规范游客行为，通过解说规范游客行为。

（3）进行森林旅游从业人员队伍素质培训。明确导游责任，适当限制游客行为，处处注意生态环境的保护，将非生态旅游者"临时转变"为生态旅游者。如强调游客按设计路线走，不骚扰动物等。

（4）增强执行力度和监管力度。森林公园是国有森林资源的重要组成部分，应继续享有林场的优惠政策，坚决杜绝任何单位和部门向森林公园和国有林场乱收费、乱集资、乱摊派。森林公园范围内的森林资源和其他旅游资源由森林公园管理机构依法保护管理和合理利用，任何单位和个人不得擅自占用、出让和转让。

第十章 生态导向的辽宁城市生态旅游区域战略

发展城市生态旅游具有重要意义。城市生态旅游兼顾社会、经济、环境三者的整体利益，协调发展，满足不同地区、社会、后代的发展需求。重视旅游经济发展与城市生态环境的协调，注重旅游者城市生态体验质量和居民生活质量的提高，不因眼前利益而用掠夺其他地区的方式换取自身暂时的繁荣，或以牺牲后代的利益来保持目前的发展。发展城市生态旅游，目的是运用生态学原理，解决城市旅游发展中的规划、设计、建设、管理的各种问题，实现城市旅游发展中的生态、经济、社会三大系统的协调发展，建设美好的生态旅游目的地城市。

一、研究内容

（一）城市旅游

城市旅游是指旅游者包括本市居民在城市域中的旅游活动及其对社会、经济和环境的影响，是发生在以城市建成区为核心并且辐射到整个市域范围甚至周边城市群的旅游现象及其所包含各种关系的总和。

（二）生态旅游

生态旅游是以生态资源（以自然生态资源为主、人文生态资源为辅）为依托，以生态学思想为指导，以科学文化知识为媒介，旅游者具有明确的生态环境意识，参与性强，能为当地生态环境保护和社会经济发展做贡献的旅游综合体系。生态旅游以协调资源开发和环境保护关系为核心内容，追求环境、经济和社会效益的协同发展。

（三）城市生态旅游

城市生态旅游包括自然生态旅游和人文生态旅游两大内容，是指在具有较高生态价值的城市自然以及半自然—人工区域内，以城市地域内优美的自然风光和独特的文化风情为载体，以自然风光、地质遗迹、生物资源、生态观光休闲农业和人工生态景观等为吸引物，满足城市居民和外来游客欣赏、体验、参与和了解自然与文化的需要，有利于在发展当地经济、促进文化传承的同时维护城市环境生态平衡和促进环保观念传播的一种综合性旅游活动体系。

（四）发展城市生态旅游

发展城市生态旅游与城市的可持续发展是相辅相成的。生态旅游为生态立市服务，生态为旅游发展铺路。城市生态旅游业的发展致力于促进整个城市生态系统的保护、恢复和平衡；而良好的生态环境、多样化的动植物与人文资源又成为城市旅游业腾飞的坚实平台。发展城市生态旅游，带动农林业、水产养殖渔业、农林副产品加工、生态休闲产业等诸多行业的发展，必将促进整个市域的社会经济的可持续发展；发展旅游循环经济，将为旅游者、当代及其后代居民创造良性循环的生态环境，并为城市发展生态经济起到积极的示范作用。

二、国内城市生态旅游发展模式

城市生态旅游资源条件的初始状态是不同的，城市不同的发展条件下所形成的可持续发展的阶段也不相同。因此会出现不同形式的城市生态旅游发展模式，城市生态旅游的发展和规划也会出现不同的模式，其相应的建设发展的模式也会有变化。目前，我国城市生态旅游发展的典型模式主要有 7 种。

（一）自然资源型城市生态旅游

此类城市的建设主要依靠当地的自然资源，因为这些城市周边有比较丰富的可利用自然资源，这是资源型城市的先天优势。自然资源对资源型城市的发展有重要意义，对资源型城市的资金积累起主导作用，是促进经济增长的主要因素。从城市地理位置以及气候条件等方面考虑来完善资源的合理利用及开发保护，以至于建设一个和谐的城市生态旅游系统。典型城市有桂林、苏州、杭州、昆明、长春等，这些城市自然资源较丰富。

（二）历史文化型城市生态旅游

此类城市有独立的人文内涵，涵盖了自然、社会、文化、历史、人物等，如北京、西安、承德、敦煌等。这类城市在发展城市生态旅游时，以其自身的历史文化遗存为依托，大力发展高品位的文化生态旅游，同时城市的建设风格也与之相适应。

（三）政治经济中心型城市生态旅游

也称为社会型城市生态旅游。此类城市主要突出的是政治中心或经济中心，是区域中心城市或金融核心城市。这种城市因为在政治、经济地位上有极大的影响力，同时教育文化比较深厚，聚集着世界一流的高等学府及较多的国际组织机构，会聚了大量外国友人及观光游客。这类城市在发展生态旅游时，比较注重人文景观的建设，将一些污染较重的企业迁出，政府投入大量的资金来保障城市的建设，努力做好城市绿化，居民生活条件和福利待遇也较优越。代表城市是北京。

（四）滨海型城市生态旅游

此类城市属于自然资源型生态城市的一种特殊模式。这种类型的城市一般为沿海城市，有着享誉海内外的金沙、碧水，依托这样的资源优势，可以发展海滨休闲、沙滩运动、历史文化等旅游产品体系。城市建设要利用外部潜力巨大的市场优势来带动城市的发展，同时要表现出海文化的特色，形成具有自己独特风格的城市建设，形成海、天、人结合的特色海滨旅游体系。此类城市较为突出的如青岛、烟台、威海、大连、厦门等。

（五）工业遗产型城市生态旅游

这类城市的工业发达，大多数都是新兴城市，在创造高的经济水平方面有巨大的发展潜力。但是，这类城市的生态旅游发展，必须排除工业造成的污染，按照可持续发展的战略来规划城市的发展，将工业化旅游作为特色，利用循环经济理论指导生产，充分利用有利的经济优势带动城市生态旅游。代表城市如沈阳、无锡、潍坊、淄博等。

（六）娱乐休闲型城市生态旅游

与上述其他几类特征城市相比，这种城市的自然资源和人文资源不突出，没有优越的地理和政治条件，市区内的工业企业规模也较小。发展城市生态旅游可以从休闲娱乐服务业的角度来考虑。所建成的此类城市主要给人们提供娱乐休闲，以其充满特色的服务业来带动经济增长。比较典型的项目如建设大型娱乐场所、游乐园、主题公园等来吸引各地的游客观光消费。代表城市如澳门、深圳。

（七）循环型城市生态旅游

这种发展模式是城市生态旅游发展的良性循环模式，是一种以资源高效利用和循环利用为核心，以减量化、再使用、再循环为原则，以低消耗、低排放、高效率为基本特征的城市和谐、可持续发展的循环社会体系。比较容易在中小城市设计生成。代表城市如张家港。

三、国际城市生态旅游发展模式

1898 年，英国人 Howard 提出了"田园城市"的模式，表达了人类为建设与环境相协调、舒适优美的城市而进行的最早追求。20 世纪 70 年代，生态旅游活动在世界范围内全面展开。生态旅游始于东非的肯尼亚和中美洲的哥斯达黎加等欠发达国家。世界上第一个明确系统地进行生态旅游案例研究的科研项目于 1987 年在加勒比地区进行。在这个地区的伯里兹、哥斯达黎加、多米尼加、厄瓜多尔、墨西哥 5 个国家共选择了 10 个国家公园或保护区进行了系统调查和研究。此后，美国、欧洲、日本、澳大利亚、新西兰等经济发达的国家和地区，也相继依据各自国家或地区的生态环境特点，推出了城市生态旅游项目和生态旅游产品。世界上第一个国家公园黄石国家公园在美国建立之后，人们就开始了有生态旅游意义的规划实践。德国是在西方发达国家中开展生态旅游比较成功的国家之一。以德国施普雷森林自然保护区为例，1990 年，德国政府宣布这片森林公园为自然保护区。次年，联合国教科文组织正式命名它为施普雷森林自然保护区，并列为联合国人与自然发展项目。此外，欧洲以及日本、澳大利亚、新西兰等国家和地区立足自身资源所创建的生态旅游业也很有特色，都取得了良好的成果。典型的可作为经验推广的模式有 4 类。

（一）美国克里夫兰——内外兼修的森林城生态旅游

美国的克里夫兰在 20 世纪 80 年代提出了将城市结构调整和城市区域相联系进行全面的城市生态旅游发展方案，构建了城市环境与人情风俗相结合的发展理念，制定了政策与法律法规相配套的建设体系。其生态旅游城市建设涉及众多，包含空气质量、改良气候、政府、基础设施、公共卫生、能源、交通选择、绿色建筑、绿色空间、构建邻里特色、文明增长、区域主义、可持续发展工作、保护水质以及建设滨海区等多个层面。具体措施如下：政府要强调规划，制定相适应的法规，在资金和管理上下功夫为生态建设提供保障；关注废弃物的减少以及消耗能源的降低；推广对健康更有利的室内环境绿色住宅；重视生产生活的节能以及减少不可再生资源的使用，广泛利用太阳能、燃料、电池等可再生能源；促使城市居民形成良好的生活习惯，强化城市居民心中的生态旅游城市观念。克里夫兰市很重视城市生态旅游的发展，从整个地区的环境建设的角度进行考虑，城市生态旅游的建设规划与附近的区域及各级政府的规划方案协调一致，不孤立实施。目前，克里夫兰与匹兹堡同列美国最佳居住城市，同时也是对旅游者生态体验吸引力巨大的城市。

（二）德国蒙斯特——宜居城镇生态旅游

蒙斯特是欧洲一座集古典建筑艺术和自然田园风光于一体的，也是人、社会和自然和谐一致的最佳城市。蒙斯特将生态建设与文化底蕴紧密结合，并在城市四周布满林荫大道、休闲娱乐场所、动植物园、各式特色公园、人工湖等自然生态景观。13世纪的大教堂、建于14世纪被誉为德国最绚丽多彩的哥特式山墙的市政厅以及具有多年历史文明的特色植物园融入到了自然生态建设中，景色如诗如画，给城市建设增添了不少色彩。蒙斯特的生态建设注重从每个细节入手，在城市规划设计上充分考虑了自然、环保、休闲、人文等多种因素，强调与生活息息相关的基础建设。其具体表现在：交通方面，蒙斯特主要减少污染采用的是减少车辆的使用，开辟了大量自行车专用道，环城林荫大道只允许自行车和人通行，自行车专用线路也很少；垃圾处理方面，蒙斯特既重视垃圾的降解销毁，又会对民众进行宣传教育对垃圾分类，使居民形成良好的生活习惯；在生态旅游发展目标的实现方面，蒙斯特巧妙地将政府与民众结合在一起，既注重政府制定的规章制度，也支持民众的积极参与，鼓励大家团结一致对城市生态旅游的发展献出微薄之力，从而提高旅游者的好客度和生态值的体验质量。

（三）芬兰维累斯——结构和功能与自然高度和谐的城市生态旅游

维累斯作为芬兰的一座新型城市，理所当然会成为芬兰开发生态城市建设的首选之地，21世纪已被作为最大的建设项目之一。维累斯城市生态旅游发展的主要目的就是对未来的建设提供前提准备，率先打造出一个绿色文明的生态城市。这个区域最典型的特征是优美的自然环境和丰富多样的生态结构的结合。维累斯特殊的地理和自然条件使得在规划的一开始就明确了紧密结合自然，实现城市结构、功能与环境的和谐共生的建设生态旅游城市的目标和原则。具体的规划目标主要包五大概念：第一对城市要进行总体上的结构优化，创造充足的公共空间和交通设施，考虑城市的特殊气候环境，尽可能避免一些噪声污染和辐射现象；第二在交通上要尽量减少私家车辆，采用公共交通，同时大量提供人行道和自行车道，通过弹性的停车系统实现有效管理；第三是进行能源保护，增强能源有效利用并减少能源损失，提高能源节约使用的意识，达到整体节能；第四是保护自然环境，考虑当地景观结构，在维护生态多样性的情况下对土地利用进行规划，对突发事件带来的水土流失进行统一修复；第五是充分考虑社会的可持续发展来处理社会问题，积极组织市民参与到城市生态旅游的项目发展中来。该城市居民的认可度高，外来旅游者对城市生态个性的体验程度也高。

（四）日本千叶——自上而下规划的城市生态旅游

千叶市是日本千叶县的县府，该市位于东京东南边靠东京湾，是千叶县最大的城市。千叶县四面由大海和河川环抱，绿色葱郁水源丰富，自然环境得天独厚。千叶市被确定为日本生态工业园区之后，就开始彻底实施从上到下的生态旅游城市建设路线。千叶新城从一开始建设时，就向着生态城市的目标发展，依托其自然优势，着手于画龙点睛式的设计，精心规划河流、山地森林等，在城市管辖区域内形成特色各异的开放式公园。对其加大循环经济的大量投入和发展，加快产业发展的脚步。重点发展农业研究机构的建设，持续发展农业、水业等特色产品的同时，对一些工业企业进行大力改造使其符合城市生态旅游发展的原则，并投入大量资金，使一些废弃物转化为可再生资源，对这些企业进行扶持，努力将城市建设成为日本国家生态旅游城市建设中的重要试点。目前，千叶新城已经发展成为了一座集娱乐休闲、商业活动、教育科研以及生态保护等多功能于一身的，并以职、住、学、游为特色的复合型生态旅游城市。千叶市幕帐美赛开发区为代表的千什幕帐国际城，是城市建设的杰作。它不仅拥有具有东方独特风格的国际展览中心，还拥有众多级别不同的绿色饭店。旅游者可以领略这个城市别具一格的生态品质。

（五）国际经验与启示

比照国外城市生态旅游发展的实践以及在建设生态旅游城市过程中的经验做法，对目前辽宁大力发展城市生态旅游的启示包括：

（1）制定完善的城市规划。在开始城市生态旅游开发时，首先将城市规划作为基本前提，从整个社会区域来分析城市的生态发展模式，以因地制宜为原则，选取符合城市特色的规划模式作为根本。

（2）建立广泛的公众参与机制。建设的最大执行者是公众，最终受益者也是公众。不仅是让居民理解建设生态旅游城市，发展城市生态旅游的综合效益和长远目标，而且需要市民维护生态质量确保旅游者生态体验的高水准。

（3）建立健全城市生态旅游体系。生态旅游城市规划完成之后，还要建立对应的技术和保证体系，确保规划得以实施。在旅游者消费体验、观光体验、度假体验、休闲体验中确保生态符号和生态含义的清晰明确，不要因为发展旅游而牺牲城市生态资源与生态环境。

（4）建立激励机制和监管约束制度。要制定相应的考核体系，建立激励机制和监管约束机制，在城市生态旅游发展进程中不断完善。

四、辽宁省城市生态旅游发展的基础和现状

（一）辽宁省14个城市的行政区划

辽宁省现有14个省辖市，即沈阳、大连、鞍山、抚顺、本溪、丹东、锦州、营口、阜新、辽阳、铁岭、朝阳、盘锦、葫芦岛。有17个县级市，即新民、瓦房店、普兰店、庄河、海城、凤城、东港、凌海、北镇、大石桥、盖州、灯塔、开原、铁法、北票、凌源、兴城；19个县和8个自治县；有市辖区56个。全省有1226个乡镇，其中647个镇（含民族自治镇35个）、484个乡、95个民族自治乡。发育完善的城市与城镇体系为发展城市生态旅游奠定了基础。

表 10-1　辽宁省行政区划

序号	省辖市	市辖区	县级市	县	自治县
1	沈阳市	和平区、沈河区、大东区、皇姑区、铁西区、苏家屯区、东陵区（浑南新区）、沈北新区、于洪区	新民市	辽中县、康平县、法库县	
2	大连市	中山区、西岗区、沙河口区、甘井子区、旅顺口区、金州区（金州新区）	瓦房店市、普兰店市（普湾新区）庄河市	长海县	
3	鞍山市	铁东区、铁西区、立山区、千山区	海城市	台安县	岫岩满族自治县
4	抚顺市	新抚区、东洲区、望花区、顺城区		抚顺县	新宾满族自治县 清原满族自治县

续表

序号	省辖市	市辖区	县级市	县	自治县
5	本溪市	平山区、明山区、溪湖区、南芬区			本溪满族自治县 桓仁满族自治县
6	丹东市	元宝区、振兴区、振安区	东港市、凤城市		宽甸满族自治县
7	锦州市	古塔区、凌河区、太和区	凌海市、北镇市	黑山县、义县	
8	营口市	站前区、西市区、鲅鱼圈区、老边区	大石桥市、盖州市		
9	阜新市	海州区、新邱区、太平区、清河门区、细河区		彰武县	阜新蒙古族自治县
10	辽阳市	白塔区、文圣区、宏伟区、太子河区、弓长岭区	灯塔市	辽阳县	
11	铁岭市	银州区、清河区	调兵山市、开原市	铁岭县、昌图县、西丰县	
12	朝阳市	双塔区、龙城区	凌源市、北票市	朝阳县、建平县	喀喇沁左翼蒙古族自治县
13	盘锦市	双台子区、兴隆台区		大洼县、盘山县	
14	葫芦岛市	龙港区、南票区、连山区	兴城市	绥中县、建昌县	

（二）沈阳市

沈阳经济区是中国城市化程度最高的地区之一，东北旅游总部基地和集散中心，东北亚国际旅游枢纽和重要旅游目的地。作为辽宁的省会城市，依托沈阳的经济、政治和区位优势，才能把城市生态旅游产品与都市形象有机组合。目前沈阳正在大力发展近郊、远郊的休闲型城市生态旅游产品，满足一日游、自驾游等旅游者的休闲需求。

沈阳市相关部门公布的数据显示，2009年沈阳常住人口达到786万人，中心城区总人口达到520万人，城镇化水平达到了77%，预计到2020年，沈阳全市常住人口达到1000万人，城镇化水平达到87%。规模巨大的都市居民休闲需求，中心城市旅游者输送的辐射效应以及东北金融中心、交通枢纽、集散中心的硬件优势，城市综合服务功能体系的建设，快速发展的都市旅游需求，都为城市生态旅游的发展提供了得天独厚的契机。

（三）大连市

大连市是辽宁乃至东北地区滨海资源最丰富的地区，享有"中国最佳旅游城市"和"浪漫之都、时尚大连"之美誉，也是东北三省海洋生态环境最优的城市。依托海洋生态旅游资源，打造海滨浪漫休闲度假游，突出大连滨海生态游的特色。通过"浪漫"、"渔乡"品牌建设吸引都市客源以及从都市转移出来的异地游客。

通过打造辽宁滨海特色的城市生态旅游，扩展城市生态旅游的新类型，丰富辽宁城市生态旅游的产品和项目，打造区域性城市生态旅游特色集群。

发挥大连的东北亚区域旅游枢纽功能和辽宁沿海经济带中核心城市作用，全面推进海上旅游开发和海岛型国际城市生态旅游度假区建设，培育乡村型东北亚高端商务会议基地，扩展现代乡村的会展功能。追求高起点的城市生态旅游开发模式，在突出滨海、浪漫主题的基础上，注重优化旅游产品结构、提升产品和服务品质、降低资源消耗、提升生态体验，全面提升大连城市生态旅游产业整体素质。今后，在基础设施与服务设施领域加快标准建设与行业规范推广，能够让国内外的游客通体验到现代化的城市生态旅游产品和服务水平，让游客在整个旅游过程中享受方便、快捷、舒适的服务。

（四）鞍山市

依托鞍山汤岗子温泉、千山温泉等温泉资源优势，建设以温泉休闲、康体疗养的小型温泉为主，并辅以养生、保健生态、绿色体验的主题，打造闲适游乐性的城市生态旅游产品。鞍山正在发挥全省旅游副中心城市和沈阳经济区节点城市的优势。今后发展城市生态旅游的重点是完善鞍山市中心旅游区的交通、信息、商务、购物、住宿、餐饮等综合旅游服务功能，提升生态友好型城市的吸引力。

（五）抚顺市

抚顺具有丰富的满族文化传承，满族风韵的旅游体验在抚顺保存得更为完整鲜活，因此在抚顺城市生态旅游产品的设计中突出满族文化风情，是一个亮点。抚顺市东部山区的生态旅游资源优质，开发潜力巨大，未来通过交通设施的可进入性与旅游住宿接待能力的不断完善可提升城市生态旅游的吸引力。

（六）本溪市

本溪作为山水生态旅游城市具有良好的山、林、泉、洞等自然旅游资源。目前本溪围绕休闲度假、生态文化和地质科普三大理念着力打造生态旅游体验优秀城市，打造独具特色的旅游目的地。城市生态旅游的发展思路为：坚持生态环境保护与城市生态旅游开发并举的思路，在加强保护自然生态环境的同时，积极开发自然生态资源为城市生态旅游服务，充分发挥当地自然资源良好的特色，积极开发以山水为主题并辅之以休闲度假为延伸产品的城市生态旅游聚集区。

（七）丹东市

丹东已成为辽宁新的旅游增长极、辽宁中部城市群的休闲地、国内外游客赴朝旅游集散地、国际旅游合作示范区和世界知名的边境旅游城市。丹东的城市生态旅游发展已经具有一定的基础，依托中朝界河鸭绿江的生态资源旅游带，结合山水风光和边境文化，具备了很好的城市生态旅游基础。通过挖掘边境、国门、凤凰山、鸭绿江等旅游要素的品牌符号意义，将有利于城市生态旅游的推进。目前，丹东充分发挥作为边境旅游地域的地缘优势，开发具有边境符号意义的生态体验旅游项目，吸引了包括日本、韩国和朝鲜游客在内的东北亚休闲游客。今后，可以有效整合边境风情、跨国旅游、山水生态、满族民俗系列旅游产品，深度打造中国最佳边境旅游城市。

（八）锦州市

锦州是辽宁新兴滨海旅游城市、东北宗教文化旅游中心、中国红色旅游名城。依托红色旅游文化的解放战争等主题、笔架山风景区、歪脖老母的宗教旅游胜地，成功吸引了众多省内外游客。目前，滨海世界园艺博览会入园人次已经达到 600 万，观赏性、审美性、科普性、艺术性的园艺博览会提供了充分的生态、教育、旅游、摄影、游戏等综合的体验，为城市生态旅游的深度开发奠定了坚实基础。今后，要牢牢抓住世界园艺博览会的品牌效应，扩大市场半径，遵循循环经济规律，走可持续发展道路。

（九）营口市

营口市依托港口多元文化，奠定了多元文化特色的海港城市生态旅游基础。在港口文化的大背景下，鲅鱼圈区近海城市森林、盖州绿色庄园、站前区、西市区、老边区与大石桥市，共同构成了近港、中港、离港三个放射形圈层，成为营口城市生态旅游产业集聚带，形成了港口观光、山庄休闲、海韵美食整合于一体的旅游体验特色。

（十）阜新市

依托阜新蒙古族民俗风情，继承少数民族的民居、服饰、饮食、节日、游戏与事件，是阜新市城市生态旅游体验的特色。现有天水谷温泉度假村、金石温泉康复疗养中心、春城温泉体育公园等项目市场口碑很好。今后，将城市生态旅游的开发与阜新特有的蒙古族民俗文化相融合，通过发展特色蒙古族旅游，加快民族地区县域经济的发展，有望打造辽宁西北特色生态旅游项目的品牌。

（十一）辽阳市

辽阳市是中国北方裘皮旅游商品集散地。依托现有商品集散地的品牌效应，开发精品室内外温泉项目，通过建设历史文化街区和商业游憩街区，并在此基础上举办定期的节事活动，目前已经成功地塑造了温泉旅游城市的形象。今后，围绕城市生态旅游的绿色健康主题可以深度挖掘温泉项目的市场吸引力。

（十二）铁岭市

依托东北特色的历史文化、地域文化和民俗文化以及铁岭得天独厚的关东民俗民风，为旅游者提供了具有独特文化体验的城市生态体验。同时，这里拥有较为丰富的山地、人文等旅游资源以及农业旅游资源，自然条件优越，城市生态旅游资源也得到了一定程度的开发。现阶段应充分利用名人效应、影视作品效应，在东北地区乃至全国范围内提升城市生态旅游产品知名度，抓住时机，创造旅游"名牌"。今后，深度开发中国北方黑土地幽默文化，将民间艺术表现形式融合到铁岭城市生态旅游建设中，打造东北特色文化旅游产品。

（十三）朝阳市

依托红山文化、东北古文化旅游名城、世界地质公园和世界古生物化石宝库等优势资源，打造一批拥有悠久考古发掘历史的遗址城市。综合利用牛河梁、东山嘴等红山文化遗迹，对城市生态考古旅游项目的品牌具有提升作用。今后，在对牛河梁红山文化严格保护和有效利用的同时，创新城市生态旅游的环保、绿化、考古、科普、寻根、祭祖等新功能。

（十四）盘锦市

盘锦市是辽宁滨海湿地休闲旅游基地、中国生态旅游名城、世界湿地旅游之都，具备打造湿地城市生态旅游得天独厚的条件。目前，在积极开发湿地休闲旅游项目，做大做强红海滩旅游品牌；创建湿地旅游新城，培育世界湿地之都。依托湿地生态资源——世界上罕见的红海滩奇观和亚洲面积最大、生态系统保存最完整的苇海湿地两大垄断性资源优势，打造红海滩文化特色的湿地城市生态旅游，形成生态稻田景观观赏区、苇海景观观赏区、蟹田娱乐休闲区与红海滩风景区联动呼应的高层次旅游产业集聚区。

（十五）葫芦岛市

葫芦岛市依托兴城古城特色，挖掘古城文化内涵，对兴城的历史事件、传统工艺、饮食文化、民风习俗等文化遗产进行开发利用，同时完善文化、商贸、旅游功能。目前，正在积极努力把兴城打造成中国东北的丽江和平遥。同时，加快九门口长城、明清大战古战场项目开发，在经济体量和总体规模上科学规划，既保持建筑的古城古韵风貌，又满足城市生态旅游客人对现代服务品质的追求，避免原生态的资源和环境遭到破坏。

五、构建多元、完整的城市生态旅游产品（景观）体系的对策

（一）不断完善丰富城市生态旅游景观类型

建立起层次分明、结构合理、动静结合、内容丰富、形式多样的，集生态观光、生态休闲、生态度假、生态专项考察于一体的多元化生态旅游景观系统。

（1）城市园林生态景观。以绿地为主的人造园林景观，辅之以现代游乐设施和园林小品，是城市居民和旅游者休憩和游乐的重要场所，同时也是城市生活与旅居生活的重要生态环境。其标志性景观有城市公园、城市游憩绿地等。

（2）城市水系生态景观。风景河道连接市内主要园林景观，构成纵横市区的水系景观，经局部疏浚改造后可成为城市水上游览水系。

（3）城市工业园区生态景观。以高新技术产业园和循环经济生态工业园区为载体，建设高新技术成果交流与展示中心和导游解说系统，建立生态工业旅游示范基地。

（4）城市湿地生态景观。以生物多样化、景观多样化的湿地风光为依托，开展生态休闲观光度假产品。

（5）城市文化生态景观。以历史遗迹、名人故居、博物馆/纪念馆、城市节庆活动、历史休闲街区、文化遗产等为平台，开发文化观光休闲产品。

（6）城市休闲农业生态景观。以乡村主题公园、高科技生态园区和乡村休闲度假区为背景，开展观光、体育、科普、休闲等旅游活动。

（二）重点推出城市生态旅游的示范性项目

城市生态旅游示范系统从产品形态上应是集国际水平的生态模式、生态示范区、生态旅游接待设施、生态旅游展示技术设备和生态旅游线路于一身的综合体。作为兼具生态经济发展样板和生态旅游展示窗口双重功能的示范系统，不仅要拥有生态生产、生态生活和生态环境的典型模式与示范场所，还要拥有生态展示设施、设备和技术，从而增强生态旅游区的可游览性和吸引力，使其成为旅游市场上具有竞争力的产品。

（三）完善城市生态旅游基础设施与服务设施

建立起旅游服务中心区至各主要生态旅游示范区的生态旅游公路以及各生态旅游示范区内的生态旅游游览道路，普及使用天然气、太阳能、电动、人力、畜力等清洁燃料交通工具和绿色交通工具，并配套建设旅游交通环境检测和游客流量监控系统。在确保生态旅游系统不受现代交通方式和超负荷客流影响的前提下，使旅游者不仅在游览过程中而且在旅行过程中全方位、深层次、多侧面地感受、体验、考察城市的生态旅游产品、生态旅游环境和生态旅游方式。完善城市旅游交通集散与信息中心、商务会展与旅游食宿中心和文化娱乐与商贸购物休闲中心。

（四）城市生态旅游的亮点工程：绿地水系生态旅游项目

以城市公园绿地和城市水系景观为核心，以风景河道为主轴和骨架，构筑容纳市域内主要河流、沟渠、生态道路的绿地水系生态网络系统。该网络不仅将城市公园绿地、城市水系景观、市域内各主要河流与沟渠水系景观、生态道路两侧绿地纳入一个完整的良性循环生态网，而且把城市湿地、观光休闲农业、生态工业园区、文化、中心市区五个生态子系统有机相连，构成完整的城市生态旅游产品系统。

六、大力发展辽宁城市生态旅游的政策建议

发展城市生态旅游业要围绕建设现代化生态城市的总目标，以资源为基础、市场为导向、产品为核心、促销为杠杆，坚持"大旅游、大市场、大产业"的发展方向，实施政府组织、社会参与、市场运作、企业经营的发展模式。营造优良的旅游发展环境，执行"科学规划、合理布局、特色突出、积极稳妥"的发展方针，推出生态特色旅游产品和旅游精品，不断完善旅游基础设施和配套服务设施，积极开拓客源市场，强力推进旅游业的改革开放，提高旅游业服务质量，把城市建设成为形象鲜明、环境优美、设施完善、服务一流的生态旅游城市，使旅游业成为城市经济新的增长点和支柱产业。

（一）坚持合理的城市功能分区

以可持续发展方针为指导，科学合理地制定和完善生态城市规划，是实现

"生态城市"旅游优化的前提和条件。实施城市生态规划，进行城市功能区域划分并制定相应的环境质量标准，坚持城市整体环境与山水绿地景观相协调、人工与自然景观相融合，营造优美的多层次城市生态景观系统。完整且良性循环的生态系统是城市旅游业赖以生存和发展的生命线。实施旅游业可持续发展战略，就是要通过对城市生态系统的全面保护、多方位展示、局部开发利用和创新，在此基础上进行生态旅游功能分区规划，强化监管，使旅游业实现社会、经济、环境等各方面的综合效益。因此，对城市保护核心区的珍稀生态资源进行大力宣传，以塑造生态旅游名城的市场形象；对保护区实验区进行试验性低密度开发，形成城市标志性旅游精品；对非保护区生态环境良好的特色资源进行深层次开发，形成城市大客流量盈利性旅游支撑产品；对其他地区不同类型的生态子系统进行示范开发，从而打造综合生态系统良性循环的生态旅游名城。

（二）促进产业的生态转型

代表着生态文明潮流和未来生产力的发展方向的城市生态产业主要是由生态型科教产业、软件和知识产业、循环经济产业、现代生态农业、生态旅游及相应的服务业组成的城市生态经济系统。旅游产业的生态转型表现在旅游资源、旅行社、旅游饭店和旅游交通等方面。旅游资源应向保护性开发转变，尽可能维持原生态以及传统历史文化韵味，确保一定比例的旅游收入反哺于旅游资源保护。旅行社应培养一批传播生态知识、生态意识强烈的领队和导游。注重绿色旅游饭店建设，倡导服务产品和服务过程生态化，加强饭店循环经济建设。加大旅游交通设施的生态化改造，大力推广清洁能源交通工具。

（三）合理引导，加强生态意识教育

生态旅游强调"天人合一"，开发生态旅游，生态旅游地除了向游客展现出纯真自然环境外，还负有倡导游客和当地居民爱护环境的责任。在城市生态旅游开发与经营过程中，借助丰富多彩的形式和手段，如富有趣味性的宣传标识、寓教于乐的参与体验，进行环境保护与可持续发展意识教育等。此外，要加强旅游城市的生态文化与法制建设，积极创建文明景区与文明城市。

（四）加强产业结构调整，强化城市生态功能

为了实现城市生态旅游的健康发展，应加强城市生态功能：一是优化产业体系，逐步淘汰耗用资源多、污染程度大的产业；二是优化资源利用结构，大力发展循环经济，通过资源—产品—再生资源方式，实现污染排放量最小化及废物资源化、无害化，逐步使生态步入良性循环；三是优化投资结构，加大对生态环境

保护的投入力度，通过创建生态示范区、生态工业园和绿色社区，营造城市生态旅游发展的更大空间。

（五）实行生态规划，整合城市生态旅游资源

通过建设高效便捷的交通网络体系，将市内绿地、公园和人文建筑以及散落在城郊外环游憩带的城市生态旅游景观串联成片，对城市生态旅游的全面发展有重要作用。加强城市湿地建设，湿地是水陆相互作用形成的独特生态系统，湿地丰富的生物多样性以及景观多样性使其成为生态旅游活动的重要场所。湿地旅游开发应以资源为依托，以市场为导向，因地制宜设计合理的旅游休闲项目，尊重当地生态文化，遵从有限开发原则，通过点上项目开发带动水域线路旅游的发展。

（六）严格实行环境承载量管理

旅游热点景区和旅游旺季的过量游客严重影响了城市生态环境，这与发展城市生态旅游是格格不入的，也将给城市生态环境带来无可挽回的损失。因此，发展城市生态旅游必须严格实行旅游承载量管理，测定城市生态、设施以及社会的承载量，并将旅游环境承载量限制应用到旅游规划和景区管理中，以保证城市生态旅游的可持续发展。

（七）协调城市生态旅游相关利益主体

为了解决发展不平衡问题，应从城市生态旅游系统发展的相关利益主体角度来分别考虑，相关利益主体主要有地方政府、旅游开发（经营）商、游客、当地居民等。政府应把握宏观经济发展方向，对旅游项目进行科学审批、严格把关。首先，以生态保护为原则，以市场为导向，以促进社会、经济、环境综合效益为目标，营造良好的投资环境，兼顾开发商、当地居民等不同利益群体的利益；其次，从可持续发展角度进行旅游项目的建设审批，杜绝随意决策的现象；最后，在旅游开发经营过程中，随时考核开发经营商的开发经营资质，以生态保护和可持续发展为宗旨。此外，政府要树立正确的资源优势观，注意产业政策的区域化，正确理解政府与市场之间的关系，走规模扩张与结构调整相结合的道路，鼓励、推动旅游产业的重组、优化。政府主导战略着重点要放在树立旅游目的地城市整体形象上，加强旅游信息网络的有效传递，积极培养国民文明旅游的意识。

开发（经营）商追求经济利益最大化，不可避免会忽视旅游环境保护和景区容量的问题，在旺季时尤其如此。应提高和加强开发（经营）商的环境保护意识，促其认识生态环境是旅游发展的生命线，督促环境保护，对于破坏环境严重者应

责令停业整改并进行相应处罚，罚金可用于环境保护基金。

游客生态环境意识的增强是旅游地实施生态旅游永续发展的关键条件，加强游客环境意识教育、引导游客健康绿色消费就显得尤为重要。

注重当地社区居民的利益对于发展旅游业有诸多益处，让当地社区居民参与到旅游区的规划、开发和经营管理中，让当地社区居民从旅游开发中获益，让他们从思想上认识到环境是构成旅游资源的基础，是吸引游客的根本，从而自觉地保护环境。但须注意的是，当地居民在参与生态旅游的各个环节都需仔细分析和计划以及教育，以避免生态旅游发展变质，而对环境造成更严重的破坏。

第十一章 辽宁生态旅游产业集聚区发展模式

本章仅围绕辽宁省生态旅游产业集聚区的开发建设，从规划、开发、保障等方面进行相应的现实评估及探索性分析和研究，为辽宁省生态旅游产业的可持续发展提供帮助。生态旅游产业集聚区并不是传统意义上的旅游目的地，而是指依托相应支持，以旅游设施集聚为基础，以旅游要素集聚为核心，以旅游产业集聚为主体形成的政府促进旅游产业集群发展的规模型区域。结合辽宁省目前拥有的生态旅游资源，按照旅游资源、区位条件、经济关联性、文化相似度等区分因素，将辽宁省分成 29 个生态旅游集聚区，构建"东北生态旅游示范高地、中国生态旅游强省、东北亚生态旅游第一目的地"。

一、发展背景、基础条件和现状基础

（一）发展背景

旅游业作为国家的"战略性支柱产业"被列入国民经济计划，标志着我国旅游业进入全面快速发展的轨道。旅游产业集聚区的建设，有利于形成合理的产业链条，扩大旅游规模，促进旅游产业的转型升级，创新旅游产业的发展模式和发展机制。目前，在国内已经形成了一些比较成功的旅游产业集聚区。辽宁也在这种旅游发展的大趋势下，积极谋划、认真调研、多次论证，探索出了一条符合辽宁省自身特色的生态旅游集聚区发展的路径。生态旅游产业集聚区应着眼于差异竞争和错位发展，以大聚集催化大产业；同时，要突出重点，以规划为指导，以项目为支撑，集中力量率先把资源品质优、区位条件好、基础设施比较完善的旅游产业聚集区打造成国内外知名旅游目的地，形成一个布局合理、各具特色、分工合作、具有强大吸引力的旅游目的地体系。旅游产业集聚区工作的重点在于整合集聚旅游产业，着力培育旅游企业群体，形成旅游产业新优势，增强对区域经济的拉动作用。

(二) 生态资源基础条件

（1）山岳生态旅游资源丰富。辽宁省 2/3 的地域覆盖着侵蚀性低山和剥蚀性丘陵，山峦起伏，海拔适中，形状俊美，各具特色，形成独特的山岳风光，开发前景极其广阔，现已开发出 5 处国家级旅游名山。

（2）水域生态旅游资源独特。辽宁河网密布，各河段与当地的人文景观结合形成了优美的风景区。水库湖泊资源丰富，现开发了大伙房水库、清河水库等风景区。温泉众多，开发了兴城、辽阳汤河等温泉疗养胜地。辽河下游三角洲沼泽密布，其中双台子国际自然保护区是国际最大的海滨芦苇沼泽地和国家重要的湿地。漫长曲折的海岸线和 506 个密布近海的岛屿形成了独特的北方海滨风光，现开发了 72 处海滨浴场和大连、兴城等消夏避暑的胜地。

（3）自然遗迹生态旅游资源众多。辽宁有很多能够揭示生态环境秘密和自然历史变迁的特殊地质地貌景观，构成了堪称世界奇观的自然遗迹生态旅游资源：有被称为"华夏之宝"的本溪水洞和"迷宫世无双"的望天洞构成罕见的北方岩洞资源；沈阳怪坡和怀仁的冷热异常地带都蕴藏着无穷的奥秘；获得"天赐瑰宝，地上无双"美誉的沈阳陨石山传递着宇宙的信息；大连冰峪地貌的独特性和典型性可与桂林石林景观相媲美；朝阳的古生物带的考古价值属于世界顶级；大连金石滩国家级风景名胜区变幻莫测的海蚀地貌具有很高的科考价值和审美情趣。

（4）森林生态旅游资源丰富。辽宁的森林资源丰富，森林覆盖了近 1/3 的地域，不同的植物植被、珍禽异兽、地形地貌结合构成了丰富的生态旅游资源。总之，辽宁省具有丰富多彩的生态旅游资源，地域组合好、空间替代性弱，形成了优势互补的局面。

(三) 现状基础

（1）生态旅游市场日益扩大。随着生态旅游在全球范围内的兴起和发展，以及面对生态旅游业带来的经济效益和生态效益，生态旅游产业在辽宁省的地位日益提高，甚至已经成为区域经济发展的强大动力。各市（县、区）争相以生态旅游资源为依托，加大对生态旅游资源的开发、经营和配套设施的建设，政府的带动和强劲市场需求使生态旅游市场全面增长。

（2）相关旅游基础设施逐步完善。辽宁省生态环境和基础设施建设取得重大进展，城市环境污染治理工作持续推进，加大对水环境和大气环境的治理力度，2011 年辽宁省环境保护支出 982 亿元，对厕所等环境卫生设施加大投入，并投资 332 亿元绿化，加大城市园林绿化。以沈阳为例，到 2012 年末，城市建成区绿地率为 37%，绿化覆盖率达到 42%，城镇人均公园绿地面积达到 13 平方米；环境应急处置能力不断提高，对生态保护区、旅游景区周边重点污染源企业、重点部位排查监管，针对自然保护区开展多项执法活动，有效保障环境安全；应急救援队伍不断壮大，组建了一支由环保、消防、防化部门和企业组成的应急救援队伍和环境应急专家组，提高应急装备水平，建立健全安保和救援体系，更好地应对突发环境事件。

（3）生态建设取得阶段性成果。近年来，通过实施天然林保护、退耕还林还草、辽河治理、碧海行动计划、城市环境整治等一系列重大举措，环境污染和生态恶化的趋势有所减缓，部分地区和城市环境质量有所改善。2005 年，辽宁省辖城市平均 85.8% 以上天数环境空气质量达到二级标准，近岸海域水质功能区达标率为 86%；全省森林覆盖率达到 31.8%；自然保护区面积占土地总面积的比例达到 9.7%，水土流失面积占土地总面积的比率由 1995 年的 36.3% 下降到 29%。

（4）生态旅游产品方兴未艾。辽宁省温泉旅游建设和乡村旅游建设取得突破性进展，规划实施沈阳、大连、丹东、营口、辽阳、盘锦、本溪等 7 个市温泉旅游发展专项规划、14 个温泉旅游小镇项目和 10 个温泉度假区项目，截至 2013 年6 月，全省共创建 3 个全国休闲农业与乡村旅游示范县、4 个全国休闲农业与乡村旅游示范点、37 个全国农业旅游示范点，温泉乡村休闲旅游产品体系得到持续性发展。此外，不同城市面对分散的生态旅游资源，整合旅游资源和产品，联合市（区、县）景区，合作推出经典生态旅游线路，共享旅游市场，区域旅游合作板块开始出现。

（5）旅游目的地发展势头强劲。辽宁各市（区、县）在打造生态旅游过程中，突出温泉、湿地、乡村等特色旅游资源，完善景区景点旅游基础设施和服务设施，生态旅游目的地建设取得明显成效。截至 2013 年末，全省有国家 A 级旅游景区 248 处，其中有 3 处 5A 级景区、9 处国家级风景名胜区、14 处省级风景名胜区、30 处国家级森林公园和 41 处省级森林公园；星级以上的宾馆 552 家，其中五星级宾馆 24 家、旅行社 1257 家，已经形成了大规模的产业体系。面对日益严苛和多元化的市场需求，原有单一、同质的生态旅游产品和服务已经不可能满足生态旅游者的需求，开始追求品质服务的附加值，而这正是未来生态旅游产业发展的增长点所在。

（6）旅游市场开展多元宣传。在主要客源国（地区）设立旅游宣传促销窗口和旅游办事处，与国家和省驻外机构密切合作，努力推销辽宁旅游产品。辽宁省旅游局与国内旅游批发商、旅行社、媒体及各类与旅游有关的组织建立联系，积极展开各项宣传活动，借助影响力深远的国内外旅游交易会、展览等系列活动，邀请来自大陆和港、澳、台地区及国外的主要旅游机构及旅游企业参展，进行旅游宣传推介、业务洽谈、互动交流、现场交易。此外，旅游行政管理部门积极组织旅游经营单位参与各种旅游促销活动，组织景区门票及各类打折优惠活动，发放旅游宣传资料，并借助拥有广泛知名度的沈阳国际冰雪节等国家级旅游节庆活动提高对辽宁省整体旅游形象的宣传，开拓海内外市场。

（7）生态游日趋火爆。从 2008 年以来，辽宁省全面开始"生态省"的建设，将环境保护和生态建设放在经济社会可持续发展中统筹考虑，对辽河治理和污染减排进行重点处理，实现由污染排放到全国减排大省的重大转变，工业基地和农村环保取得重大突破，注重以环境优化发展的生态理念，对生态可持续发展的满腔热忱和切实有力的行动为后续生态可持续发展集聚强有力的后劲。

（8）生态旅游项目招商效果显著。温泉、沟域、乡村旅游等生态旅游项目是招商引资的热点，辽宁省将这些作为对外招商引资的重点，对其进行筛选和重点招商，积极搭建生态旅游招商平台，开展各种形式的招商活动，做大做强生态旅游产业。2010 年，辽宁省召开全省温泉旅游项目推介大会，邀请国内外 200 多名投资旅行商，年内签订重点温泉旅游项目 135 个，签约引进资金 1019 亿元，招商引资力度加大。

二、发展优势、发展问题和发展原则

（一）发展优势

（1）地理条件：区位优势显著。位于东北亚地区咽喉地带的辽宁省，是连通关内外的必经之地，东北与华北经济沟通的节点；向东北经吉林、内蒙古与俄罗斯相邻，是东北地区和内蒙古连接欧亚大陆桥的重要门户和前沿地带；东临鸭绿江，与朝鲜半岛隔江相望；南抵渤海和黄海，紧靠日韩经济发达地区。独特的区位地理优势，使得辽宁不仅能够承接京津冀经济圈的技术和经济辐射，还承担起东北亚经济圈战略转移的物流通道的重要角色；不仅可以获得日、韩的资金和技术转移，还可以充分利用俄罗斯、蒙古国、朝鲜的矿产资源和中草药等战略资源。

（2）交通条件：立体交通联动。作为我国重要的交通枢纽，辽宁省已形成铁路、公路、港口、航空相结合的立体交通网络，外部可进入性和内部通达性好。辽宁省境内铁路干支线稠密，沈阳、锦州、大连、丹东为主要铁路枢纽站，铁路密集度居全国之首；公路密如蛛网，沈大、沈本、沈丹、沈抚高速公路连接省内外大中城市；全省的国际和国内航线众多，桃仙机场、鞍山机场、大连机场、丹东机场等缩短了辽宁省与世界各地的距离；同时境内拥有大连港、营口港、丹东港、锦州港、葫芦岛港、大东港、鲅鱼圈港和金州港等良好的大中港口，为国内外旅游者提供了方便快捷的旅游服务。辽宁省便利的陆海空立体交通网为生态旅游的发展提供了便捷的交通条件。

（3）气候条件：气候环境优越。辽宁省地处欧亚大陆东岸，属于温带大陆型季风气候区。境内雨热同季，日照丰富，积温较高，冬长夏暖，春秋季短，雨量不均，东湿西干。全省阳光辐射年总量为 100~200 卡/平方厘米，年日照时数 2100~2600 小时。全年平均气温为 7~11℃，受季风气候影响，各地温差较大，自西南向东北，自平原向山区递减。年平均无霜期 130~200 天，一般无霜期在 150 天以上。

辽宁省是东北地区降水量最多的省份，年降水量为 600~1100 毫米。东部山地丘陵区年降水量为 1100 毫米以上；西部山地丘陵区与内蒙古高原相连，年降水量为 400 毫米左右，是全省降水最少的地区；中部平原降水量比较适中，年平均为 600 毫米左右。

（4）资源条件：生态丰富多样。辽宁省自然资源种类齐全，有独特的地形地貌资源、丰富的海洋资源、俊秀的森林资源、特色鲜明的农业资源、多种多样的生物类型、众多的山地旅游资源等。深入分析发展生态旅游的自然条件，有以下突出特征：其一，自然条件优良，品级中上，有丰富的自然资源，明显的、多层次的地理特征创造了辽宁山海景观壮丽、自然风光秀美的山水生态景观，为打造生态旅游提供坚实的基础；其二，季候节律的变化为辽宁省带来不同的自然景观，冬季的雾凇、树挂，夏季海洋避暑，为打造不同类型生态旅游产品创造条件；其三，拥有多种优势自然资源，如湿地、海洋和沟域，可配备其他设施和服务，有利于打造多元化的生态旅游产品体系。

（5）经济条件：经济实力雄厚。辽宁省是我国重要的老工业基地之一，也是我国最早实行对外开放政策的沿海省市之一。近年来，不断振兴老工业基地，进行以国有企业改革为重点的体制机制创新，发展多种所有制经济，经济水平有显著提高。目前，辽宁省经济发展水平居全国前列和东北首位，国家统计局公布的《中国统计年鉴》（2012）显示，2011 年，全国 31 个省份（不包括我国香港、澳门、台湾）生产总值，辽宁省以 22226.7 亿元排在全国第 7 位，在广东、江苏、山东、浙江、河南及河北之后，东北三省中黑龙江和吉林则分别居 16 位和 22 位，辽宁省在东北地区经济带头作用和示范作用毋庸置疑。2012 年辽宁省生产总值 24801.3 亿元，按可比价格计算，比 2011 年增长 9.5%。

（6）市场条件：客源市场丰足。辽宁省是全国交通基础设施较为发达的地区，也是东北地区通往关内的交通要道和连接亚欧大陆的重要门户。辽宁省内的大城市较多，以历史文化名城沈阳为中心的中部城市群，在 150 千米半径内分布着鞍山、抚顺、本溪、辽阳、铁岭等大中城市，形成了庞大的潜在旅游群体。便利的海陆空立体交通网为客源的流动提供了便捷的交通条件，此外，辽宁距中国三大出游地之一的京津唐地区较近，为辽宁发展生态旅游提供了良好的潜在客源市场基础。

（二）发展问题

目前对生态旅游资源的开发处于粗放式探索性的开发阶段，旅游资源的利用率不高，资源浪费严重。生态旅游活动形式单一，以风景观光和动植物观赏为主。虽然引入了生态旅游的概念，但只是停留于回归自然的阶段，而忽视了对旅游资源的保护，对生态旅游资源造成了一定的负面影响。这些在旅游节点上存在的问题已经成为制约生态旅游发展的"瓶颈"，辽宁必须重新审视生态旅游的开发原则。

（三）发展原则

（1）可持续发展的原则。生态旅游资源主要由互相依存的动植物和环境层次构成，任何对生态系统结构完整性和持续性的干扰都会导致生态旅游资源的退化。因此，生态旅游的经营者和管理者在生态旅游的开发和实施的过程中要始终贯穿可持续发展的理念，把生态旅游看作运用保持自然环境的和谐发展来带动周边地区可持续发展的良性活动追求生态、社会、经济三方面效益的协调发展。

（2）循序渐进式开发的原则。由于生态环境的敏感性和脆弱性导致生态环境极易遭到破坏，由于生态环境构建的长期性和复杂性使其恢复起来又极其困难，因此，对生态旅游资源的开发不能急功近利，应采用循序渐进适度开发的原则进行分层次、阶段性的递进。要以生态学和生态经济学为指导，在充分考虑自然环境和生态系统的可承载量的基础上合理规划旅游资源，争取将旅游项目开发与运行对自然环境的负面影响降到最低点。

（3）原生性发展原则。生物的多样性和自然景观的特色性是产生持久旅游吸引力的关键性因素，在开发生态旅游资源的时候绝不可破坏原有的特色，而是要将原有的特色发挥得更加鲜明。目前辽宁对生态旅游资源的错位性开发导致了它正日益失去原始风貌，这种人工化和商业化过于浓厚的生态旅游现状限制了它进一步发展的空间，今后应提倡就地取材、依景造势，人造景观和建筑设施的建立不能破坏自然景观的和谐性。

（4）高科技开发原则。由于生态旅游是以珍贵动植物资源为依托，必须运用科学技术来维持生态体系的平衡。辽宁现处于低技术含量的粗放式扩张旅游阶段，由于缺乏科学技术的支持和环境维护的措施使生态旅游资源遭到了一定的损伤。今后的生态旅游必须大力开发高科技支持的旅游项目，在旅游服务和管理过程中还要采用节能降耗、控制污染的技术。

三、战略定位

以建设生态旅游强省为目标，以打造生态旅游品牌、建设生态旅游示范区、创新生态旅游业态、培育生态旅游产业集群、推进旅游政策创新为重点，全面推进辽宁省生态旅游的特色发展、融合发展和创新发展，实现辽宁生态旅游产业的跨越发展。以此为指导思想，明确辽宁省生态旅游战略定位为：东北生态旅游示范高地、中国生态旅游强省、东北亚生态旅游第一目的地。

通过辽宁省生态旅游发展，探索生态旅游开发的战略、思路、模式，构建并完善生态旅游产品体系和支持保障体系，逐步将辽宁生态旅游打造成东北生态旅游示范高地，成为辽宁建设美丽中国道路上的新亮点，并为生态旅游发展的理论确立提供实践性依据。借助辽宁省多元化生态旅游资源，通过总体指导与调控，以打造精品生态旅游产品为突破口，全力打造生态旅游名片，将辽宁省打造成中国生态旅游强省的典范。从辽宁老工业基地振兴以及东北三省区域旅游发展一体化的视角，充分发挥辽宁省生态资源优势和区位优势，使辽宁成为东北亚生态旅游的第一目的地，并通过一体化产业链延伸，率先发展，促进东北亚生态旅游的协整发展。

四、辽宁生态旅游产业集聚区的分布

目前辽宁省旅游业的发展已经呈现出区域旅游集聚的现象，但是旅游产业链仍需要进一步完善，跨区域的旅游产业集聚尚未形成。辽宁旅游发展总体规划中，关于生态旅游产业集聚区的探讨也相对较少。

作为生态旅游资源大省，辽宁省的生态旅游资源无论是在类型、丰度，还是在组合条件以及开发利用条件上都具有很大的优势，但由于缺乏全省视角的统筹与协调，生态旅游尚未形成具有带动作用和辐射作用的区域性旅游产业集群。

尽管辽宁的生态旅游在不同层次的规划中都有提及，甚至有的规划中涉及具体的生态旅游产品和生态旅游项目建设，但实际上，生态旅游在实践中还多依附于传统的观光旅游，或者作为乡村旅游及其他类型旅游规划中产品谱的一类。生态旅游在区域旅游产业中的比重还很小，生态旅游产业集聚区的体系尚未确立。

辽宁生态旅游产业集聚区的建设，是为了更好地通过要素整合，推进生态旅游产业链的建设，加快生态旅游产业的发展。集聚区不同于旅游区、旅游景区，是站在产业发展的视角，借助市场整合、资源整合、产品整合、经营方式整合等加以实现。由于生态旅游对环境的高要求和对环境变化的高度敏感性与脆弱性，使得辽宁生态旅游集聚区的建设，必须以严格的环境保护制度设计来约束相关要素的配置。按照生态旅游示范区的功能，以辽宁独特的自然生态、自然景观和与之共生的人文生态为依托，对辽宁的生态环境进行综合分析，形成山地型、森林型、草原型、湿地型、海洋型、沙漠戈壁型、人文生态型 7 种类型的 26 个可持续发展的旅游集聚区。

（一）辽宁沿海海岛生态旅游集聚区

1. 大连长山群岛海洋型生态旅游集聚区

（1）区域范围。大连长山群岛位于辽东半岛东南，横跨黄海北部海域，共有岛屿 50 多个，包括大长山岛、小长山岛、广鹿岛、獐子岛、海洋岛等，总面积 170 余平方千米，有居民居住的岛屿有 24 个。群岛中面积超出 25 平方千米的有大长山岛、广鹿岛和石城岛，其中大长山岛面积是 25.4 平方千米，为长山群岛中第一大岛；面积在 15 平方千米左右的有小长山岛、海洋岛和獐子岛；六大岛各自又有其附属岛屿，獐子岛由东獐、西獐、沙包子三个村落及褡裢、大耗子、小耗子三个岛屿组成，总面积为 17 平方千米。长山群岛人口总数为 7 万人。

（2）生态条件。长山群岛地处东北亚经济圈和环渤海经济圈的中心区，岛上植被茂密，森林覆盖率 43.4%，是国家级海岛森林公园。群岛中大长山岛最大，海洋岛最高（山峰海拔 388 米）。群岛是黄海北部的重要渔业基地，盛产鱼类、海参、牡蛎等。从诸岛屿的地理分布、地质构造和地貌等差异来看，大连长山群岛又可分为外长山、里长山和石城列岛三组群岛。外长山群岛包括海洋岛、獐子岛、褡裢岛、大耗子岛、小耗子岛和南沱子，海岸弯曲，海洋岛中有 20 余座海拔 200 余米的山峰。里长山群岛含大长山岛和小长山岛、广鹿岛及葫芦岛，沙岸占诸岛屿海岸的 1/4 左右，滩涂面积广阔，适合各种贝类的养殖。石城列岛位于北部，主要由石城岛、大王家岛、寿龙岛和长沱子岛等组成。长山群岛海蚀地貌是独特的海滩旅游景观。大连长山群岛地处亚欧大陆和太平洋之间的中纬度，四面临海，具备典型的温带季风气候特点，气候温和适中，年平均气温 10℃，全年降水量 640 毫米，无霜期 213 天，是辽宁省无霜期最长的地区。长山群岛水深一般不超出 50 米，表面水温年平均 11.5℃，长山群岛产鱼虾百种以上，其中产量较大的有鳃鱼、鲐鱼、青鱼、黄鱼、黑鱼、鳖鱼、虾蝶鱼、牙片鱼和鲽鱼等，贝类有牡蛎等。近年又大力发展海带和贻贝等近海养殖。长山群岛水产品总产量历年来都名列全国前茅（县级），海参产量占全国产量的 35% 左右，鲍鱼产量占全国产量的 60% 以上。

（3）发展思路。大长山岛以中心集散功能为主体，建设成兼备时尚购物、休闲度假、游览观光、渔文化体验、海洋运动等综合功能的综合集散服务中心，建立全方位的辐射网点，提供旅游交通、旅游集散、旅游咨询、意外救援、游客维权、游客中介等综合服务。高端打造购物服务，积极申请离岛退税、离岛免税政策，建设豪华大型购物广场，配套海鲜市场、特色民俗购物街、流动小卖点等购物场所。完善旅游要素体系，形成由高星级酒店、主题度假酒店、经济型酒店、渔家客栈等构成的住宿设施体系。优化全岛旅游环境，协调好渔业与旅游业的关系，做好海岸线、海滩、海域的分区。优化全岛环境，建设环岛景观绿道和慢行系统。完善岛上道路交通、供水供电、电信网络、污水处理、环卫等基础设施建设，建设环岛游憩体系，营造海岛慢生活休闲度假区。

（4）发展目标。建设成中国首个群岛型国际旅游度假区和世界知名的旅游胜地，全力打造浪漫之都大连的"后花园"。以国际海钓为发展方向，配套海底酒店、野奢酒店等高端度假设施，打造"国际海钓第一岛"的旅游品牌。建设国际海钓村，集国际海钓、海岛观光、海洋探险、渔家体验等功能于一体，打造国际海钓大本营。以远洋海钓为中心，打造中国北洋海钓中心。建设高端国际游艇基地，配套主题餐厅、酒吧、SPA、宴会厅等服务设施。开拓长山群岛低空交通网，开辟小长山岛至广鹿岛、哈仙岛、塞里岛、瓜皮岛、獐子岛、乌蟒岛、海洋岛、石城岛、大王家岛等岛屿的航线。

（5）重点项目。全面提升大长山岛、广鹿岛、石城岛、小长山岛、海洋岛、獐子岛的岛屿旅游接待能力。示范性建设十大示范海岛，即打造大长山岛为中心集散岛、小长山岛为国际海钓岛、广鹿岛为主题会议岛、石城岛为文化创意岛、大王家岛为浪漫情侣岛、玉兔岛为商务度假岛、觉华岛为心灵禅修岛、大鹿岛为乐活休闲岛、哈仙岛为海上高尔夫岛、獐子岛为海珍体验岛。建设 12 个海洋旅游引领项目，即积极推进海上低空旅游基地、黄海休闲总部基地、国际海钓俱乐部、国际游艇基地、黄海艺术部落、海上达沃斯会议中心、海上高尔夫群落、国家湿地公园、葡萄海岸国际度假区、海上运动基地、海珍体验园、北洋海岛度假基地。重点打造：一是开发小耗岛专属岛屿项目。小耗岛位于獐子岛东北 7 海里处，西距大耗子岛约 3 海里，陆域面积 1.9 平方千米。该岛资源保护完好，独自成品，拥有辽参和大连鲍的最佳生长地和优质的海岛资源，适宜计划投资 20 亿元开发建设高端主题度假酒店、海景别墅、游艇俱乐部、企业专属会所等项目，打造高端私密性的旅游度假岛使其成为国际旅游胜地。二是开发长山群岛国际康疗养生保健中心项目。项目位于獐子岛镇西獐村，占地面积 10 万平方米，建筑面积 1 万平方米，预计投资额 1.5 亿元，拟开发建设集疗养、垂钓、养老会所等于一体的国际康疗养生保健中心。长海岛的未来要打造国际旅游胜地，其得天独厚的自然资源及气候条件适宜开发长山群岛国际康疗养生保健中心项目，利用海岛优越的生态环境，为现代人打造一处远离世俗尘嚣，修身养性，净化心灵，化解来自物质与精神的双重压力的"世外桃源"。三是开发长山群岛国际游艇俱乐部项目。项目占地面积 2.6 万平方米，海域面积 3000 亩，预计投资额 2.6 亿元，拟开发建设游艇泊位及配套设施。长海县由众多岛屿组成，海岸曲折绵长，海域宽阔，地貌奇特，海底生物繁多，十分适合建设国际游艇俱乐部项目。游艇现已成为全球成功人士间最为流行的休闲旅游交往方式，也是高速发展中的现代旅游发展增长点。四是开发中国海钓潜水基地项目。该项目位于小长山乡鹰坨，预计投资额 5 亿元，拟开发建设海钓基地、钓鱼村、海底世界观光等。长海有着广域的海洋牧场，并且具有独特的海域条件和资源，使之成为建设休闲垂钓和潜水观光基地的最佳选择。目前，在小长山中国海钓基地成功举办了 5 届大连长海国际钓鱼节。为了提高中国海钓基地的接待档次和规模，长山群岛旅游避暑度假区已将小长山作为国际海钓中心区，主要功能是国际海钓系列，兼有海岛运动系列等功能。五是完善交通设施建设。从陆地、岛陆、岛间和岛内四个方面着手，陆地交通设施建设以兴建滨海公路，打造国家风景道，形成完备的交通系统，提高辽宁海洋旅游的可进入性为主，完善公共交通网络；开通城际快铁，提升机场设施，完善对外交通网络。岛陆交通以形成快速航运网络为主建项目，开通海上旅游专线，提升航运交通工具，升级机场设施，完善航空网络；利用退役潜水艇，打造稳定安全又极具特色的观光工具。岛间交通主要是游船、游艇、飞行三个系列。游船应豪华特色化，如豪华客轮、海上博物馆（轮船上展现某时期社会风气、文化艺术等）；游艇应多样化，包括休闲型、运动型、商务型、海钓型等；飞行主要指水上飞机、低空观光飞机、观光氦气球等。岛内交通要打造一体化交通网络，衔接各岛屿交通方式，并在广鹿岛、大小长山岛等度假型岛屿修建环岛景观绿道和慢行系统建设，展现海岛美景。

2. 金石滩—老虎滩海洋型生态旅游集聚区

（1）区域范围。包括大连市区。该集聚区总面积 2415 平方千米，占全省面积的 1.6%。

（2）生态条件。区内山地丘陵多，平原低地少，整个地形为北高南低，北宽南窄；地势由中央轴部向东南和西北两侧的黄海、渤海倾斜，面向黄海一侧长而缓。全市森林覆盖率达到 41.5%，林木绿化率达到 42.99%，城区建成区森林覆盖率达到 44%，绿地率达到 42.2%。大连地区淡水资源总量为每年 37.24 亿立方米，其中地表水资源为 34.2 亿立方米、地下水资源为 8.84 亿立方米，两者重复水资源量 5.8 亿立方米。

（3）发展思路。围绕"滨海度假、山岳文化、都市农业"旅游资源的开发，重点推进滨海旅游度假型、山岳历史文化型和都市农业休闲型三大产业链的并行发展。以大连市西郊森林公园国家生态旅游示范区、大连市森林公园、老虎滩海洋公园金石滩景区为重要支撑，围绕"两山、两海"开发建设"四区、两带"，全面整合优化金石滩—老虎滩海洋型生态旅游集聚区。

（4）发展目标。到 2020 年，全区接待游客将达到 3099.5 万人次，实现旅游收入 300.8 亿元，积极申创省级沟域旅游示范区 12 个（金州新区北屏山沟域、金州新区太山沟域、金州新区小黑山沟域、普湾新区石河东沟沟域、大连西郊国家森林公园、旅顺口区石门山沟域、大连安波旅游度假区、俭汤温泉组团、谢屯镇、庄河市银月湾沟域、庄河市太平岭沟域、东马屯）、省级生态示范区 1 个（大连金石滩国家旅游度假区）、省级旅游度假区 3 个（大连东泉温泉旅游度假区、大连旅顺北海温泉旅游度假区、香洲田园城旅游度假区），实现中高端游客比重、入境海外游客特别是俄罗斯游客比重"两个提高"，延长游客在集聚区的逗留时间，逐步使集聚区从数量扩张向质量效益转变，使集聚区不仅成为大连的"后花园"，更成为全国的"后花园"。

（5）开发项目。组织建设滨海国家地质公园、金石谷乡村俱乐部、金石滩文化博览广场、世界雕塑艺术主题园等旅游项目，积极推进海滨体育运动中心、快轨商服中心、五星级酒店、渔人码头、海上夜总会、金石滩旅游度假区的锚地五星级酒店等项目的招商工作。

3. 安波温泉山水型生态旅游集聚区

（1）区域范围。普兰店市北部安波镇等 5 个乡镇，该集聚区土地面积 940 平方千米，占全省的 0.64%。

（2）生态条件。该集聚区共有林地面积 28 万亩，安波镇山林 26.5 万亩，森林覆盖率达到 67%。年均气温 9.3℃，降雨量 900 毫米，相对湿度 66%，气候宜人，适于休养。这里负离子比市区高 7~10 倍，对人体的机能有兴奋作用，能够促进新陈代谢。温泉最高水温达 73℃，日供水量 8000 吨，含有 20 多种对人体有益的矿物质和微量元素，对皮肤病、风湿关节病和神经系统病症等多种疾病有明显疗效，故被称为"神水"。坚持将温泉旅游作为特色产业，紧紧围绕"打造旅游度假、运动养生、生态宜居的中国北方温泉名镇"的总体目标，"多业联动、融合发展"促进温泉旅游带动区域产业快速发展，高标准建设安波温泉旅游聚集区。

（3）发展目标。紧紧抓住辽宁省重点镇、大连市城镇建设九大节点和普兰店市综合配套改革试点乡镇的发展机遇，以"两区一轴两带"建设为重点，以瑞士达沃斯小镇为蓝本，建设成为环境优美、设施先进、生态宜居的温泉小镇，率先树立承办夏季达沃斯的目标，努力打造成中国达沃斯温泉小镇。预计到 2020 年，实现旅游总收入 10 亿元，接待旅游者 722.23 万人次。积极申创省级沟域旅游示范区 3 个（普湾新区石河东沟沟域、大连安波旅游度假区、俭汤温泉组团）。

（4）开发项目。加强鸡冠山国家森林公园、七道房水库、大师彭古人类遗址、二龙山报恩寺、蔡店山风景区、道士沟林场、千年银杏树和玉皇庙、薛里点将台等自然景区的建设完善。重点建设小刘屯水库开发项目、大连俭汤休闲养老项目、冰雪谷、俭汤体育运动公园、九龙山景区开发项目、葡萄沟旅游开发项目。大规模综合性开发房车露营旅游项目、安波温泉滑雪场、生态温泉城项目（安波公主雕塑、"手汤"迎宾礼、温泉音乐厅）、俭汤温泉度假组团项目（温泉圆明苑，莲花温泉，理疗养生会馆——清朝皇室"坐汤"、高丽美容会馆、唐贵妃汤宫、安波公主汤馆，创新温泉基地——空中移动温泉、浴佛温泉，模特培训基地）等。

4. 鲅鱼圈黄金海岸海洋型生态旅游集聚区

（1）区域范围。营口市，该聚集区总面积 5402 平方千米，占全省面积的 3.6%。

（2）生态条件。营口开发区依山傍海，属温带海洋性季风气候。年平均气温 9.8℃。全市 96 千米长的海岸线，地形由东南向西北逐渐倾斜。东部为山地，海拔 100~1000 米；中部为丘陵，海拔 50~200 米；西部为平原，海拔 2~10 米。各自面积分别占全市总面积的 27%、31.6% 和 41.4%。营口市境内有大、中、小河流 57 条，其中流域面积大于 100 平方千米的有 9 条，水域面积 414 平方千米，占全市土地面积的 7.7%。林地面积为 3520500 亩，森林覆盖率为 43.82%。

（3）发展思路。以独特的商埠、敬母、考古、宗教和生态旅游资源为核心，开发商务会议、敬母文化、宗教民俗、休闲度假四大主导旅游产品，继续推进白沙湾、赤山、双台思拉堡温泉小镇、青龙山等一批生态旅游景区建设，创建中国优秀旅游城市，打造中国北方最佳生态温泉城和创建海滨休闲生态旅游目的地。

（4）发展目标。预计到 2020 年全年接待旅游者 3626.41 万人次，旅游总收入 438.39 亿元，全面支持望儿山和月亮湖景区申报国家级 5A 级景区，积极申创省级沟域旅游度假区 1 个（营口虹溪谷温泉旅游景区）、申创省级生态示范区 2 个（营口仙人岛白沙湾黄金海岸景区、营口虹溪谷温泉旅游景区）。

（5）开发项目。强力推进鲅鱼圈温泉海滨休闲、盖州双台生态温泉、营口卧龙湾文化休闲三大旅游集聚区建设，重点打造鲅鱼圈海滨温泉小镇、望儿山温泉小镇、双台思拉堡温泉小镇、奕丰温泉小镇、富集—山海温泉小镇、老边天赋温泉小镇及营口两个温泉旅游度假区建设，全力把营口市建设成为以金泰海景珑悦温泉酒店、熊岳天沐温泉度假村、思拉堡温泉小镇、天沐海滨温泉城、奕丰温泉新城、天赋温泉等为引领的，以熊岳温泉区、双台温泉区和鲅鱼圈海滨为支撑的面向大东北、环渤海的海滨休闲生态旅游度假地。

5. 海上世博园海洋型生态旅游集聚区

（1）区域范围。锦州全市总面积为 10301 平方千米，占全省比例 6.9%。

（2）生态条件。锦州地势西北高、东南低，从海拔 400 米的山区，向南逐渐降到海拔 20 米以下的海滨平原。山脉连绵起伏，东北部有医巫闾山脉，西北部有松岭山脉。锦州源于境外流经境内较大水系有六股河、小凌河、大凌河、绕阳河 4 条，发源于境内流域面积约为 500 平方千米的水系有石河、狗河、烟台河、兴城河 4 条，流域面积约为 100 平方千米而且独流入海的有 8 条。近年来锦州大力开展"三北"防护林四期工程、封山育林、退耕还林、补植补造等一系列工程项目，完成荒山、荒地造林 2000 公顷，"三北"防护林 1333 公顷，封山育林 1500 公顷，经济林 2666.7 公顷，绿化村屯 20 个，四旁植树 120 万株，锦州森林覆盖率达 40%。

（3）发展思路。以锦州世博园、笔架山景区为重要支撑，依托北普陀山、辽沈战役纪念馆、医巫闾山、青岩寺等著名景区开展丰富多样的旅游活动，全区域应以辽西南海滨观光、生态休闲、名山名庙、红色旅游为基本旅游模式。继续积极推动"大闾山"开发工作，整合旅游资源，推动旅游基础设施的开发和建设。

（4）发展目标。全力支持北镇创建中国优秀旅游城市县，积极申创省级沟域旅游示范区 3 个（北普陀旅游景区、闾山观音阁景区、大芦花景区）、省级生态示范区 3 个（北普陀旅游景区、锦州笔架山景区、闾山观音阁景区）、省级旅游度假区 2 个（凌海九华山温泉、闾山观音阁景区），预计锦州到 2020 年全年旅游业总收入 630.97 亿元，接待国内旅游者 5898.3 万人次。

（5）开发项目。全面提升锦州世博园、笔架山岛综合度假区、北镇医巫闾山和汤河子温泉度假村等重点项目，重点开发闾山湿地生态休闲旅游项目、东北亮点花卉生态繁育观赏基地、笔架山岛综合度假区、黑山龙湾温泉风情小镇、观军场村沟域旅游项目、凌海市沈家台镇汤池子温泉度假村。

6. 觉华岛海洋型生态旅游集聚区

（1）区域范围。兴城市总面积 2417 平方千米，海岸线全长 27 千米。

（2）生态条件。兴城市境内地势为西北高、东南低，为松岭山脉延续分布丘陵地带。最高山峰黄顶山海拔 701.8 米，渤海沿岸为狭长的海滨平原，是沟通关内外的重要通道。较大河流有六股河、烟台河、兴城河等。土地类型多样，土质较好，适于植物生长。被国家农业部定为优质果生产基地。林业资源有松树、柏树、柞树、椴树、榆树、槐树等乔灌木。林地面积 80 万亩，森林覆盖率 29%。

近海鱼场盛产对虾、毛虾、海蜇、马鲛鱼、梭子蟹、贝类，海珍产品有海参、海龙、海马等。

（3）发展思路。构建以烟台河、兴城河以及滨海水系为骨架，以兴城古城、兴城温泉、觉华岛旅游度假区为重要支撑，以点状分布的国家严格控制开发区域为重要组成的生态格局，充分发挥古城、温泉、岛屿等滨海资源的生态优势。该集聚区的生态旅游发展应以兴城古城文化为底蕴，以滨海、温泉为依托，打造旅游观光、休闲度假、温泉康体等生态旅游模式，形成富含古城特色、滨海温泉特色的生态旅游产品。

（4）发展目标。到 2020 年末，该集聚区旅游总收入达到 60 亿元，旅游接待人次达到 1000 万。积极申创 1 个国家级 4A 风景区。现已申报省级旅游度假区 1 个（觉华岛旅游度假区）。到 2020 年末，积极申创省级生态旅游示范区 2 个、省级旅游度假区 2 个、省级沟域旅游示范区 1 个。

（5）开发项目。重点提升觉华岛旅游度假区等项目，加快建设省级生态旅游示范区、省级旅游度假区、省级沟域旅游示范区项目。开发建设兴城寿山温泉酒店、觉华岛码头广场度假旅游综合体项目等生态旅游项目。

7. 九门口水上长城海洋型生态旅游集聚区

（1）区域范围。绥中县全县面积 2764.9 平方千米，占全省面积的 1.9%。全县海岸线长 82.5 千米。

（2）生态条件。县境内多山地、丘陵。全县森林覆盖率达 46.8%，林业用地面积 222.4 万亩，森林活立木蓄积量 130 万立方米，牧草地面积 9.71 万公顷，占总面积的 35.11%。县内主要河流有 6 条。水资源总量为 7.98 亿立方米，其中地表水 6.22 亿立方米。水域面积 2.37 万公顷，占总面积的 8.57%。

（3）发展思路。绥中县以滨海经济区旅游开发为重点，全力打造风景海滨休闲度假区、永安生态长城文化旅游区和北方佛教旅游区。坚持山、海、城综合开发的总体思路，以九门口水上长城和碣石宫遗址、东戴河为支撑，打造历史文化与海滨景观相结合的特色旅游线路。

（4）发展目标。以"海岸中关村，生态新城区"为主题全面深化绥中县旅游发展，推进九门口水上长城景区申创国家 5A 级旅游景区，把东戴河打造成为国内知名的旅游度假疗养胜地。预计到 2020 年全年接待旅游总人次 360.84 万，旅游总收入达到 15.8 亿元。

（5）开发项目。全面升级九门口水上长城和碣石宫遗址、东戴河景区开发建设，继续开发永安峡谷漂流项目、加强开发三山景区"禅修温泉小镇"、秋波湖健康养生基地、永安长城景区"古村落"休闲养生小镇、乡村田园高尔夫、峡谷漂流项目。

（二）辽宁中部平原生态旅游集聚区

1. 沈阳人文生态型生态旅游集聚区

（1）区域范围。沈阳市所辖市区。全市总面积逾 1.3 万平方千米，市区面积 3495 平方千米。

（2）生态条件。沈阳森林面积为 220 万亩，草场面积为 123 万亩。水资源总量为 32.6 亿立方米，其中地表水面积 11.4 亿立方米，地下水面积 21.2 亿立方米。在人文生态方面，沈阳人文历史悠久，拥有 2300 多年的建城史，是清朝的发祥地，清前期都城和中、后期的陪都，是我国近代反封建反殖民统治的前沿城市，是我国近现代工业发展的代表性城市。沈阳是体现东北地区多民族和多元文化交融的典型城市，集中反映了辽沈地区的城市文化，该区域内有世界文化遗产"一宫两陵"、爱国将领张学良的府邸张氏帅府和展示沈阳新中国成立以来众多成就的铁西老工业基地展览馆。

（3）发展思路。依托于已有的国家级生态示范区（东陵区、苏家屯区）、沈阳绿岛空港旅游经济区，结合沈阳丰富多样的人文与自然生态旅游资源，加快推进沈阳的生态化建设，建设宜居宜游的人文生态型旅游目的地，发挥沈阳的交通区位优势，打造全国各地游客来辽生态旅游的桥头堡。

（4）发展目标。到 2020 年旅游总收入达到 844.89 亿元，旅游接待达到 1107.62 万人次。目前正在积极申创国家 4A 级的景区 1 个（白清寨风景区）、省级旅游度假区 1 个（沈阳棋盘山国际风景旅游开发区）、省级生态旅游示范区 1 个（沈北新区）。

（5）开发项目。重点提升沈阳棋盘山国际风景旅游开发区、沈阳世博园景区、沈阳绿岛空港旅游经济区，开发建设沈阳马耳山生态旅游区、沈阳于洪温泉度假小镇、丽山国家小镇、沈阳森林动物园异地新建项目、沈阳于洪庄园项目、三山梅花鹿发展有限公司开发的温泉旅游项目、沈阳市自驾车房车露营地项目、白清寨风景区项目。

2. 康平、法库沙地型生态旅游集聚区

（1）区域范围。包括沈阳市康平县、法库县。该集聚区总面积 4495 平方千米，占全省面积的 3.21%。

（2）生态条件。该集聚区共有林地面积 180 万亩，森林面积 2079.59 平方千米。其中，康平全县有草场 65 万亩，林地 80 万亩，林草覆盖率达 65%；天然草场 32 万亩。县境内共有辽河等 8 条河流，均属于辽河水系，总长 248 千米，流域面积 1935 平方千米。有大、小型水库 14 座，总容量 2104 万立方米，以中部的卧龙湖为最大，容量为 9626 万立方米；全县水资源总量为 2.62 亿立方米，可利用地表水为 6220 万立方米。法库林地面积 100 万亩，森林覆盖率 28.7%；全县总水量 33.789 万立方米（人均 768 立方米），其中地表水 24.397 万立方米，地下水储量 9.392 万立方米。除过境辽河外，内有中小河流 4 条和若干季节河流，总积水面积 1980 平方千米。

（3）发展思路。以康平县、法库县 2 个国家级生态示范区为支撑，康平县按照"生态带、旅游带、产业带"的整体设想，以辽宁最大的淡水湖卧龙湖为中心，形成辐射全县的旅游整体体系，重点发展沿河休闲旅游，开发观光农业、采摘农业等。法库县以财湖为中心，以五龙山、药王山为两翼，以生态养生、休闲为特色的南部旅游"金三角"；以秀水湖为中心，以圣迹山、巴尔虎山为两翼，以契丹、满蒙文化为特色，以红色旅游为主导的西部红色旅游金廊；以鱼梁山城、"东北瓷都"为中心，以石景山、望海寺为两翼的中部特色旅游。

（4）发展目标。在已经获得 2 个国家级生态示范区（康平县、法库县）称号的基础上，将康平、法库全力打造成为沈阳的休闲旅游"后花园"。推进康平申创卧龙湖为国家 4A 级旅游景区，鼓励法库五龙山申创国家 5A 级景区，预计到 2020 年康、法两地接待旅游规模达到 1023.35 万人次，实现旅游总收入 113.7 亿元。

（5）开发项目。康平重点建设卧龙湖生态园暨水上乐园建设项目，并沿辽河右岸建设 10 个旅游景区，建设 20 个农家乐示范点。法库县重点建设庄园旅游、采摘、垂钓项目等，加快推进建设药王山健康园项目、丁家房镇项目、圣迹山辽墓群遗址保护区项目、财湖旅游风景区项目、泡子沿旅游度假区项目等。

3. 千山人文森林型生态旅游集聚区

（1）区域范围。包括千山风景名胜区、千山区。该集聚区总面积 125 平方千米，占全省面积的 0.9%。

（2）生态条件。千山风景集聚区东南部是低山丘陵，中部、西北部是冲积平原，南临渤海，北接长白山。区内共有山地面积 15 万亩，森林面积 17.8 万亩，森林覆盖率高达 95%。该区域内主要河流有三条，分别是南沙河、运粮河、杨柳河。

（3）发展思路。以鞍山千山风景名胜区国家级生态示范区为重要支撑，紧抓建设"文化旅游精品带"主线，以仙人台国家森林公园为核心构建生态旅游名山，以温泉度假区为核心构建著名旅游休闲区，努力将千山风景区建成著名的精品风景旅游区。

（4）发展目标。打造"千山旅游文化带"发展战略，加速招商引资与项目推进，腾出土地创造空间，引进项目谋求发展，利用得天独厚的"山、水"资源，重点以观光旅游、温泉旅游和餐饮娱乐活动内容为载体，充分发挥自然人文景观、宗教文化和温泉旅游资源的优势，努力打造旅游文化休闲产业区。预计到

2020年接待游客532.69万人次，国内旅游收入4.5亿元，入境游客3500人次，创汇73万美元，实现旅游总收入14.56亿元。

（5）开发项目。重点提升鞍山千山风景名胜区国家级生态示范区，开发建设千山风景区的热岛玉温泉、日月谷温泉小镇项目、世界风情温泉小镇、未来世界、万邦理想城、魔力香格里拉等，千山区的汤岗子温泉度假综合体、浪巢温泉综合体、甘泉国际烈酒庄、养生养老基地、三台沟农庄、枣峪民俗村等生态旅游项目。

4. 弓长岭温泉文化型生态旅游集聚区

（1）区域范围。辽阳市弓长岭区。该集聚区总面积339平方千米，占全省面积的0.2%。

（2）生态条件。该集聚区地势呈南高北低，为山区丘陵地带，呈带状走向。森林面积194万亩，森林覆盖率达57%。弓长岭温泉区位于汤河镇柳河村，医疗矿泉水年储存量287万立方米，水温72℃，为淡温泉硅氟氡矿泉水；弓长岭区矿泉水氡含量为全国最高，资源极其丰富，分布特征全国少见。

（3）发展思路。以创建"国家级温泉旅游度假区"为大方向，加大重点旅游项目开发建设力度，充分发挥"两泉"、"两地"、"两库"、温泉滑雪场、瓦子生态游等现有的旅游资源，发展温泉旅游、高山滑雪、养老服务、生态观光、旅游地产、文化创意等相关产业，形成以冰雪、温泉、山水、田园风光为特色的旅游品牌。

（4）发展目标。重点发展以温泉旅游为龙头的现代服务业，规划建设12.48平方千米的汤泉谷旅游集聚区。到2020年，将实现旅游业总收入26.98亿元、接待游客809.7万人次。把汤泉谷旅游产业集聚区建成国家4A级景区，积极申创省级沟域示范区4个（红穆村民委员会、弓长岭温泉滑雪场、弓长岭区安平乡姑嫂城村、弓长岭区瓦子村）、省级生态示范区1个（辽宁汤河国际温泉旅游区）。

（5）开发项目。大力完善温泉滑雪场、温泉洗浴中心、温泉度假村、江枫渔寨的建设，开发建设冷热地公园、大汤河山水风光带、野人女真谷等生态旅游项目，全力推进温泉保护公园、湿地生态公园等重点项目，提升温泉假日酒店、王宫水城、全国劳模疗休养基地等龙头项目。

（三）辽宁东部山地生态屏障旅游集聚区

1. 新宾、清原山地森林型生态旅游集聚区

（1）区域范围。包括新宾满族自治县、清原满族自治县。该集聚区总面积8432平方千米，占全省面积的5.8%。

（2）生态条件。该集聚区共有山地面积1018万亩，森林面积959万亩。其中，新宾满族自治县山地面积531万亩，森林面积593万亩，森林覆盖率达

71.3%。有大小河流 750 余条，天然水资源总量 14 亿立方米，每年向下游提供 11 亿多立方米，是辽宁的"绿色屏障"和辽宁中部城市群重要的水源涵养基地，是全国首批生态示范县。清原满族自治县山地面积 487.3 万亩，森林面积 392 万亩，森林覆盖率 66.7%，林木资源极为丰富。

（3）发展思路。构建以辽宁西北部生态屏障、山地森林、沟域峡谷以及浑河重要水系为骨架，以新宾满族自治县、清原满族自治县 2 个国家级生态示范区和老秃顶子国家级自然保护区、红河谷国家森林公园为重要支撑，以点状分布的国家禁止开发区域（老秃顶子国家级自然保护区）为重要组成的生态战略格局。辽宁东部山地作为生态屏障要重点保护好多样、独特的生态系统，发挥涵养河域水源和调节气候的作用，重点加强天然植被保护，重点保护好森林资源和生物多样性，发挥山地森林生态安全屏障的作用。该集聚区的生态旅游发展应以满族文化为底蕴，以山地、森林为依托，打造休闲度假、运动体验、康体养生等生态旅游模式，形成富有历史文化特色的生态旅游产品。

（4）开发项目。重点建设抚顺清原红河谷漂流景区、新宾岗山国家森林公园等省级沟域旅游示范区项目。开发建设岗山生态林溪养生福地度假区、神树祈福养老度假区、台山水库健康养生养老中心、万寿山休闲度假区、陡岭森林生态观光休闲度假区、嘉禾特色农业休闲观光度假区、妈妈沟度假村、鸦鹊关度假村、撬子沟沟域度假村、台沟度假村等生态旅游项目。

2. 本溪（县）、桓仁山地森林型生态旅游集聚区

（1）区域范围。包括本溪满族自治县和桓仁满族自治县。该集聚区总面积 6891 平方千米，占全省面积的 4.7%。

（2）生态条件。桓仁地处辽宁省东部山区的浑江中、下游，境内较大河流有 70 余条，大小湿地 104 个，县境内可利用水资源共计 56 亿立方米，号称"辽东水塔"。桓仁山林面积 438 万亩，森林覆盖率达到 78.39%。拥有桓龙湖国家森林公园和老秃顶子国家级自然保护区。桓仁满族自治县有山林面积 258 平方千米，森林覆盖率 73.6%，可开发利用水域面积 26.3 万亩，是辽宁省重要的水源涵养地和重点林木商品材基地之一。本溪满族自治县物产资源和旅游资源十分丰富，其中已发现的矿藏达 100 余种，各类植物计 80 科、6200 多种，野生动物 1500 余种，森林覆盖率 62%，素有"绿色屏障"、"天然氧吧"之称。

（3）发展思路。以桓龙湖水系为骨架，以桓龙湖国家湿地公园、老秃顶子国家级自然保护区、五女山山城、大雅河漂流、枫林谷风景区等众多旅游风景区为重要支撑，形成本溪县、桓仁县山地森林型生态旅游集聚区重要的生态战略格局。该集聚区的生态旅游发展应以桓仁五女山的历史文化为底蕴，以山地、森林、湖泊为依托，打造休闲旅游观光、生态养生度假、运动娱乐等生态旅游模式，

形成富含五女山特色的生态旅游产品。

（4）发展目标。到 2020 年末，该集聚区旅游总收入预计为 120 亿元，接待游客达到 800 万人次。积极申创 1 个国家 4A 级风景区，现已申报省级沟域旅游示范区 3 个（桓仁东方大雅河漂流、桓仁枫林谷森林公园、老边沟风景区），省级生态示范区 5 个（桓仁五女山、关门山国家森林公园、东营坊—老边沟风景区、东营坊自然风景区、本溪小市镇），省级旅游度假区 2 个（汤沟温泉旅游度假区、本溪水洞温泉旅游度假区）。

（5）开发项目。重点发展瓮村建州女真遗址公园、高句丽演兵场和绿色水上娱乐等项目，开发国际冰酒小镇和大川森林冰雪温泉小镇项目，推介大雅河水上娱乐带、佛顶山森林养生带和回龙湖东北亚特色农业观光带项目。

3. 凤城森林型生态旅游集聚区（屏障）

（1）区域范围。凤城市全境，面积 5513 平方千米，占全省总面积的 3.8%。

（2）生态条件。林地 604 万亩，占土地总面积 72.7%，居全省县（市）级第二位，森林覆盖率 71.2%。境内有爱河、大洋河、草河等大小河流 270 多条。水资源总量 36.35 亿立方米/年，人均占有量 5831 立方米/年，占辽宁省地表水资源的 5.5%。可利用水总量 20.90 亿立方米，其中地表水 19.16 亿立方米。

（3）发展思路。以鸭绿江风情为主打品牌和统领，以传统观光游览为先导和基础，以深度休闲度假为战略培育方向和未来重要产品，以文化深度休闲体验为重要支撑，以温泉康体养生保健旅游为重要补充，以海洋旅游为必要补充，以景区周边的乡村旅游为战略培育方向的质效型多元休闲度假目的地。

（4）发展目标。全力打造以“凤凰山风景名胜区和大梨树农业生态旅游区为核心，鸡冠山风景名胜区、东汤温泉旅游区为东西两翼，蒲石河森林公园和玉龙湖风景名胜区南北呼应”的大旅游格局。预计到 2020 年接待游客 2733.8 万人次，旅游总收入达到 80.5 亿元。凤凰山山城继续积极申报世界文化遗产，另外申创省级沟域旅游示范区 3 个（天华山森林公园、黄椅山森林公园、天桥沟森林公园）。

（5）开发项目。以凤凰山风景名胜区景区为核心，重点建设凤凰山古城景区；以大梨树农业生态旅游区为龙头，重点建设凤城民俗博物馆、白旗镇满族老宅，构建满族民俗风情旅游带。重点建设“温泉风情园”项目，构建以“圣泉第一”东汤温泉旅游区为龙头，以草河温泉、宝山温泉和刘家河温泉旅游区为主体的温泉休闲疗养度假带，打造“辽东温泉之乡”。开发石城爱河火山峡谷旅游区项目，加快建设蒲石河、鸡冠山两个国家级森林公园。全力推进东汤温泉度假、石城爱河潭生态旅游、刘家河奇石峡漂流三期等项目建设。

（四）辽宁西北部丘陵生态屏障旅游集聚区

1. 牛河梁人文生态型生态旅游集聚区

（1）区域范围。朝阳县、龙城区和双塔区，该集聚区总面积为 4654.45 平方千米，其中朝阳县面积为 3757 平方千米，龙城区面积为 686.45 平方千米，双塔区面积为 211 平方千米，占全省面积的 3.14%。

（2）生态条件。该集聚区林地面积 1891.89 平方千米，占土地总面积的 40.6%。其中朝阳县林地面积 1540.37 平方千米，森林覆盖率 43.7%；龙城区林地面积 284 平方千米，森林覆盖率达到 31.5%；双塔区森林面积 67.52 平方千米，森林覆盖率为 32%。主要河流有大凌河、小凌河、青龙河、老哈河等，多年平均地表径流量为 13.22 亿立方米。

（3）发展思路。围绕"牛河梁红山文化"、"古生物化石文化"、"佛教文化"、"三燕文化"四大资源，建设并叫响"东方佛都"、"文明圣地"、"三燕古都"等历史文化品牌。构建凤凰山文化旅游产业示范区、牛河梁红山文化旅游区园区。壮大以赵尚志纪念馆、赵尚志故居为代表的红色旅游基地及朝阳戏剧创作演出基地等国家和省级文化（旅游）产业基地。组建、发展、壮大由若干紧密型或松散型企业组成的凤凰山文化旅游开发建设投资集团、牛河梁红山文化旅游集团、戏剧创作演出集团、旅游艺术品生产开发集团四大集团公司。

（4）发展目标。大力改善道路交通等基础设施，加大退耕还林和植树造林生态工程和水土流失治理力度，依托朝阳县清风岭自然保护区生态旅游示范区，培育一批重点旅游项目，形成几个具有一定影响力的精品项目，建设成国内知名的生态旅游示范区。到 2020 年，形成较为完善的生态旅游产业体系，旅游综合收入突破 3 亿元，旅游接待规模达到 1000 万人次，增加就业 4000 人。将牛河梁人文生态旅游集聚区建设成为辽宁具有独特文化历史底蕴的生态旅游地区，具有一定国内影响力和知名度的生态旅游区。

（5）开发项目。提升朝阳县清风岭自然保护区生态旅游示范区建设，重点开发建设牛河梁红山文化旅游产业园项目、凤凰山民俗文化旅游园区项目和三燕文化展示区建设项目等项目，加快根德营子乡龙山湖度假山庄、骆驼山生态农业观光旅游区项目和御水年华旅游区项目的建设进程。

2. 辽西北沙地草原型生态旅游集聚区

（1）区域范围。彰武县、阜新县（沙地、草原）。彰武县集聚区总面积 3641 平方千米，阜新县集聚区总面积 6246 平方千米。该集聚区占全省面积的 6.8%。

（2）生态条件。彰武县地势北高南低，西部为丘陵，海拔 150~200 米；中部为平原，海拔 50 米左右；东部为残丘，海拔 150~200 米；北部为科尔沁沙漠的延伸地。全县河流地表水径流量为 2.21 亿立方米，过境水为 3.98 亿立方米，主要分布在柳河，可利用地表水资源有 1.1 亿立方米。全县土地面积 545 万亩，人均占有土地 13 亩；全县耕地共 173 万亩，人均占有耕地 4.14 亩。阜新县以低山丘陵为主，南部、西部突出。有海拔高 500 米以上山头 235 个、600 米以上山峰 11 座。境内最高点为西北乌兰木头山海拔 831.4 米，最低点为十家子镇南甸子村 45.8 米。全县境内河流多，有细河、伊马图河、二道河、务欢池河、八道河等 20 条主要河流。水资源总量 4.8 亿立方米。全县现有耕地面积为 770 平方千米，林地面积为 870 平方千米，草场面积 130 平方千米，"四荒"面积有 13.3 万公顷，其中可开发利用面积有 730 平方千米，已开发利用面积有 150 平方千米。全县森林覆盖率 27.59%。林木蓄积量 395 万立方米。

（3）发展思路。坚持以生态建设为核心，以项目为牵动，以龙头景区为代表，以产业融合为联动，以市场开发为导向，以特色精品为重点，以管理提升旅游产业为保障，坚持生态旅游一体化发展，坚持自然、人文两条脉络融合发展，完善管理机制，打造辽西北沙地草原生态旅游基地，把"辽西北沙地草原生态旅游"作为突破辽西北的重要战略之一。加快推进建设工作，把彰武打造成沈城休闲度假"后花园"。以沙湖、林海自然生态游品牌为核心，塑造风车、沙源、梦幻草原的主题形象，打造东西两条精品旅游线路，即以大清沟为核心的西北线大漠自然生态游和以千佛山为核心的东北线宗教朝圣游。同时积极开拓乡村旅游市场。阜新旅游资源景点多，打造培育具有阜新特色的优势品牌，建设好文物古迹观光线、藏传佛教文化观光线、历史价值矿山公园观光线、大漠蒙古族风情生态观光线四条观光旅游线。通过对四线旅游景区的深度开发，打造具有阜新地方特色的旅游精品。

（4）发展目标。大力改善道路交通等基础设施，加大"三北"防护林体系建设和风沙区自然资源保护力度，培育一批重点项目，形成一批具有一定影响力的精品项目，建设成国内知名的生态旅游示范区。到 2020 年，形成较为完善的生态旅游产业体系，旅游综合收入突破 2 亿元，旅游接待规模达到 1000 万人次，增加就业 3000 人，将辽西北建设成为辽宁生态旅游特色地区，具有一定影响力和知名度的生态旅游区域之一。

（5）开发项目。重点开发彰武县的皇家牧场草原风情度假区、大清沟自然生态旅游区、千佛山风景区；推进建设阜新县的瑞应寺禅修温泉旅游度假区、温泉城蒙古风情园、海棠山旅游经济开发区、温泉城老年公寓及抗衰老中心、五洲风情园、北国温泉滑冰滑雪和大型健身俱乐部、关山风景区、国际健康养生温泉园、温泉城水上演艺娱乐中心、元宝生态休闲山庄、都市观光农业，推进国华乡、乌兰木图山和宝力根寺发展为省级沟域旅游示范区。

3. 北票古生物地质型生态旅游集聚区

（1）区域范围。北票市。该集聚区总面积为 4469 平方千米，占全省面积的 3.1%。

（2）生态条件。该集聚区共有耕地 177 万亩，土壤分褐土、棕壤、草甸土三类，其中褐土占 81%。四周高，中间低，西北绵亘大青山脉，主要山峰平顶山，海拔 1074 米；南部为起伏的松岭山脉；中部为海拔 200 米左右的低丘。凌河及其支流贯穿中部形成了较宽阔的河谷平原。地表、地下水资源丰富，全省第三大的库容 16.5 亿立方米的白石水库坐落北票。古生物化石主要是上园镇四合屯鸟化石，产有中华龙鸟、顾氏小盗龙、圣贤孔子鸟、粗壮原始祖鸟、长趾辽宁鸟以及鹦鹉嘴鸟，哺乳动物类五尖张和兽、金氏爬兽。除此之外还有龟鳖类、兽角类恐龙、钱类（北票鲟、狼鳍鱼）、叶肢介、介形类、三尾拟蜉游、植物、昆虫等化石。

（3）发展思路。以朝阳古生物化石地质公园和朝阳古生物化石博物馆为根基，以省级生态示范区大黑山国家森林公园为依托，进一步培育生态旅游市场，精心打造"黑山、白水、鸟化石、三燕文化"的旅游品牌，将"北票古生物地质型生态旅游集聚区"建设为辽宁生态旅游精品，通过政策引导、科学规划、包装项目、宣传促销和规范行业管理，使旅游产业进入快速发展的崭新时期，旅游经济总体水平有明显提高。

（4）发展目标。大力改善公路交通和白石水库码头等基础设施，加大生态旅游资源的保护，提升"黑山、白水、鸟化石、三燕文化"为辽宁省生态旅游品牌。到 2020 年，形成完整的生态旅游产业体系，旅游综合收入突破 5 亿元，旅游接待规模达到 3000 万人次，增加就业 5000 人，将北票古生物地质型生态旅游集聚区建设成为辽宁生态旅游特色地区、具有较大影响力和知名度的生态旅游区。

（5）开发项目。提升省级生态示范区大黑山国家森林公园建设水平，加快上园白石旅游产业、中国翼龙博物馆、四合屯化石科考旅游园区的建设力度，促进大黑山森林温泉度假村、伊思漫温泉小镇、乡村旅游建设项目建设，推进巴图营奇石加工交易基地、白石水库漂流、凉水河河口湿地旅游观光、龙鸟湖休闲度假区、燕湖园建设开发。

4. 辽西北侵蚀沟域森林生态旅游集聚区

（1）区域范围。建平和喀左两县全域，其中建平总面积为 4865 平方千米，喀左总面积为 2283.86 平方千米。

（2）生态条件。建平县总耕地面积 219 万亩，人均拥有耕地 4 亩，居辽宁省第一位。全县有林地面积 320 万亩，森林覆盖率达 36%，拥有世界最大的 100 万亩人工沙棘林，年产沙棘果 1 万吨以上，同时是被誉为世界生态工程之最的"三北防护林"的重要县份之一，是全国绿化先进县。全县有天然和人工草场面积

190 万亩。大小河流 12 条，其中较大河流有老哈河、蹦蹦河、海棠河等。喀左土地总面积 335.19 万亩，其中耕地面积 69.37 万亩，占全县总土地面积的 20.7%。全县林业用地 121.56 万亩，占全县面积的 36.3%，有林地面积 95.3 万亩，占林业用地 78.4%。草地面积 14.01 万亩，占总面积的 4.2%。境内有大小河流百余条，主干河为大凌河，从建昌县流入，自南向北注入朝阳县，蜿蜒境内 78.55 千米，主要支流有榆河、蒿桑河、渗津河、牤牛河、芍药河。喀左水资源总量为 2.296 亿立方米，其中地表水 1.5 亿立方米，占总量的 66%，地下水综合补给量 1.77 亿立方米，可开采 0.68 万立方米，占总量的 34%。大小河流总长 650 千米。有中小型水库 7 座，其中中型水库 1 座。

（3）发展思路。以建平县是国家生态示范区和喀左鸽子洞人类遗址及山丘型旅游胜地为依托，以开发牛河梁红山文化产业园区为龙头，以项目建设为支撑，全面实施"文化产业带动"战略，构建"一区三园"、"四个基地"，打造"四大品牌"，实现"四个转变"，使本区域的沟域旅游产业取得突破性进展。

（4）发展目标。大力改善公路交通和白石水库码头等基础设施，加大生态旅游资源的保护，提升辽宁省生态旅游品牌。到 2020 年，形成完整的生态旅游产业体系，旅游综合收入突破 5 亿元，旅游接待规模达到 3000 万人次，增加就业 5000 人，将辽西北侵蚀沟域森林生态旅游集聚区建设成为辽宁生态旅游特色地区、具有较大影响力和知名度的生态旅游区。

（5）开发项目。重点开发建平县小平房沟域乡村旅游项目，开发喀左大凌河峡谷生态旅游度假区、石脑水库—大东沟—黄花山景区项目以及蒙古大营旅游开发项目。

（五）三岸生态旅游集聚区（辽河、鸭绿江、大凌河）

1. 辽河河岸生态旅游集聚区

（1）辽北河岸湿地型生态旅游集聚区。

1）区域范围。包括昌图县、开原市、铁岭县。该集聚区总面积 9730 平方千米，占全省面积的 7%。

2）生态条件。该集聚区共有山地面积 459.5 万亩，森林面积 419.5 万亩。其中，昌图县山地面积 6 万亩，森林面积 151 万亩，森林覆盖率达 23.3%；开原市山地面积 284.8 万亩，森林面积 136 万亩，森林覆盖率 42%；铁岭县山地面积 168.7 万亩，森林面积 132.5 万亩，森林覆盖率 34.1%。

3）发展思路。以辽北河岸湿地与辽河重要支流水系为骨架，以莲花湖国家城市湿地公园、凡河生态文化旅游谷、白鹭洲自然保护区 3 个省级生态示范区及铁岭开原象牙山旅游景区、铁岭县榛子岭旅游度假区、铁岭昌图太阳山风景区、铁岭太平寨青云山风景区 4 个旅游风景区为重要支撑，形成辽北河岸重要的生态战略格局。该集聚区的生态旅游发展应以辽河源头文化为底蕴，以湿地、草原、河岸为依托，打造休闲旅游观光、生态养生度假等生态旅游模式，形成具有河岸湿地特色的生态旅游产品。

4）发展目标。到 2020 年末，该集聚区旅游总收入达到 78 亿元，接待游客达到 1320 万人次。积极申创 2 个国家 5A 级风景区、2 个国家 4A 级风景区。现已申报省级沟域旅游示范区 4 个（张相镇样子沟沟域示范区、城子山沟域旅游示范区、冰砬山沟域旅游示范区、龙泉山庄沟域示范区）、省级生态示范区 3 个（莲花湖国家城市湿地公园、凡河生态文化谷、白鹭洲自然保护区）、省级旅游度假区 1 个（柴河休闲旅游度假区）。到 2020 年末，积极申创省级生态旅游示范区 3 个、省级旅游度假区 3 个、省级沟域旅游示范区 3 个。

5）开发项目。重点提升莲花湖国家城市湿地公园、凡河生态文化旅游谷、白鹭洲自然保护区等国际级项目，加快建设省级生态旅游示范区、省级旅游度假区、省级沟域旅游示范区项目，开发建设昌图县的辽河源风景区开发项目、太阳山风景区开发等生态旅游项目。

（2）辽宁中部河岸湿地型生态旅游集聚区。

1）区域范围。该集聚区总面积 4893 平方千米，占全省面积的 3.3%。

2）生态条件。该集聚区共有湿地面积 2.6 万亩，森林面积 200 万亩，区域森林覆盖率达 30.1%。该区域内大小河流总长 70.7 千米，流域面积 998.5 平方千米。沈北新区地势平坦、开阔，平均海拔为 58 米。全区地势自东向西倾斜，东高西低，东部属丘陵地貌，中部属黄土堆积平原，西部属辽河冲积平原。

3）发展思路。以辽宁中部河岸、湿地公园以及蒲河、辽河重要水系为骨架，以沈北新区、辽中县 2 个国家级生态示范县和沈北旅游开发区、沈阳棋盘山国际风景旅游开发区 2 个省级旅游度假区及沈阳国家森林公园、辽中蒲河国家湿地公园、5A 级景区沈阳世博园为重要支撑，建设辽宁中部河岸的生态战略格局。辽宁中部河流的冲积平原应充分发挥生态优势，重点加强湿地生态系统的保护，发挥湿地作为"地球之肺"的作用。该集聚区的生态旅游发展以锡伯族文化为底蕴，以优良的湿地生态环境为依托，打造休闲观光、运动体验等生态旅游模式，形成具有锡伯族文化特色的湿地生态旅游产品。

4）发展目标。到 2020 年末，该集聚区旅游总收入达到 130 亿元，接待游客达到 1640 万人次。积极申创 1 个国家 5A 级、3 个国家 4A 级风景区。现已申报省级旅游度假区 1 个（沈阳棋盘山国际风景旅游开发区）、省级生态示范区 1 个（沈北旅游开发区）。到 2020 年末，积极申创省级生态旅游示范区 2 个、省级旅游度假区 2 个、省级沟域旅游示范区 2 个。

5）开发项目。重点提升沈北新区旅游开发区、七星山湿地公园等项目，加快建设省级生态旅游示范区、省级旅游度假区、省级沟域旅游示范区项目。开发建设新民市半岛旅游综合体项目、温泉度假小镇、梨花湖休闲度假区、新民市双湖水城建设项目、环球湿地城项目、欧式农业庄园、马泉沟风景区开发项目、珍珠湖生态旅游区、辽中蒲河国家湿地公园、蒲河高端温泉商务会所群落、中央农业主题公园、近海生态度假区、公用红豆杉温泉别墅度假区、兴隆国际温泉疗养中心、温泉千年水世界、沿海管子旅游村、财湖旅游综合开发项目、怪坡户外运动基地项目、沈阳森林动物园异地新建项目等生态旅游项目。

（3）琥珀湾河岸湿地型生态旅游集聚区。

1）区域范围。包括台安县。该集聚区总面积 1388 平方千米，占全省面积的 0.9%。

2）生态条件。该集聚区自然资源丰富。有耕地 94.6 万亩，土质肥沃，集中连片。林地面积 50.9 万亩，树木百余种。台安属富水区，为地表水及地下水汇集场，水源充盈，水域辽阔。可开发利用养鱼水面积 5.7 万亩，适宜养殖鲫鱼、鲤鱼、鲢鱼等 20 余种鱼类。区内有大小河流 14 条，总长 347.45 千米，主要河流有辽河、浑河、绕阳河。区内的西平森林公园总面积为 4333 公顷，其中林地面积 2133 公顷，森林覆盖率为 70%，植被覆盖率为 85%。集聚区内苍松翠柏连绵不绝，碧水蓝天共成一色，形成了独特的野生生态环境。

3）发展思路。以辽宁中部辽河河岸、辽河三角洲腹地、湿地草原为基础，以西平森林公园、大麦科湿地自然保护区为重要支撑，建设琥珀湾河岸湿地型生态战略布局。该集聚区的生态旅游发展应以琥珀湾的特色文化为底蕴，以河岸湿地为依托，打造休闲购物、旅游观光、康体养生等生态旅游模式，形成富含当地特色文化的复合型生态旅游产品。

4）发展目标。到 2020 年末，该集聚区旅游总收入达到 20 亿元，接待游客达到 340 万人次，积极申创 2 个 4A 级风景区。到 2020 年末，积极申创省级生态旅游示范区 1 个、省级旅游度假区 1 个、省级沟域旅游示范区 1 个。

5）开发项目。重点提升西平森林公园、大麦科湿地自然保护区等项目，加快建设省级生态旅游示范区、省级旅游度假区、省级沟域旅游示范区项目，开发建设开发八角台温泉小镇、西平森林温泉度假区等生态旅游项目。

（4）双台河口河岸湿地型生态旅游集聚区。

1）区域范围。包括盘山县和大洼县。该集聚区总面积 3828 平方千米，占全省面积的 2.6%。

2）生态条件。聚集区内自然资源丰富。其中，盘山县有耕地 75 万亩，牧草地 4.8 万亩，林地 5.49 万亩，苇田 85 万亩，滩涂 30 万亩。绿洲、湿地面积近百万亩，有亚洲第一大苇田和辽东湾最大的湿地。位于盘山县高升镇的盘锦森林公园，占地3800亩，是罕见的平原原始森林。盘山县域内有大小河流13条，双台子河、外辽河、大辽河、新开河、太平河、绕阳河等从境内流过，三座平原水库（八一、红旗、青年）蓄水量达4000万立方米。大洼县造林总面积6.6万亩，森林覆盖率为9%，苇田面积23.1万亩。辽河、大辽河等13条大中小河流经集聚区内在辽东湾入海。

3）发展思路。构建以双台河口湿地、红海滩湿地以及辽河入海口水系为骨架，以盘山县国家级生态示范区、双台河口国家级自然保护区、红海滩湿地旅游度假区、辽河绿水湾景区、渤海金滩蛤蜊岗为重要支撑，以点状分布的国家严格控制开发区域（红海滩湿地自然保护区）为重要组成的生态格局。辽东湾辽河入海口处，是由淡水携带大量营养物质的沉积并与海水互相浸淹混合而形成的适宜多种生物繁衍的河口湾湿地，发挥河海湿地资源的生态优势。该集聚区的生态旅游发展应以河海湾湿地文化为底蕴，以河海、湿地为依托，打造旅游观光、休闲度假、科普康体等生态旅游模式，形成富含河海湿地特色的生态旅游产品。

4）发展目标。到2020年末，该集聚区旅游总收入达到140亿元，接待游客达到2310万人次。积极申创2个国家5A级风景区、2个国家4A级风景区。现已申报省级旅游度假区5个（红海滩湿地旅游度假区、王家七彩庄园旅游区、西安镇农业旅游区、饶阳湾湿地旅游区、鑫安源度假区），省级生态示范区1个（红海滩湿地旅游度假区）。到2020年末，积极申创省级生态旅游示范区3个、省级旅游度假区3个、省级沟域旅游示范区1个。

5）开发项目。重点提升双台河口自然保护区、红海滩湿地旅游度假区等国家级项目，加快建设省级生态旅游示范区、省级旅游度假区、省级沟域旅游示范区项目，开发建设开发盘山县的盘锦森林公园综合开发项目、甜水湖风景区综合开发、红旗湖风景区综合开发项目、大洼县的盘锦海蓝湾国际休闲度假旅游区等生态旅游项目。

2.鸭绿江河岸生态旅游集聚区

（1）鸭绿江河岸湿地型生态旅游集聚区。

1）区域范围。包括丹东鸭绿江口滨海湿地国家级自然保护区。该集聚区总面积770平方千米，占全省面积的0.6%。

2）生态条件。该集聚区是辽宁省第二大湿地，保护区由内陆、芦苇沼泽、沿海滩涂、浅海海域和岛屿等多种生态系统组成。其物种资源比较丰富，高等植物有64科、289种。野生动物中，有鱼类88种、两栖类3种、鸟类44科240种、底栖动物74种、浮游动物54种。属于国家一级保护动物的有丹顶鹤、白鹳等8种，国家二级保护动物有大天鹅、白琵鹭等30种，为东北亚重要的鸟类栖息的迁徙停歇地。鸭绿江全流域气候凉湿，分布以红松、枫桦为主的针阔叶混交林，下游多柞林。有多种野生动、植物，在入海口一带，盛产大银鱼。

3）发展思路。以辽东山水、江口湿地以及鸭绿江重要水系为骨架，以鸭绿江口滨海湿地国家级自然保护区、鸭绿江风景名胜区为重要支撑，建设鸭绿江江岸生态战略格局。依托鸭绿江江岸湿地生态环境，发挥滨海江岸环境的作用。该集聚区的生态发展应以中朝边境文化为底蕴，以鸭绿江、滨海江口为依托，打造旅游观光、旅游购物等生态旅游模式，形成富有异国风情文化特色的生态旅游产品。

4）发展目标。到 2020 年末，该集聚区旅游总收入达到 35 亿元，接待游客达到 560 万人次。积极申创 2 个国家 4A 级风景区。到 2020 年末，积极申创省级生态旅游示范区 1 个、省级旅游度假区 1 个、省级沟域旅游示范区 1 个。

5）开发项目。重点提升鸭绿江江口滨海湿地自然保护区、鸭绿江风景名胜区等项目，加快建设省级生态旅游示范区、省级旅游度假区、省级沟域旅游示范区项目。

（2）宽甸江岸湿地森林型生态旅游集聚区。

1）区域范围。包括宽甸满族自治县。该集聚区总面积 6193.7 平方千米，占全省面积的 4.4%。

2）生态条件。该集聚区共有山地面积 836.1 万亩，森林面积 741 万亩，森林覆盖率达 78%。有大小河流 550 余条，全县淡水资源总量 38.26 亿立方米，占全省水资源总量的 10.5%，人均占有水量是全省人均占有量的 10 倍，被誉为世界六大无污染地区之一，是辽东天然绿色屏障和重要的水源涵养地。

3）发展思路。构建以辽东山地森林、江岸湿地以及鸭绿江重要水系为骨架，以宽甸满族自治县（国家级生态示范区）、黄椅山国家森林公园、花脖山森林公园（省级生态示范区）为重要支撑，以点状分布的国家严格控制开发区域（白石砬子国家级自然保护区）为重要组成的生态战略格局。该集聚区的生态旅游发展应该以山地森林、林下作物为基础，打造康体养生、运动体验、休闲度假等生态旅游模式，形成具有特色的生态旅游产品。

4）发展目标。预计到 2020 年末，该集聚区旅游总收入达到 46 亿元，接待游客达到 460 万人次。积极申创 2 个国家 4A 级风景区。现已申报省级生态示范区 2 个（黄椅山森林公园、花脖山森林公园）、省级沟域旅游示范区 3 个（天华山森林公园、黄椅山森林公园、天桥沟森林公园）。到 2020 年末，积极申创省级生态旅游示范区 5 个、省级旅游度假区 3 个、省级沟域旅游示范区 3 个。

5）开发项目。重点提升天桥沟森林公园、黄椅山森林公园等风景区，加快建设省级生态旅游示范区、省级旅游度假区、省级沟域旅游示范区项目，开发建设水丰湖国际旅游度假区项目、黄椅山火山度假村项目、天华山国际生态旅游区项目、花脖山森林旅游区项目、青山沟山河风情小镇等生态旅游项目。

3. 大凌河河岸生态旅游集聚区

（1）朝阳段河岸湿地型生态旅游集聚区。

1）区域范围。包括凌源市、朝阳县。该集聚区总面积 7493.8 平方千米，占全省面积的 5.1%。

2）生态条件。集聚区内资源丰富。其中，凌源市的森林覆盖率 50.8%，域内南部青龙河流域是省内面积最大的省级自然生态保护区。朝阳县土地总面积 642.5 万亩，其中耕地 137.1 万亩、山地 25.7 万亩、宜林面积 220 万亩、水域面积 62.1 万亩、河滩面积 45.8 万亩。集聚区内有大凌河西支、青龙河、小凌河等流经，河流总长度 1164.4 千米，河网密度为 0.36 千米/平方千米。

3）发展思路。红石谷风景区是一处以原始植被景观为主兼具辽西丘陵景观的自然生态风景区。2005 年，以南大山为龙头，被辽宁省林业部门批准为凌源青龙河省级自然保护区。努鲁尔虎山自然保护区位于朝阳县古山子乡境内，是市级风景区，现已申报国家级自然保护区。朝阳县清风岭自然保护区为省级沟域旅游示范区。

4）发展目标。该集聚区总人口 130.4 万人，占全省总人口的 3%；GDP 总量 224.5 亿元，占全省 GDP 比重的 1%。到 2020 年末，建设申评 1 个国家级生态示范区、4 个省级生态示范区、1 个国家级自然保护区、5 个省级自然保护区、2 个国家森林公园、2 个国家 4A 级风景区、3 个省级生态旅游示范区、3 个省级旅游度假区、4 个省级沟域旅游示范区。

5）开发项目。重点开发凌源红石山生态旅游区和朝阳县的清风岭山岳田园度假村，大力推进大凌河峡谷生态旅游度假区项目、菩萨庙水库风景区建设项目、河坎子生态旅游区建设项目、榆树沟休闲旅游度假区项目、凌源红石山生态旅游区项目。

（2）辽东湾河岸湿地型生态旅游集聚区（义县、凌海市）。

1）区域范围。包括凌海市、义县。该集聚区总面积 7493.8 平方千米，占全省面积的 5.1%。

2）生态条件。凌海市有耕地面积 120 万亩，宜林益果面积 45 万亩，滩涂 18 万亩。凌海市地处渤海辽东湾的环抱中，全市海岸线长 83.7 千米，沿海滩涂 170 平方公里，流域面积为 842 平方千米。义县有可耕地 112.9 万亩、草原 127 万亩、林地 64.34 万亩，森林覆盖率达到 86%。水资源全县大小河流 20 多条，以大凌河、细河较大。

3）发展思路。以阆山西麓老爷岭国家自然保护区和大凌河口湿地风景区及义县凌岸度假区为依托，重点建设辽东湾湿地旅游区、义县大凌河生态旅游景区、八塔山生态旅游景点。

4）发展目标。该集聚区总人口106.1万人，占全省总人口的2.4%；GDP总量305亿元，占全省GDP比重的1.4%。到2020年末，建设申评2个国家级生态示范区、5个省级生态示范区、2个国家级自然保护区、5个省级自然保护区、5个省级生态旅游示范区、2个省级旅游度假区。

5）开发项目。重点发展辽东湾湿地生态旅游区、义县大凌河河岸生态旅游区。

五、基础保障措施

（一）构建旅游云信息平台

推行 TSA 旅游卫星账户统计方法，建立在地统计和行业统计互为补充的旅游产业统计调查体系，打造旅游统计合作平台；集成相关单位、部门、行业、地区长期积累的旅游数据资源，建设旅游中心数据库；建立和完善旅游咨询服务中心、旅游信息触摸屏、旅游服务热线、旅游移动信息服务网络，为游客提供便捷查询服务的平台；进一步发展专业旅游网站，强化其旅游咨询、网络营销、网络电台、虚拟社区等旅游服务功能，使旅游者可以更加便利地获取旅游资讯，更加全面地享受远程服务。

（二）构建旅游交通服务平台

加强区域旅游现代化交通体系的建设与协作，合理布局和统筹衔接交通网络体系，着重做好国内外旅游包机业务，开辟环渤海海上旅游线路，增开旅游列车和假日旅游专列，改善旅游景区（点）通达条件和旅游景区内部交通条件，完善全省高速公路网及旅游服务设施，尤其要建设自驾游专用道和营地公共服务设施，形成旅游运输网络。

（三）构建旅游安全服务平台

全面落实旅游企业安全生产目标责任制，对旅游企业安全管理实行量化考核；强化旅游危机管理，建立安全预警机制，完善各类旅游危机应急预案并定期组织开展演练；不断充实旅游行业医疗、安全救援队伍，完善旅行社责任险、旅游意外险等旅游险种，提高规避和化解风险的能力。

（四）构建质量监控服务平台

建立规范的诚信评价体系，建立旅游企业诚信管理档案并及时公示，将信任度低的企业排除在产业集群体系外，推动诚信旅游建设的常态化、规范化和制度化；完善旅游投诉处理机制，做好旅游投诉受理工作，保证游客发生旅游投诉时可以得到妥善处理。

（五）完善资金支持体系

资金短缺是旅游产业集群发展的"瓶颈"，旅游产业集群要加强与各类金融机构的对接与合作，搭建新型旅游产业集群融资平台。政府要充分发挥资金投入的导向作用，采取直接投资、贷款贴息、专项补助、税收定比增量返还等方式重点支持产业集群龙头企业的发展、公共旅游服务平台的建设和旅游产业链的延伸。建立专项基金，成立旅游投资公司，有效解决优势项目和企业资金"瓶颈"问题。以部分条件较好的旅游项目捆绑招商，以经营权出让、税收减免、政策支持为吸引点，大力引进民间资本参与旅游产业集群的建设。积极探索中小旅游企业发行集合式企业债券的方式，有效解决中小旅游企业资金短缺问题。尝试以景区门票为担保向银行贷款，为景区主导型产业集群筹措资金。以集群范围内的亲缘、乡缘、地缘为信用基础成立融资信用合作组织，严格准入制度和信用评估制度，根据会员企业的信用评估状况向担保公司和开发银行推荐贷款企业，对会员企业的资金使用情况和还贷情况实施监管。以股东会员缴纳股本金的方式组建互助性担保公司，会员企业之间互为担保，借助集群的根植性和社会资本的作用形成合理的担保机制。

（六）完善沟通协调机制

首先，建立联络协调制度。建立有关部门的联席会议机制，发挥综合协调职能。采取研讨会、联席会、情况通报会、合作洽谈会等多种形式促进企业间的信息沟通与工作协调。尝试交叉身份协调方式和企业家协调方式，提高各企业之间的对话协商和步调协同的效率。其次，建立信息互通机制。通过网站互联或共同建立信息传递平台等方式直接交换旅游产业数据，成员企业可以根据共享的市场需求、旅游产品提供情况、旅游产品销售状况及客源流程信息进行工作安排，实现集群企业间的联合同步生产，降低旅游资源闲置浪费状况。最后，建立市场互惠机制。通过共同举办旅游节庆活动、共同开发旅游线路和旅游产品、共同打造整体旅游形象、互送客源等形式，实现集群内企业间的互利互惠。取消区域内各城市所设置的各种旅游壁垒制度，建立"无障碍旅游区"。建立和完善利益补偿机制，使利益受损企业既能在远期发展中受惠，也能在近期得到利益补偿。

（七）加强旅游人才队伍建设

首先，优化旅游行业人才结构，积极培养和引进发展旅游产业集群所需要的具有较强业务拓展能力和综合协调能力的高层次综合管理人才、高素质的专业技术人才和复合型人才，特别是重点领域、关键技术的紧缺专业人才和经营管理人才。其次，构筑一体化的旅游人才资源共享平台。建立旅游人才信息资源中心，既可以为人才结构调整和宏观指导提供数据依据，又可以使人才供求双方随时查询进行匹配对接。促进人才"柔性流动"，让人才摆脱传统的国籍、户籍、档案、身份等人事制度中的"瓶颈"约束，在不改变与其原单位隶属关系的前提下，通过技术转让、兼职流动、临时聘用、合作研究、培训讲学、网络咨询等多种方式提供智力服务。探索建立全省人才管理和服务的一体化机制，完善异地资质互认、保险异地享受等制度，实现区域内旅游人才无障碍流通。

（八）推动产业集群示范建设

首先，在全省选择一批旅游产业集群示范区。根据有关研究，示范性旅游产业集群标准为：集群企业所集聚的旅游目的地区域应限定在一个县域或一个地级市城区范围以内；集群的年旅游收入总值在 1 亿元以上，集群资产总额达到或超过 6 亿元；集群产业的企业化程度高，旅游产业链条完整且相对集中，并由高等级旅游企业组合而成，即有 4A 级以上景区、四星级以上酒店、国际旅行社、大中型旅游购物中心和游客服务中心、中高档娱乐场所以及旅游交通、旅游娱乐、旅游咨询、旅游教育、旅游研究等企业和机构；专业化、精品化产品特征明显，旅游发展具有可持续性和创新能力；集群内旅游交通道路通畅，管理体制先进，管理信息顺畅。其次，对被认定的示范性旅游产业集群实行动态管理。省、市、县应给予示范性旅游产业集群相应的扶持政策，促进产业集群做强做大；定期与不定期组织专家对示范性旅游产业集群进行指导，分析问题并提出参考性建设意见；示范性旅游产业集群在达到新的等级后，颁发新的相应证书；及时总结示范性旅游产业集群的成功经验，发挥示范区在产业升级、服务平台建设等方面的示范引导作用，全面推进旅游产业集群在全省范围内普遍形成。

（九）进行全方位的生态旅游教育

生态旅游必须建立在人的素质得到综合性发展的基础上，必须进行全方位的生态旅游教育，在社会中构建生态道德观和环境伦理责任感，让人们自觉地将人类行为的后果放置到整个自然生态环境中去审读。旅游规划者、经营者、管理者乃至员工和导游是生态旅游的实施者，应通过人力资源的培训使其形成可持续发展的理念和环境保护的意识。旅游者是旅游活动的参与者，他们的生态审美意识和环境保护意识是关系到生态旅游成败的关键性因素，必须采用学校教育、媒体宣传、专题活动、景点宣传、导游介绍等教育载体开展生态知识和环境意识的教育，使旅游者由环境的污染者转变为生态环境的保护者。旅游地居民是旅游地域系统重要的组成部分，既可以吸纳旅游地居民参与生态旅游经营，让其感到维护生态平衡与自身利益密切相关，也可以通过教育让其认识到生态环境的重要性而自觉地投身到环保中去。

附件：辽宁省生态旅游名录

辽宁省现有国家级风景名胜区 9 处，省级风景名胜区 12 处；国家级地质公园 5 家，省级地质公园 2 家；国家级森林公园 29 家，省级森林公园 41 家；国家级自然保护区 12 处，省级自然保护区 28 处；湿地公园 6 家；全国农业旅游示范点 37 个，全国休闲农业示范县 4 个，全国休闲农业示范点 10 个；在全省 237 处国家 A 级旅游景区中，有关生态旅游的景区有 160 处，占 A 级旅游景区总量的 67.5%；拥有国家地理标志特产商品 47 个，拥有辽宁省地理标志产品 91 个。具体情况如下：

一、辽宁省国家级风景名胜区名录

辽宁省共有国家级风景名胜区 9 处，大连市 2 处、鞍山市 1 处、本溪市 1 处、丹东市 3 处、锦州市 1 处、葫芦岛市 1 处，其中沿海 6 市共有 7 处，占全省总数的 77.8%。

序号	名称	地点
1	鞍山千山国家级风景名胜区	鞍山市旧堡区
2	丹东鸭绿江国家级风景名胜区	丹东市振安区
3	大连金石滩国家级风景名胜区	大连市金州区
4	葫芦岛兴城海滨国家级风景名胜区	葫芦岛兴城市
5	大连海滨旅顺口风景名胜区	大连市旅顺口区
6	丹东凤凰山国家级风景名胜区	丹东凤城市
7	本溪水洞国家级风景名胜区	本溪市本溪满族自治县
8	青山沟风景名胜区	辽宁东部区域宽甸县
9	医巫闾山风景名胜区	辽宁省北镇市

资料来源：辽宁省旅游局。

二、辽宁省省级风景名胜区名录

辽宁省共有省级风景名胜区 12 处，其中沿海 6 市有 6 处，占全省总数的 50%。

序号	名称	地点
1	辉山风景名胜区	沈阳市东陵区
2	长山群岛风景名胜区	大连市长海县
3	药山风景名胜区	鞍山市岫岩满族自治县
4	五女山风景名胜区	本溪市桓仁满族自治县
5	五龙山风景名胜区	丹东市振安区
6	大孤山风景名胜区	丹东东港市
7	望儿山风景名胜区	营口盖州市
8	玉佛山风景名胜区	鞍山市铁东区
9	天华山风景名胜区	丹东市宽甸满族自治县
10	龙山风景名胜区	铁岭市银州区
11	北普陀山风景名胜区	锦州市
12	萨尔浒风景名胜区	辽宁省抚顺市东洲区

资料来源：辽宁省旅游局。

三、辽宁省国家级地质公园名录

辽宁省共有国家级地质公园 5 家，其中大连市 2 家、本溪市 1 家、阜新市 1 家、朝阳市 1 家。

序号	名称	地点
1	辽宁本溪国家地质公园	辽宁省本溪市
2	辽宁朝阳古生物化石国家地质公园	辽宁省朝阳市
3	阜新海州露天矿国家矿山公园	辽宁省阜新市
4	大连冰峪国家地质公园	辽宁省大连市
5	中国大连国家地质公园	辽宁省大连市

资料来源：辽宁省旅游局。

四、辽宁省省级地质公园名录

序号	名称	地点
1	义县古生物化石省级地质公园	辽宁省锦州市
2	建昌龙潭大峡谷省级地质公园	辽宁省朝阳市

资料来源：辽宁省政府网站。

五、辽宁省国家级森林公园名录

辽宁省共有国家级森林公园 29 家，其中沿海 6 市有 13 家，占全省总数的 44.8%。

序号	名称	地点
1	冰砬山国家森林公园	辽宁省铁岭市西丰县
2	旅顺口国家森林公园	辽宁省旅顺口区
3	大孤山国家森林公园	辽宁省东港市
4	海棠山国家森林公园	辽宁省阜新市阜蒙县大板镇
5	首山国家森林公园	辽宁省葫芦岛市下属的兴城市
6	凤凰山国家森林公园	辽宁省朝阳市东郊
7	桓仁国家森林公园	辽宁省桓仁县城东
8	本溪国家森林公园	辽宁省本溪满族自治县
9	陨石山国家森林公园	辽宁省沈阳市市区
10	盖州国家森林公园	辽宁省营口市盖州县
11	辽宁沙地国家森林公园	辽宁省彰武县章古台镇
12	元帅林国家森林公园	辽宁省东部抚顺市
13	仙人洞国家森林公园	辽宁省大连庄河市
14	和睦国家森林公园	辽宁省抚顺市新宾满族自治县永陵镇
15	长山群岛国家森林公园	辽宁省大连市长海县
16	普兰店国家森林公园	辽宁省大连市普兰店市
17	大黑山国家森林公园	辽宁省朝阳市北票市区西北部
18	沈阳国家森林公园	辽宁省沈阳市东北郊新城子区马刚乡
19	大连大赫山国家森林公园	辽宁省大连市金州林场

续表

序号	名称	地点
20	金龙寺国家森林公园	辽宁省大连市甘井子区
21	本溪环城国家森林公园	辽宁省本溪市
22	猴石国家森林公园	辽宁省抚顺新宾满族自治县
23	千山仙人台国家森林公园	辽宁省鞍山市
24	三块石国家森林公园	辽宁省抚顺市后安镇
25	红河谷国家森林公园	辽宁省抚顺市清原满族自治县
26	医巫闾山国家森林公园	辽宁省锦州北镇市
27	大连银石滩国家森林公园	辽宁省大连县级市庄河市大营镇
28	大连天门山国家森林公园	辽宁省大连市庄河市北
29	大连西郊国家森林公园	辽宁省大连市西郊

资料来源：辽宁省旅游局。

六、辽宁省省级森林公园名录

辽宁省共有省级森林公园 41 家，其中沿海 6 市有 16 家，占全省总数的 39%。

序号	名称	地点
1	阜新元宝山省级森林公园	辽宁省阜新市
2	高山台省级森林公园	辽宁省阜新市
3	辽阳石洞沟省级森林公园	辽宁省辽阳市
4	蒲石河省级森林公园	凤城市赛马镇
5	湾甸子省级森林公园	辽宁省抚顺市
6	翠岩山省级森林公园	辽宁省锦州市
7	五峰省级森林公园	辽宁省锦州市
8	天华山省级森林公园	辽宁省宽甸县
9	本溪大地省级森林公园	辽宁省本溪满族自治县
10	盘锦省级森林公园	辽宁省盘锦市
11	大连骆驼山海滨省级森林公园	辽宁省瓦房店市
12	黄椅山森林公园	丹东市宽甸县
13	丹东五龙山省级森林公园	辽宁省丹东市
14	西平省级森林公园	鞍山市台安县
15	白云山省级森林公园	辽宁省鞍山市
16	龙潭湾省级森林公园	辽宁省鞍山市

续表

序号	名称	地点
17	朝阳牛河梁省级森林公园	辽宁省朝阳市
18	七鼎龙潭寺省级森林公园	辽宁省开原市威远镇
19	城子山省级森林公园	辽宁省铁岭市
20	泉山省级森林公园	丹东市宽甸满族自治县牛毛坞镇
21	辽阳核伙沟省级森林公园	辽阳市辽阳县寒岭镇
22	灵山森林公园	葫芦岛市连山区山神庙乡
23	浑河源森林公园	辽宁省抚顺市清原满族自治县
24	大连市龙门汤省级森林公园	辽宁省大连瓦房店市
25	大连长兴岛海滨森林公园	辽宁省瓦房店市长兴岛镇
26	湖里省级森林公园	辽宁省本溪县
27	喀左龙凤山森林公园	朝阳市喀喇沁左翼蒙古族自治县
28	三山妙峰省级森林公园	绥中县
29	本溪参王谷省级森林公园	本溪县
30	辽河湿地省级森林公园	盘锦市
31	永安锥山省级森林公园	绥中县永安乡
32	大连大黑石省级生态文化森林公园	大连市甘井子区营城子镇大黑石村
33	苍龙山原始森林公园	本溪市桓仁县
34	辽宁八面威省级森林公园	本溪市桓仁县
35	岩井寺省级森林公园	锦州凌海市
36	辽宁老虎山森林公园	鞍山市岫岩县
37	辽宁岱王庙森林公园	鞍山市岫岩县
38	辽宁牛毛山森林公园	本溪市桓仁县
39	辽宁天秀山森林公园	朝阳市建平县
40	辽宁红旗岭森林公园	鞍山海城市岔沟镇
41	辽宁度仙谷森林公园	大连庄河市大营镇

资料来源：辽宁省旅游局。

七、辽宁省国家级自然保护区名录

辽宁省共有国家级自然保护区 12 处，其中沿海 6 市有 8 处，占全省总数的 66.7%。

序号	名称	地点	类型	主要保护对象
1	蛇岛老铁山自然保护区	辽宁东部区域半岛老铁山、旅顺港西北25海里处	野生动物	蝮蛇、候鸟及蛇岛特殊生态系统
2	辽宁仙人洞自然保护区	庄河市仙人洞镇	森林生态	森林生态系统
3	大连斑海豹自然保护区	旅顺—瓦房店近海海域	野生动物	斑海豹及其生存环境
4	城山头海滨地貌自然保护区	金州区大李家镇	地质遗迹	地质遗迹及海滨喀斯特地貌
5	桓仁老秃顶子自然保护区	本溪市桓仁县、抚顺市新宾县	森林生态	长白植物区系森林及人参等珍稀物种
6	白石砬子自然保护区	宽甸县大川头乡	森林生态	原生型红松针阔混交林
7	丹东鸭绿江口湿地自然保护区	丹东东港市	海洋海岸	沿海滩涂湿地及水禽候鸟
8	医巫闾山自然保护区	北镇市、义县	森林生态	天然油松林、华北植物区系针阔混交林
9	海棠山自然保护区	阜新县大板乡	森林生态	森林生态系统及野生动植物
10	双台河口自然保护区	盘锦市双台子河、大凌河之间滨海湿地	野生动物	珍稀水禽及沿海湿地生态系统
11	努鲁儿虎山自然保护区	朝阳县古山乡	森林生态	森林生态系统
12	北票鸟化石自然保护区	北票市园	古生物遗迹	中生代晚期鸟化石等古生物化石群

资料来源：辽宁省旅游局。

八、辽宁省省级自然保护区名录

辽宁省共有省级自然保护区 28 处，其中沿海 6 市有 6 处，占全省总数的 21.4%。

序号	名称	地点	类型	保护对象
1	沈阳卧龙湖自然保护区	康平县城西1千米处	生态湿地	内陆湿地生态系统
2	沈阳滑石台地质遗迹自然保护区	东陵区	地质遗迹	"陷落"地质遗迹资源
3	大连长海海洋生物自然保护区	长海县小长山岛镇	野生动物	刺参、皱纹盘鲍、栉孔扇贝
4	海城九龙川自然保护区	海城市接文镇	森林生态	华北、长白植物区系交汇处油松栎林和落叶阔叶林生态系统
5	岫岩县清凉山自然保护区	岫岩县汤沟镇	森林生态	华北、长白生物区系交汇地带的森林生态系统

续表

序号	名称	地点	类型	保护对象
6	岫岩龙潭湾自然保护区	岫岩县龙潭镇	森林生态	油松栎林和落叶阔叶林
7	海城市白云山自然保护区	海城市孤山镇	森林生态	油松栎林和落叶阔叶林
8	鞍山大麦科自然保护区	台安县新华镇	生态湿地	湿地、自然景观森林生态系统
9	清原浑河源自然保护区	抚顺市清原县	森林生态	华北、长白植物区系交汇地带森林生态系统
10	新宾龙岗山自然保护区	新宾县	森林生态	华北、长白植物区系交汇地带森林生态系统
11	抚顺三块石自然保护区	抚顺县	森林生态	华北、长白植物区系交汇地带森林生态系统
12	新宾猴石自然保护区	新宾县	森林生态	华北、长白植物区系交汇地带森林生态系统
13	辽宁大伙房水库水源保护区	抚顺市	生态湿地	水资源、水源涵养林
14	本溪地质遗迹自然保护区	本溪市	地质遗迹	地质遗迹
15	本溪和尚帽自然保护区	本溪县	森林生态	森林植被
16	辽宁凤凰山自然保护区	凤城市凤山	森林生态	华北、长白植物区系交汇地带珍稀物种及风景林
17	义县古生物化石自然保护区	义县	古生物遗迹	晚中生代热河生物群非生物化石及含化石地层
18	阜新老鹰窝山自然保护区	阜蒙县扎兰营子乡	森林生态	天然次生针阔混交林生态群落、野生动植物资源
19	阜新章古台自然保护区	彰武县章古台镇	森林生态	沙地森林、植被及水禽
20	阜新关山自然保护区	阜蒙县大巴镇	森林生态	森林植被
21	朝阳小凌河中华鳖自然保护区	朝阳县元宝山水库至根德乡境内小凌河段	野生动物	中华鳖、瓦氏雅罗鱼等生物物种及其生境
22	朝阳清风岭自然保护区	朝阳县	森林生态	华北植物区系、北缘森林生态系统
23	北票大黑山自然保护区	北票市	森林生态	华北、长白、内蒙古植物区系交汇地带森林生态系统
24	朝阳楼子山自然保护区	喀左县	森林生态	森林生态系统
25	凌源青龙河自然保护区	凌源市	野生动物	野生动植物
26	葫芦岛虹螺山自然保护区	连山区	野生动物	野生动植物（水曲柳、黄菠萝、狼、黄羊）
27	葫芦岛白狼山自然保护区	建昌县石佛乡	森林生态	北缘森林生态系统
28	营口玉石岭省级自然保护区	营口盖州市矿洞沟	森林生态	森林、水源

资料来源：辽宁省旅游局。

九、辽宁省国家湿地公园名录

辽宁省共有国家湿地公园 6 家，其中沈阳市 2 家，本溪市、抚顺市、辽阳市、铁岭市各 1 家。

序号	湿地名称	国家公布时间	地点
1	莲花湖国家湿地公园	2005 年 2 月	辽宁省铁岭市新老区之间
2	大汤河国家湿地公园	2011 年 12 月	辽宁省辽阳市弓长岭区
3	大伙房国家湿地公园	2011 年 12 月	辽宁省抚顺市
4	桓龙湖国家湿地公园	2012 年 12 月	辽宁省本溪市桓仁县
5	法库獾子洞国家湿地公园	2012 年 12 月	辽宁省沈阳市法库县
6	辽中蒲河国家湿地公园	2012 年 12 月	辽宁省沈阳市辽中县

资料来源：辽宁省旅游局。

十、辽宁省省级生态示范区名录

序号	名称	地点
1	沈北旅游开发区	辽宁省沈阳市
2	大连金石滩国家旅游度假区	辽宁省大连市
3	鞍山海城市孤山镇白云山风景区	辽宁省鞍山市
4	桓仁五女山	辽宁省本溪市
5	关门山国家森林公园	辽宁省本溪市
6	东营坊—老边沟风景区	辽宁省本溪市
7	本溪小市镇	辽宁省本溪市
8	凤城大梨树景区	辽宁省丹东市
9	黄椅山森林公园	辽宁省丹东市
10	花脖山森林公园	辽宁省丹东市
11	北普陀旅游景区	辽宁省锦州市
12	锦州笔架山景区	辽宁省锦州市
13	万佛堂景区	辽宁省锦州市
14	闾山观音阁景区	辽宁省锦州市
15	大芦花景区	辽宁省锦州市

续表

序号	名称	地点
16	营口仙人岛白沙湾黄金海岸景区	辽宁省营口市
17	营口虹溪谷温泉旅游景区	辽宁省营口市
18	海棠山景区	辽宁省阜新市
19	大清沟景区	辽宁省阜新市
20	关山景区	辽宁省阜新市
21	辽宁汤河国际温泉旅游区	辽宁省辽阳市
22	辽阳市河东新城	辽宁省辽阳市
23	辽阳龙石风景旅游区	辽宁省辽阳市
24	辽阳市首山农场	辽宁省辽阳市
25	辽阳新特现代农业园区	辽宁省辽阳市
26	莲花湖国家城市湿地公园	辽宁省铁岭市
27	清河省级生态旅游示范区	辽宁省铁岭市
28	凡河生态文化旅游谷	辽宁省铁岭市
29	白鹭洲自然保护区	辽宁省铁岭市
30	北票市大黑山国家森林公园	辽宁省朝阳市
31	红海滩湿地旅游度假区	辽宁省盘锦市
32	鼎翔生态旅游区	辽宁省盘锦市
33	辽河口生态经济区	辽宁省盘锦市

资料来源：辽宁省旅游局。

十一、辽宁省省级旅游度假区名录

序号	名称	地点
1	沈阳棋盘山国际风景旅游开发区	辽宁省沈阳市
2	大连东泉温泉旅游度假区	辽宁省大连市
3	抚顺丰远热高乐园	辽宁省抚顺市
4	汤沟温泉旅游度假区	辽宁省本溪市
5	凌海九华山温泉	辽宁省锦州市
6	闾山观音阁景区	辽宁省锦州市
7	义县凌岸度假区	辽宁省锦州市
8	温泉新城	辽宁省阜新市
9	松涛湖景区	辽宁省阜新市
10	鑫太阳生态度假山庄	辽宁省铁岭市
11	金湖山庄	辽宁省铁岭市

续表

序号	名称	地点
12	成平中和水库	辽宁省铁岭市
13	叶赫湖度假区	辽宁省铁岭市
14	金峰小镇	辽宁省铁岭市
15	鼎翔生态旅游区	辽宁省盘锦市
16	王家七彩庄园旅游区	辽宁省盘锦市
17	红海滩湿地旅游度假区	辽宁省盘锦市
18	西安镇农业旅游区	辽宁省盘锦市
19	绕阳湾湿地旅游区	辽宁省盘锦市
20	鑫安源度假区	辽宁省盘锦市
21	觉华岛旅游度假区	辽宁省葫芦岛市

资料来源：辽宁省旅游局。

十二、辽宁省沟域旅游示范区名录

序号	名称	地点
1	金州新区北屏山沟域	辽宁省大连市
2	金州新区太山沟域	辽宁省大连市
3	金州新区小黑山沟域	辽宁省大连市
4	普湾新区石河东沟沟域	辽宁省大连市
5	大连西郊国家森林公园	辽宁省大连市
6	旅顺口区石门山沟域	辽宁省大连市
7	大连安波旅游度假区	辽宁省大连市
8	俭汤温泉组团	辽宁省大连市
9	谢屯镇	辽宁省大连市
10	庄河市银月湾沟域	辽宁省大连市
11	庄河市太平岭沟域	辽宁省大连市
12	东马屯	辽宁省大连市
13	抚顺清原红河谷漂流景区	辽宁省抚顺市
14	新宾岗山国家森林公园	辽宁省抚顺市
15	三块石国家森林公园	辽宁省抚顺市
16	桓仁东方大雅河漂流	辽宁省本溪市
17	桓仁枫林谷森林公园	辽宁省本溪市
18	老边沟风景区	辽宁省本溪市
19	东风湖旅游度假区	辽宁省本溪市

序号	名称	地点
20	天华山森林公园	辽宁省丹东市
21	黄椅山森林公园	辽宁省丹东市
22	天桥沟森林公园	辽宁省丹东市
23	北普陀旅游景区	辽宁省锦州市
24	闾山观音阁景区	辽宁省锦州市
25	万佛堂景区	辽宁省锦州市
26	大芦花景区	辽宁省锦州市
27	营口虹溪谷温泉旅游景区	辽宁省营口市
28	瑞应寺景区	辽宁省阜新市
29	天水谷温泉区	辽宁省阜新市
30	十里休闲长廊景区	辽宁省阜新市
31	弓长岭温泉滑雪场	辽宁省辽阳市
32	弓长岭区安平乡姑嫂城村	辽宁省辽阳市
33	弓长岭区瓦子村	辽宁省辽阳市
34	龙峰山风景区	辽宁省辽阳市
35	辽阳龙石风景旅游区	辽宁省辽阳市
36	冰砬山沟域旅游示范区	辽宁省铁岭市
37	龙泉山庄沟域示范区	辽宁省铁岭市
38	建平小平房沟域	辽宁省朝阳市
39	觉华岛旅游度假区	辽宁省葫芦岛市
40	灵山寺景区	辽宁省葫芦岛市
41	永安长城	辽宁省葫芦岛市
42	龙潭大峡谷	辽宁省葫芦岛市
43	乌金塘风景区	辽宁省葫芦岛市

资料来源：辽宁省旅游局。

十三、辽宁省全国农业旅游示范点

辽宁省共有全国农业旅游示范点 37 个，其中大连市 15 个，占全省总数的 40.5%；沈阳市 5 个，占全省总数的 13.6%；盘锦市 4 个，占全省总数的 10.8%；本溪市 3 个，占全省总数的 8.1%；鞍山市、锦州市各 2 个，均占全省总数的 5.4%；抚顺市、丹东市、营口市、铁岭市、朝阳市、葫芦岛市各 1 个，均占全省总数的 2.7%。

序号	名称	时间	地点
1	沈阳市中小学生农业实践基地	2004 年	沈阳市
2	沈阳乐农庄园	2006 年	沈阳市
3	沈阳三山梅花鹿养殖基地	2005 年	沈阳市
4	沈阳五龙山风景区	2005 年	沈阳市
5	辽宁樱桃谷现代农业园区	2005 年	沈阳市
6	大连弘峰集团	2004 年	大连市
7	大连石河少数民族经济发展区	2004 年	大连市
8	大连金科生态园艺场	2004 年	大连市
9	旅顺盛莱农庄	2005 年	大连市
10	甘井子区（三兹合休闲农庄）	2005 年	大连市
11	甘井子区岔鞍村农业旅游示范点	2005 年	大连市
12	金州区大魏家镇石村农业旅游示范点	2005 年	大连市
13	金州区石河镇东沟村农业旅游示范点	2005 年	大连市
14	金州区向应镇兰花基地农业旅游示范点	2005 年	大连市
15	开发区棒棰岛海参养殖基地农业旅游示范点	2005 年	大连市
16	开发区长青现代农业园农业旅游示范点	2005 年	大连市
17	长海县大长山镇渔家海岛旅游示范点	2005 年	大连市
18	长海县哈仙岛渔家海岛旅游示范点	2005 年	大连市
19	金石滩贝广场农业旅游示范点	2005 年	大连市
20	庄河海王九岛农业旅游示范点	2005 年	大连市
21	双龙山风景区	2005 年	鞍山市
22	千山区网户屯	2005 年	鞍山市
23	佟庄子农家乐	2005 年	抚顺市
24	辽宁本溪虹尊鱼良种场	2004 年	本溪市
25	本溪明山绿色生态园	2004 年	本溪市
26	南芬区思山岭乡三道河桃园度假村	2005 年	本溪市
27	凤城市大梨树实业总公司	2004 年	丹东市
28	北宁市闾山农业旅游区	2004 年	锦州市
29	松山生态园	2005 年	锦州市
30	双台温泉旅游度假区	2005 年	营口市
31	西丰县冰砬山森林资源开发有限公司	2005 年	铁岭市
32	桃园山庄生态农业旅游区	2005 年	朝阳市
33	辽宁宏业集团现代农业园区	2005 年	葫芦岛
34	鑫安源绿色生态园	2004 年	盘锦市
35	东盛园艺基地	2005 年	盘锦市
36	盘锦鼎翔生态农业观光园	2006 年	盘锦市
37	辽河兰丰绿水湾	2006 年	盘锦市

资料来源：辽宁省旅游局。

十四、辽宁省全国休闲农业示范县

辽宁省有全国休闲农业示范县 4 个，分别位于大连市、抚顺市、丹东市和本溪市。

序号	名称	时间	地点
1	辽宁省清原满族自治县	2010 年	抚顺市
2	大连金州新区	2010 年	大连市
3	辽宁省宽甸满族自治县	2011 年	丹东市
4	辽宁桓仁满族自治县	2012 年	本溪市

资料来源：辽宁省旅游局。

十五、辽宁省全国休闲农业示范点

辽宁省共有全国休闲农业示范点 10 个，其中沿海城市有 6 个，占全省总数的 60%。

序号	名称	时间	地点
1	丹东大梨树生态农业观光旅游区	2010 年	丹东市
2	阜新桃李园民族文化村有限公司	2010 年	阜新市
3	葫芦岛葫芦山庄有限公司	2010 年	葫芦岛市
4	盘锦鼎翔农工建（集团）有限公司	2011 年	盘锦市
5	辽阳新特现代农业园区	2011 年	辽阳市
6	沈阳农乐现代农业开发有限公司（乐农庄园）	2011 年	沈阳市
7	丹东市宽甸县长甸镇河口村	2012 年	丹东市
8	沈阳市沈北新区紫烟熏衣草庄园	2012 年	沈阳市
9	绥中县洪家村滨海鱼家乐旅游度假区	2012 年	绥中县
10	庄河市台湾风情天一休闲庄园	2012 年	大连市

资料来源：辽宁省旅游局。

十六、辽宁省生态旅游 A 级景区名录

辽宁省有关生态旅游的国家 5A 级旅游景区有 3 家、4A 级 37 家、3A 级 74 家、2A 级 39 家、1A 级 7 家，总计 160 家，占全省 237 家国家 A 级旅游景区的 67.5%；其中沿海 6 市有关生态旅游的国家 A 级旅游景区有 64 家，占全省总数的 40%。

级数	序号	名称	行政区
5A	1	沈阳市植物园	沈阳市
	2	大连老虎滩海洋公园·老虎滩极地馆	大连市
	3	大连金石滩国家旅游度假区	大连市
4A	1	沈阳棋盘山国际风景旅游开发区	沈阳市
	2	沈阳市怪坡风景区	沈阳市
	3	沈阳新民三农博览园	沈阳市
	4	沈阳冰川动物乐园	沈阳市
	5	大连森林动物园	大连市
	6	大连圣亚海洋世界	大连市
	7	大连冰峪省级旅游度假区	大连市
	8	旅顺东鸡冠山景区	大连市
	9	大连市自然博物馆	大连市
	10	旅顺白玉山景区	大连市
	11	大连棒棰岛宾馆景区	大连市
	12	大连西郊国家森林公园	大连市
	13	鞍山千山国家风景名胜区	鞍山市
	14	新宾猴石国家森林公园	抚顺市
	15	清原红河峡谷漂流	抚顺市
	16	抚顺市和睦国家森林公园	抚顺市
	17	本溪水洞国家风景名胜区	本溪市
	18	本溪关门山国家森林公园	本溪市
	19	本溪桓仁五女山风景区	本溪市
	20	本溪关门山风景区	本溪市
	21	本溪大雅河漂流景区	本溪市
	22	丹东鸭绿江国家风景名胜区	丹东市
	23	丹东凤凰山国家风景名胜区	丹东市
	24	宽甸天桥沟国家森林公园	丹东市

续表

级数	序号	名称	行政区
4A	25	宽甸天华山风景名胜区	丹东市
	26	锦州北普陀山风景名胜区	锦州市
	27	锦州笔架山旅游区	锦州市
	28	锦州北镇医巫闾山大芦花风景区	锦州市
	29	营口市望儿山风景旅游区	营口市
	30	营口市月亮湖景区	营口市
	31	阜新市海棠山风景区	阜新市
	32	铁岭清河省级旅游度假区	铁岭市
	33	盘锦红海滩风景区	盘锦市
	34	盘锦苇海鼎翔旅游度假区	盘锦市
	35	兴城海滨国家风景名胜区	葫芦岛市
	36	兴城龙湾海滨风景区	葫芦岛市
	37	葫芦岛葫芦山庄	葫芦岛市
3A	1	沈阳仙子湖风景旅游度假区	沈阳市
	2	沈阳白清寨滑雪场	沈阳市
	3	沈阳财湖旅游度假区	沈阳市
	4	沈阳国家森林公园	沈阳市
	5	沈阳市鸟岛公园	沈阳市
	6	大连仙浴湾省级旅游度假区	大连市
	7	大连安波温泉旅游度假区	大连市
	8	大连市金龙寺国家森林公园	大连市
	9	大连市大黑山风景区	大连市
	10	大连长海县大长山岛镇风景区	大连市
	11	大连庄河银石滩国家森林公园	大连市
	12	长海海王九岛旅游度假区	大连市
	13	旅顺口南山俊景区	大连市
	14	鞍山汤岗子温泉旅游度假区	鞍山市
	15	鞍山千山区双龙山旅游景区	鞍山市
	16	海城牛庄古城旅游风景区	鞍山市
	17	岫岩冰湖旅游度假区	鞍山市
	18	海城白云山风景区	鞍山市
	19	岫岩百菇园	鞍山市
	20	岫岩药山风景区	鞍山市
	21	岫岩清凉山风景区	鞍山市
	22	抚顺萨尔浒旅游度假区	抚顺市
	23	抚顺三块石国家森林公园	抚顺市
	24	抚顺皇家海洋乐园	抚顺市

续表

级数	序号	名称	行政区
	25	本溪桓仁望天洞景区	本溪市
	26	本溪观音阁水库景区	本溪市
	27	本溪市动物园	本溪市
	28	本溪汤沟森林公园	本溪市
	29	桓仁桓龙湖景区	本溪市
	30	本溪市平顶山森林公园	本溪市
	31	本溪东风湖旅游度假村	本溪市
	32	丹东宽甸黄椅山森林公园	丹东市
	33	丹东大孤山风景名胜区	丹东市
	34	丹东大鹿岛风景名胜区	丹东市
	35	丹东獐岛旅游景区	丹东市
	36	锦州凌河公园	锦州市
	37	义县宜州化石馆	锦州市
	38	义县万佛堂石窟	锦州市
	39	北镇医巫闾山国家森林公园	锦州市
	40	营口盖州白沙湾黄金海岸旅游区	营口市
	41	营口青龙山风景区	营口市
	42	营口墩台山公园	营口市
3A	43	营口何家沟旅游风景区	营口市
	44	阜新大清沟景区	阜新市
	45	阜新宝力根寺风景区	阜新市
	46	辽阳葠窝水库景区	辽阳市
	47	辽阳龙峰山风景区	辽阳市
	48	辽阳弓长岭滑雪场	辽阳市
	49	辽阳龙石旅游风景区	辽阳市
	50	辽阳王宫温泉水城	辽阳市
	51	辽阳瓦子沟生态旅游区	辽阳市
	52	铁岭龙山风景区	铁岭市
	53	铁岭冰砬山旅游风景区	铁岭市
	54	铁岭西丰城子山省级森林公园	铁岭市
	55	铁岭调兵山风景区	铁岭市
	56	铁岭蟠龙山风景区	铁岭市
	57	铁岭开原象牙山旅游景区	铁岭市
	58	朝阳凤凰山国家森林公园	朝阳市
	59	朝阳大黑山国家级森林公园	朝阳市
	60	朝阳建平天秀山旅游景区	朝阳市
	61	朝阳千佛洞旅游景区	朝阳市

续表

级数	序号	名称	行政区
3A	62	朝阳清风岭风景区	朝阳市
	63	朝阳白石水库风景区	朝阳市
	64	朝阳牛河梁国家考古遗址公园	朝阳市
	65	辽宁朝阳鸟化石地质公园	朝阳市
	66	朝阳燕山湖风景区	朝阳市
	67	盘锦中兴公园	盘锦市
	68	盘锦湖滨公园	盘锦市
	69	盘锦辽河绿水湾景区	盘锦市
	70	盘锦鑫安源绿色生态园	盘锦市
	71	盘锦鸳鸯沟旅游区	盘锦市
	72	建昌白狼山风景区	葫芦岛市
	73	兴城菊花岛旅游风景区	葫芦岛市
	74	建昌龙潭大峡谷景区	葫芦岛市
2A	1	法库五龙山风景区	沈阳市
	2	沈阳水洞风景区	沈阳市
	3	辽宁三利生态农业观光园	沈阳市
	4	沈阳七星山旅游风景区	沈阳市
	5	庄河市黑岛旅游度假区	大连市
	6	庄河市蛤蜊岛旅游区	大连市
	7	长海县广路岛老铁山风景区	大连市
	8	长海县獐子岛鹰嘴石风景区	大连市
	9	瓦房店市永宁庙山旅游区	大连市
	10	瓦房店市龙潭山风景区	大连市
	11	大连万家岭老帽山旅游度假区	大连市
	12	大连骆驼山海滨森林公园	大连市
	13	庄河市天一庄园旅游区	大连市
	14	庄河市石城山庄旅游区	大连市
	15	岫岩龙潭湾风景区	鞍山市
	16	海城九龙川自然保护区	鞍山市
	17	鞍山千山金湖旅游景区	鞍山市
	18	抚顺夏湖军旅生活旅游度假区	抚顺市
	19	本溪铁刹山风景区	本溪市
	20	本溪湖公园	本溪市
	21	本溪金海水晶宫旅游区	本溪市
	22	本溪天龙洞风景区	本溪市
	23	本溪大冰沟森林公园	本溪市
	24	阜新千佛山风景区	阜新市

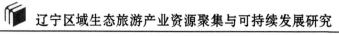

续表

级数	序号	名称	行政区
2A	25	阜新三塔沟自然生态旅游区	阜新市
	26	阜新乌兰花木图山风景区	阜新市
	27	阜新关山风景区	阜新市
	28	辽阳汤河风景区	辽阳市
	29	辽阳冷热地公园	辽阳市
	30	辽阳核伙沟森林公园	辽阳市
	31	铁岭县榛子岭旅游度假区	铁岭市
	32	铁岭昌图太阳山风景区	铁岭市
	33	铁岭太平寨青云山风景区	铁岭市
	34	朝阳槐树洞风景区	朝阳市
	35	朝阳阎王鼻子风景旅游区	朝阳市
	36	朝阳桃花山庄风景区	朝阳市
	37	朝阳市星源生态旅游区	朝阳市
	38	葫芦岛红螺山风景区	葫芦岛市
	39	葫芦岛乌云山生态休闲农庄景区	葫芦岛市
1A	1	海城卧鹿山效圣寺旅游区	鞍山市
	2	海城东四方台温泉度假区	鞍山市
	3	鞍山罗圈背风景区	鞍山市
	4	本溪山河天然浴场旅游区	本溪市
	5	阜新东郊湖风景区	阜新市
	6	建平喇嘛山风景区	朝阳市
	7	北票燕湖园风景区	朝阳市

资料来源：辽宁省旅游局。

十七、辽宁省国家地理标志特产商标名录

序号	商标名称	注册人	注册号	商品
79	辽参	辽宁省渔业协会	8723805	海参（非活）
80	辽参	辽宁省渔业协会	8723807	海参（活的）
81	东陵红树莓	沈阳市东陵区农业技术推广中心	7537322	红树莓（鲜水果）
82	沈北大米	沈阳市沈北新区米业协会	8239133	米
83	庄河大骨鸡	庄河市畜牧技术推广站	3593190	鸡
84	金州大樱桃	大连市金州区果树管理服务中心	4991886	樱桃
85	金州黄桃	大连市金州区果树技术推广中心	6644299	黄桃

续表

序号	商标名称	注册人	注册号	商品
86	长海海参	长海商会	4904656	海参（活的）
87	长海海参	长海商会	4904657	海参（非活）
88	旅顺海带	大连市旅顺口区藻类协会	6455336	海带
89	瓦房店小国光苹果	瓦房店市苹果协会	6892968	苹果
90	庄河杂色蛤	大连滩涂贝类技术研究所	7100616	杂色蛤（活的）
91	金州黑水貂	大连市金州区水貂协会	8098652	黑水貂
92	海城南果梨	海城市南果梨协会	3777671	南果梨
93	鞍山南果梨	鞍山市南果梨协会	5719800	南果梨
94	岫岩玉雕	鞍山市宝玉石协会	6816114	玉雕工艺品
95	南票大枣	葫芦岛市南票区林业开发协会	5053641	鲜枣
96	绥中白梨	绥中县果业协会	6589251	梨
97	建昌核桃	建昌县核桃协会	8310171	核桃
98	建昌小米	建昌县杂粮协会	8310170	小米
99	建昌荷包猪	葫芦岛市特产协会	9641515	荷包猪
100	葫芦岛红枣	葫芦岛市特产协会	8717954	干枣
101	兴城苹果	兴城市果树专业协会	9319491	苹果
102	兴城多宝鱼	葫芦岛市水产品质量监督管理处	10002887	多宝鱼
103	兴城花生	葫芦岛市农业品牌促进会	10155327	花生（未加工的）
104	绥中苹果	葫芦岛市农业品牌促进会	10155326	苹果
105	盘锦大米	盘锦市大米协会	3514579	大米
106	东港草莓	东港市草莓研究所	3441365	新鲜草莓
107	东港大米	东港市粮食行业协会	4027443	米
108	东港大米	东港市粮食行业协会	4027442	米
109	东港梭子蟹	东港市黄海水产品行业协会	8891549	活蟹（梭子蟹）
110	东港大黄蚬	东港市黄海水产品行业协会	9429726	贝壳类动物（活的）
111	东港杂色蛤	东港市黄海水产品行业协会	9429727	贝壳类动物（活的）
112	铁岭花生	铁岭市个体劳动者协会农副产品分会	5417997	花生（未加工的）
113	铁岭大米	铁岭市个体劳动者协会农副产品分会	5394644	大米
114	铁岭榛子	铁岭市农副产品协会	6810245	加工过的榛子
115	铁岭玉米	铁岭市农副产品协会	9877967	玉米
116	铁岭胡萝卜	铁岭市农副产品协会	9877968	胡萝卜
117	铁岭大葱	铁岭市大葱专业协会	9434974	大葱
118	清河胖头鱼	铁岭市清河区清河水库水产养殖总场水产协会	10174324	活鱼
119	清河胖头鱼	铁岭市清河区清河水库水产养殖总场水产协会	10174325	鱼（非活的）
120	昌图黑猪	昌图小康黑猪养殖协会	8238463	猪（活的）
121	营口大米	营口市农业中心	7041576	大米

序号	商标名称	注册人	注册号	商品
122	营口海蜇	营口市渔业协会	9154784	海蜇（活的）
123	盖州苹果	盖州市农业技术推广中心	7764494	苹果
124	桓仁山参	桓仁满族自治县农副产品行业市场协会	10085931	人参
125	桓仁大米	桓仁满族自治县农副产品行业市场协会	10085932	大米

资料来源：国家工商行政管理总局商标局（www.saic.gov.cn），摘录序号 79~125（截至 2011 年 12 月 31 日）。

十八、辽宁省地理标志产品名录

序号	产品名称	序号	产品名称
1	盘锦大米	25	南票大枣
2	鞍山南果梨	26	红崖子花生
3	海城南果梨	27	旅顺海带
4	岫岩滑子蘑	28	丹东杜鹃
5	岫岩玉雕	29	绥中白梨
6	东港杂色蛤	30	道光廿五百年贡酒
7	耿庄大蒜	31	盘锦河豚
8	东港草莓	32	开原紫皮大蒜
9	丹东板栗	33	昌图黑猪
10	盘锦河蟹	34	铁岭花生
11	庄河大骨鸡	35	朝阳大枣
12	大连鲍鱼	36	铁岭榛子
13	盖州苹果	37	长海海参
14	瓦房店小国光苹果	38	高桥陈醋
15	营口大米	39	阜新花生
16	金州黄桃	40	建昌小米
17	东港大米	41	抚顺林下参
18	东港梭子蟹	42	建昌核桃
19	桓仁山核桃油	43	永乐葡萄
20	大连河豚	44	铁岭大米
21	大连海参	45	岫岩玉
22	黑山花生	46	彰武花生
23	龙潭绿豆粉丝	47	清水大米
24	大连紫海胆	48	金州黑水貂

续表

序号	产品名称	序号	产品名称
49	老龙口白酒	71	清原马鹿茸
50	铁岭玉米	72	三块石大果榛子
51	兴城苹果	73	桓仁冰酒
52	桓仁大米	74	大连裙带菜
53	营口海蜇	75	大连虾夷扇贝
54	铁岭胡萝卜	76	大连红鳍东方鲀
55	绥中苹果	77	金州大樱桃
56	朝阳小米	78	庄河杂色蛤
57	兴城多宝鱼	79	彰武黑豆
58	岫岩辽五味子	80	傅家花生
59	庄河滑子菇	81	桓仁山参
60	瓦房店红富士苹果	82	桓仁蛤蟆油
61	庄河山牛蒡	83	抚顺辽五味子
62	旅顺鲍鱼	84	清原龙胆
63	旅顺赤贝	85	西丰鹿茸
64	庄河牡蛎	86	西丰鹿鞭
65	盖州生姜	87	桓仁红松籽
66	抚顺单片黑木耳	88	桓仁大榛子
67	旅顺大樱桃	89	小梁山西瓜
68	兴城花生	90	辽中寒富苹果
69	喀左陈醋	91	辽中鲫鱼
70	抚顺哈什蚂		

资料来源：辽宁省旅游局。

十九、国家禁止开发区域名录

国家级自然保护区

名称	面积 （平方千米）	位置	主要保护对象
辽宁大连斑海豹国家级自然保护区	6722.75	大连市	斑海豹及其生境
辽宁蛇岛老铁山国家级自然保护区	145.95	大连市旅顺口区	蛇岛蝮蛇、候鸟及其生境
辽宁城山头海滨地貌国家级自然保护区	13.50	大连市金州区	滨海岩溶地貌、地质剖面和古生物遗迹
辽宁仙人洞国家级自然保护区	35.75	庄河市	森林生态系统

续表

名称	面积 (平方千米)	位置	主要保护对象
辽宁老秃顶子国家级自然保护区	152.17	桓仁县、新宾县	珍稀野生动植物及森林生态系统
辽宁丹东鸭绿江口湿地国家级自然保护区	1010.00	丹东市	滨海湿地生态系统及珍稀鸟类
辽宁白石砬子国家级自然保护区	74.67	宽甸满族自治县	原生型红松针阔混交林生态系统等
辽宁医巫闾山国家级自然保护区	114.59	义县、北宁县	天然油松林、针阔混交林生态系统及珍稀野生动物
辽宁海棠山国家级自然保护区	110.03	阜新蒙古族自治县	森林生态系统及野生动植物
辽宁双台河口国家级自然保护区	800.00	盘锦市兴隆台区	珍稀鸟类及沿海湿地生态系统
辽宁努鲁儿虎山国家级自然保护区	138.32	朝阳县	森林生态系统
辽宁北票鸟化石国家级自然保护区	46.30	北票市	中生代晚期鸟化石等古生物化石

世界文化自然遗产

名称	面积（平方千米）	遗产种类
长城文化遗产明清皇宫（北京故宫、沈阳故宫）	7.26	文化遗产

国家级风景名胜区

名称	面积（平方千米）
扎兰屯风景名胜区	475.00
千山风景名胜区	72.00
鸭绿江风景名胜区	824.20
金石滩风景名胜区	120.00
兴城海滨风景名胜区	42.00
大连海滨—旅顺口风景名胜区	166.70
凤凰山风景名胜区	216.00
本溪水洞风景名胜区	44.72
青山沟风景名胜区	127.00
医巫闾山风景名胜区	630.00

国家森林公园

名称	面积（平方千米）	位置
辽宁旅顺口国家森林公园	27.41	大连市旅顺口区
辽宁海棠山国家森林公园	15.30	阜新县
辽宁大孤山国家森林公园	20.00	东港市
辽宁首山国家森林公园	8.00	兴城市
辽宁凤凰山国家森林公园	13.33	朝阳市双塔区
辽宁桓仁国家森林公园	156.67	桓仁县

续表

名称	面积（平方千米）	位置
辽宁本溪国家森林公园	66.66	本溪县
辽宁陨石山国家森林公园	20.00	沈阳市东陵区
辽宁盖州国家森林公园	16.00	盖州市
辽宁元帅林国家森林公园	69.59	抚顺市东洲区
辽宁本溪环城国家森林公园	198.76	本溪市平山区、溪湖区、明山区、南芬区
辽宁冰砬山国家森林公园	22.59	西丰县
辽宁金龙寺国家森林公园	21.38	大连市甘井子区
辽宁千山仙人台国家森林公园	29.31	鞍山市千山区
辽宁清原红河谷国家森林公园	91.12	清原县
大连天门山国家森林公园	31.00	庄河市
辽宁三块石国家森林公园	72.12	抚顺县
辽宁章古台沙地国家森林公园	113.41	彰武县
大连银石滩国家森林公园	5.70	庄河市
大连西郊国家森林公园	59.58	大连市甘井子区

国家地质公园

名称	面积（平方千米）
辽宁朝阳鸟化石国家地质公园	2300.00
大连冰峪沟国家地质公园	102.92
辽宁本溪国家地质公园	218.20
大连滨海国家地质公园	350.89